BORIS DIEKMANN

Chief Energy Officer

Boris Diekmann

Chief Energy Officer

bewusst menschlich führen

*Aus dem Englischen von
Francesca Diekmann*

allegria

Wir verpflichten uns zu Nachhaltigkeit
- Papiere aus nachhaltiger Waldwirtschaft und anderen kontrollierten Quellen
- Druckfarben auf pflanzlicher Basis
- ullstein.de/nachhaltigkeit

Allegria ist ein Verlag
der Ullstein Buchverlage GmbH

ISBN: 978-3-7934-2459-8

© Ullstein Buchverlage GmbH, Berlin 2023
Wir behalten uns die Nutzung unserer Inhalte für Text und Data Mining im Sinne von § 44b UrhG ausdrücklich vor.
Alle Rechte vorbehalten
Lektorat: Barbara Krause
Illustrationen im Innenteil: © Anu Chako
Gesetzt aus der Sentinel und der Sofia
Satz: Red Cape Production
Druck und Bindearbeiten: CPI books GmbH, Leck

Für Francesca, Luis und Sophia

Inhalt

Leserstimmen **9**
Vorwort **13**
Einleitung **17**

Kapitel 1
Energie: Die Quelle menschlicher Leistung **29**

Kapitel 2
Gefühle: Der Zustand unseres Herzens **55**

Kapitel 3
Gedanken: Die Brücke zu unserem Herzen **81**

Kapitel 4
Mindsets: Gesund sehen **113**

Kapitel 5
Seele: Vorm Denken **201**

Kapitel 6
Körper: Tun und Sein **287**

Epilog **343**

Chief-Energy-Officer-Bücher **345**
Danksagungen **351**
Vorwort zur englischen Erstausgabe **361**
Quellenverzeichnis **365**

LESERSTIMMEN

»Wenn ich nur ein Buch zur Verfügung hätte, das ich allen Menschen schenken könnte, um diese Welt für uns alle lebenswerter zu machen, es wäre dieses. Es nimmt einen mit auf eine Reise, die das eigene, aber auch das Leben von vielen Menschen um uns herum für immer verändert.«

OLIVER BRUNS,
ehem. CEO, NEVEON

»Chief Energy Officer *ist eine Ode an die moderne Unternehmens- und Führungskultur. Im Rhythmus von Herz und Verstand nimmt das Buch den Leser mit auf eine inspirierende und reflektierende Reise. Ein ›Must read‹ für die Führungskraft von heute und morgen.«*

STEFFI HEINICKE,
Senior Vice President Guest Experience, AIDA Cruises

»Es gibt Bücher, die unsere Denkweise verändern, unsere Sicht auf die Welt erweitern und uns dazu inspirieren, das Beste aus uns selbst herauszuholen. Chief Energy Officer gehört zweifellos zu dieser besonderen Kategorie.«

HANJO RUNDE,
CEO, HanseYachts AG

»Ich liebe dieses Buch. Wo immer ich hingehe, begleitet es mich: Es ist Teil meiner Reise geworden. Und: Es ist bunt geworden – gespickt mit Haftnotizen und voller Inspirationen für wertvolle Gespräche mit meinem Team, meiner Familie und lieben Freunden.«

YANINE STURHAHN BAUTISTA,
VP Finance, Hitachi Energy, Middle East & Africa

»*Ein Buch voller Weisheit und Wärme für alle, die mit anderen Menschen gemeinsam Erfolge erzielen wollen. Der Autor versteht es auf beeindruckende Weise, die Kernbotschaften nicht nur wiederzugeben, sondern auch – ganz im Sinne des Chief Energy Officer – fühlbar zu machen.*«

TIM HILPERT,
ehem. COO, Trustpilot

»*Nichts hat mich als Leader so sehr beeinflusst wie dieses Buch. Es öffnet die Augen dafür, was Leistung wirklich antreibt – das Herz, nicht der Intellekt. Lesen Sie es nicht nur, sondern nehmen Sie es mit jeder Faser Ihres Körpers an!*«

ANDREAS SCHMIDLECHNER,
VP Commercial Excellence Sonova Audiological Care, Sonova

»*Diese Welt braucht bewusste und bewusst menschliche Führung so sehr! Denn sie ist der größte Wirkungshebel für eine gesunde Leistungskultur – und daher ein valider Business Case! Dieses Buch inspiriert, energetisiert und macht Hoffnung auf eine achtsamer geführte Welt. Ein kostbares ›Must Read‹!*«

JENS VOGT,
Partner, Heidrick & Struggles

»*Wahrhaft ›energizing‹ und inspirierend – dieses Buch öffnet das Herz!* Chief Energy Officer *ist ein relevantes Buch zur Verbesserung der Eigenwahrnehmung und der Wahrnehmung der Menschen um uns herum.*«

MATTHIAS MALESSA,
ehem. CHRO, adidas

»Die Lektüre dieses Buches hat mich inspiriert. Sie hat mich berührt. Chief Energy Officer ist mehr als ein Buch. Es ist eine wunderschöne Erfahrung – wie ein Wiedersehen mit einem guten alten Freund.«

ERICA ARIEL FOX,
New York Times-Bestsellerautorin von
»Winning From Within«

»Chief Energy Officer zeigt, wie wir unser Denken verändern können, um gesunde Organisationen zu entwickeln. Wenn viele von uns nur wenige Schritte unternehmen, um bessere Chief Energy Officer zu werden, dann werden wir eine bessere Welt erschaffen.«

OLIVIER LEGRAIN,
CEO, IBA, Belgien

»Dies ist ein Buch, das unsere Führungskräfte lesen und leben werden. Es ist ein Buch, das jede Führungskraft lesen und immer wieder lesen sollte.«

JENNIFER CROWELL FERCH,
Chief Operating Officer, NBC Camps, USA

»Ein Game-Changer – ohne Nonsens!‹ Chief Energy Officer ist eine wahre Goldgrube an Erkenntnissen und Reflexionen, wie die vier Energiequellen – Herz, Geist, Körper und Seele – eine Transformation der Kultur und der inneren Haltung freisetzen kann.«

BRIAN MURRAY,
ehem. Group HR Director, Nomad Foods, England

»*Ein kraftvolles Buch, das mit fesselnder Einfachheit geschrieben wurde. Dieses Buch hat mir bewusst gemacht, welche Rolle mein Verstand, mein Herz, mein Geist und mein Körper spielen. Eine Pflichtlektüre für alle, die Herzen bewegen und Ergebnisse erzielen wollen.*«

SHIREEN EL KHATIB,
ehem. CEO, Majid Al Futtaim – Fashion, VAE

»*Chief Energy Officer inspiriert Führungskräfte, ihre Rolle und ihre Organisationen durch eine andere Dimension zu betrachten – die der menschlichen Energie. Eine Pflichtlektüre für alle Führungskräfte und Management-Teams.*«

AZIM KHAMISA,
CEO, ANK Enterprises, Autor von »From Murder to Forgiveness«, Redner, USA

»*Chief Energy Officer zeigt, wie sehr der Erfolg eines Teams davon abhängt, wie achtsam CEOs in ihrem Energiekreis agieren. Chief Energy Officer ist für Führungskräfte auf allen Ebenen, die wahrhaftig die ›CEOs‹ ihrer Teams sind.*«

DENNIS LITOS, CEO,
Ingham Regional Medical Center, USA

Vorwort

VON GRETA SILVER

»Wieso ein Buch allein für Führungskräfte? – Das müssen alle gelesen haben – unbedingt mein Partner, die Lehrer meiner Kinder, alle Eltern und ja, natürlich, auch mein Chef«, war mein Gedanke, der sich massiv in den Vordergrund drängte, als ich das Buch verschlang. Verflixt, ich weiß – das schockt die Businesswelt –, aber ein Satz aus dem *Kleinen Prinzen* flog mich an: »Man sieht nur mit dem Herzen gut.«

Doch nun mal der Reihe nach. Boris und ich trafen uns auf einem Zukunftskongress für Firmenvertreter, die erfahren wollten, wie sie als Unternehmen interessant für die neue Generation werden.

Boris stand auf der Bühne mit seinen Kollegen:Innen.

Schnell machte er deutlich, dass Unternehmenskultur der Schlüssel und die Erkennungsmelodie erfolgreicher Unternehmen ist. Jeder kann sie fühlen. Sie ist das Fundament, die Grundbedingung gesunder menschlicher Leistung. Fühle ich mich gesehen als ganze Person, so wie ich bin, fühle ich mich sicher, meine Meinung sagen zu können, kommunizieren wir auf Augenhöhe und vieles mehr? Das sind die Fragen, die das Klima beeinflussen.

Ich hatte Gelegenheit, abends mit Boris die Köpfe zusammenzustecken, und ich war *on fire*. Kannte ich doch die Gallup-Studie, die jedes Jahr neu erkennt: Die deutsche Wirtschaft verliert pro Jahr 148 Milliarden Euro, weil Mitarbeiter innerlich gekündigt haben oder nur mit halber Kraft arbeiten. Hier liegt Deutschlands Wirtschaftswachstum.

Das Buch *Chief Energy Officer* zeigt die Lösung und macht an so vielen Alltagssituationen Schritt für Schritt klar, wie sich Mitarbeitende gesehen und anerkannt fühlen – auf Augenhöhe.

Auch wenn wir Energie im Raum erfassen können, so ist sich kaum jemand bewusst, dass er selbst auch Energie in den Raum, in die Besprechung, in die Partnerschaft, zu den Lehrern unserer Kinder, in den Supermarkt trägt. Wir glauben, wir seien neutral, auch wenn wir noch lästerliche Gedanken zum Gegenüber schicken. Nein, wir sind immer Teil des Ganzen. Zum Glück. Denn so können wir etwas ändern.

Unternehmensführung kann auch anders gehen. Veränderung ist machbar – auch wenn man sie aus jedem Winkel und mit allen Bedenken beleuchtet und hinterfragt –, wie wir im Buch erleben werden.

Die zwei Protagonisten Marie und Paul sind mir längst ans Herz gewachsen – saß ich doch irgendwie bei ihren Gesprächen dabei. Ich war so dankbar, dass Marie all die Fragen stellte, die unser Leben uns liefert. Sie nehmen mich mit in Alltagssituationen – im Berufsleben genauso wie in privaten Beziehungen. Mit ihren Zweifeln und Lösungen wird klar: Ja, Kommunikation auf Augenhöhe und Herz auf offen schalten verändert alles.

Ich bin so stolz auf dich, lieber Boris, auf dein Geschenk an die Welt und auf dich, liebe Francesca, die hier so überaus feinfühlig die Übersetzung gemacht hat. Den Zauber dieses Buches unterstreichen dann zusätzlich die Zeichnungen von Anu.

Ich freu mich rappelig, dass ich hier einen Stein ins Rollen bringen durfte, als ich meiner wundervollen Verlagsleiterin Riccarda Saul dein Buch empfehlen konnte, und Hannah Fietz, Verlagsleiterin Allegria – gesagt, getan –, es zum Spitzentitel erklärte.

Wenn Unternehmen nach der Pandemie das Argument: »Homeoffice geht nicht« um die Ohren flog – so geht es jedem nach diesem Buch mit dem Satz: »Kommunikation auf Augenhöhe mit den Mitarbeitenden bei gleichzeitiger Gewinnsteigerung geht nicht.«

Ich liebe Wandel und freue mich unbändig auf die Zukunft – Wirtschaftswachstum und gelingende Beziehungen inklusive.

Mit beschwingten Grüßen
GRETA

Einleitung

*»Es gibt zwei Möglichkeiten,
Licht zu verbreiten:
Man kann Kerze sein oder der Spiegel,
der es reflektiert.«*
EDITH WHARTON

*»Alles Gescheite ist schon gedacht worden,
man muss nur versuchen, es noch einmal zu denken.«*
JOHANN WOLFGANG VON GOETHE

Die beste Art, dieses Buch zu lesen, ist vermutlich, diese Einleitung zu überspringen und mit Kapitel 1 zu beginnen. Wenn Sie diese Einleitung immer noch lesen, haben Sie sich wahrscheinlich entschieden, entweder diesen Rat zu ignorieren, weil Sie Einleitungen womöglich hilfreich finden, um erst ein wenig Kontext zu erhalten, oder Sie sind meinem Rat gefolgt und kehren jetzt hierher zurück, nachdem Sie das Buch gelesen haben. Wie dem auch sei, wenn Sie neugierig sind, wie und wofür dieses Buch entstanden ist, dann sind Sie hier genau richtig.

ABSTAND UND NÄHE

Die Gesundheit einer Organisationskultur zeigt sich meines Erachtens insbesondere darin, wie viel Distanz wir täglich aufs Neue schaffen müssen, um uns sicher genug zu fühlen. Wir haben Distanzierung so sehr normalisiert, auf so vielfältige Weise, dass wir angefangen haben zu glauben, dass Business oder sogar

»das Leben« eben so sind. Wenn es nichts mehr zu schützen gäbe, wäre Nähe die Norm. Wir wären es gewohnt, uns nah zu sein. Wir würden einander wahrhaftig »sehen«.

Formalität auch und gerade in unserer deutschen Sprache ist eine der Art und Weisen, wie wir Distanz normalisiert haben. Formalität trennt. Sie dient einzig dem Zweck, ausreichend Abstand zu halten zwischen »anderen« und den Teilen von uns, die einst verwundet wurden und noch verteidigt werden müssen, damit sie nicht berührt werden können. Die Anrede »Sie« spricht im Auftrag dieser verwundeten Teile. Das ist weder »gut« noch »schlecht«, es ist höchst intelligent. Und doch ist es das, wozu es ersonnen wurde: ein Hindernis zwischen uns.

Ich möchte daher etwas tun, was in vielen anderen Sprachen gar nicht erforderlich wäre: Ich möchte Ihnen das »Du« anbieten. Ich möchte dir meine Nähe schenken, damit wir uns leichter berühren können.

Und da ich dich hier nicht um Erlaubnis bitten kann und uns gleichzeitig niemand zusieht – dieser Raum also geschützt genug ist –, erlaube ich mir, anzunehmen, dass wir zwei uns ab jetzt wie zwei gute Freunde begegnen und uns nah sein dürfen, wie wir es wahrscheinlich wären, wenn wir uns viel früher und an einem anderen Ort begegnet wären.

Es ist keineswegs ein Zeichen von Respektlosigkeit, sondern eine demütige Verneigung vor dem empfindsamen, wundersamen, verwundbaren und starken Wesen, das du bist.

Und sollte dir das jetzt »*zu schnell gehen*« und Störgefühle hervorrufen (weil du gewohnt bist, zu glauben, »*dass so was Zeit braucht*« und dass es deshalb auch so ist), dann mag dich der Gedanke erfreuen, dass das Buch ohne das »Sie« weniger Buchstaben benötigt und damit sogar CO_2 einspart.

Und das führt uns zum nächsten Teil dieser Einleitung.

BRÜCKEN BAUEN

Dieses Buch enthält keine Idee, die nicht schon einmal gedacht worden ist. Ich glaube, dass jede Sichtweise, die ich in diese Geschichte habe einfließen lassen, sogar schon viele Male gedacht und gesagt wurde, sowohl von Menschen, die vor mir gelebt haben, als auch von denen, die jetzt mit mir diese Erde teilen – Menschen, die meiner Meinung nach gebildeter, weiser und liebevoller sind, als ich es jemals zu sein vermag. Lange Zeit hielt mich diese Überzeugung vom Schreiben ab: Was könnte ich alldem wohl noch hinzufügen?

Was diese Sichtweise mit der Zeit verändert hat und woraus das Buch, das du jetzt in Händen hältst, entstanden ist, waren die vielen Gespräche, die ich in den letzten fünfzehn Jahren in meinen Rollen als Moderator, Coach, Kollege, Manager, Begleiter, Ehemann, Vater, Freund oder Mitmensch geführt habe. Eines davon war besonders entscheidend.

Eines Tages, nach einem sehr bewegenden Workshop in Norwegen, bot mir ein Teilnehmer freundlicherweise an, mich zu meinem nahe gelegenen Hotel zu fahren. Es war Winter, und die Heizung musste sich ins Zeug legen, damit die Scheiben auf dem kurzen Weg nicht vereisten. Als wir vor dem Hotel ankamen, bedankte er sich für den Tag. Dann blickte er mir in die Augen und meinte: »In dir steckt ein Buch. Ist dir das bewusst?« Für einen Moment war nur der Motor zu hören, der sich mit seiner Wärme wie eine Figur aus *Der Herr der Ringe* dem norwegischen Winter entgegensetzte, um einen Raum für diesen Moment zu erschaffen. »Was hält dich vom Schreiben ab?«, fügte er hinzu, als hätte er meine Antwort schon gehört.

Ein Teil von mir fühlte sich geschmeichelt, doch ohne weiter darüber nachzudenken, erklärte ihm ein anderer Teil von mir, warum dies nicht mein Weg sei. Vermutlich sagte ich es eher mir selbst, weil ich vor ebendiesem Weg Angst hatte. Ich sagte ihm, dass es nichts gäbe, das ich sehen würde, das andere nicht schon viele Male gedacht und gesagt hätten usw.

Zwar kann ich mich nicht mehr an seine genauen Worte erinnern, aber er antwortete mir in etwa so: »Boris, das mag alles richtig sein. Oder auch nicht. Vor allem aber ist es *irrelevant*. Ich lese selbst viel über das, was wir heute in unserem Workshop berührt haben. Ich interessiere mich sehr für die Natur des Menschen. Dennoch hast du mir heute irgendwie geholfen, eine bessere Verbindung zu meiner ganz eigenen inneren Weisheit herzustellen. Die Art und Weise, *wie* du gesprochen hast, die Fragen, die du gestellt hast, und ... die Energie, die du in dem Raum hast entstehen lassen, haben mich berührt. Diese Momente haben mich in die Lage versetzt, etwas zu sehen, was schon immer da war. Direkt vor mir. Du hast mich dazu gebracht, Dinge miteinander zu verbinden, die vorher getrennt schienen. Und irgendetwas passiert gerade in mir, jetzt in diesem Moment. Es ist etwas in Bewegung gekommen. Ich glaube nicht, dass ich der Einzige bin, dem du dienen könntest. Bitte denk darüber nach, okay?«

In diesem Moment erschien ein anderes Auto hinter uns und beanspruchte den wenigen Platz vor dem Hotel. Wir umarmten uns zum Abschied. Dann stieg ich aus und sah ihm nach, während die Kälte schnell gemerkt hatte, dass ich jetzt schutzlos war. Sein Name ist Paul Sewell.

Drei Jahre später, als sich mir die Gelegenheit dazu bot, begann ich zu schreiben. In den Jahren dazwischen erkannte ich immer deutlicher, dass meine Aufgabe gar nicht so sehr darin bestand, etwas Neues zu sagen. Was mich lebendig fühlen lässt, was mir wahrhaftige Freude bereitet, ist es, Brücken zu bauen. Brücken zwischen Menschen und Ideen, Brücken zwischen Ideen und Ideen, Brücken zwischen Menschen und Menschen, um jenseits der offensichtlichen Grenzen und Unvollkommenheiten das Schöne und Großartige im anderen zu erkennen; und schließlich Brücken zwischen Menschen und ihrem wahren Selbst – Brücken, die ihnen helfen heimzukehren.

Ich freue mich, wenn solche Brücken Menschen, darunter auch denen in Führungsrollen, helfen, Verbindungen zu sehen und zu nutzen, etwa indem sie den eher greifbaren Aspekten des Geschäftslebens, wie etwa Strategien, Prozessen, Technologie und Organisation, die gleiche Aufmerksamkeit schenken wie den vermeintlich weniger greifbaren – wie Gedanken, Denkweisen, Gefühlen oder Intuition. Denn: Wir sehen nur das, worauf wir bewusst achten. Und wir können nur das gestalten, dessen wir uns bewusst sind, sei es der Cashflow oder die Kultur des Unternehmens. Sei es die Aufgabenverteilung oder die vorherrschende Stimmung in unserer Familie. Erst wenn wir uns etwas bewusst werden, beginnen wir, eine Wahl zu haben.

Dabei geht es nicht etwa darum, scheinbare Gegensätze »in Einklang zu bringen«, sondern häufiger zu erkennen, dass diese Gegensätze meist unserer dualistischen, trennenden Art zu sehen geschuldet sind. Wir erkennen, was kalt ist, weil wir wissen, was warm ist. In Wirklichkeit sind beides nur unterschiedliche Grade an Schwingungen – wir nennen es Temperatur. Es gibt kein warm oder kalt. Die Begriffe sind Konventionen, die uns im Alltag helfen. Nicht mehr, nicht weniger. In Organisationen, Teams und Familien ist alles, was existiert (ohne Ausnahme), z. B. ob und wie wir »Leistung messen«, das Spiegelbild unserer tiefsten bewussten oder unbewussten Glaubenssätze, wie Menschen und die Welt funktionieren und was uns entsprechend möglich oder unmöglich erscheint. Manche nennen es »realistisch« und »unrealistisch«. Alles, was entsteht (ohne Ausnahme), musste zuerst gespürt oder gedacht werden. Erst so kommt etwas in das Blickfeld unseres Bewusstseins. Du bist dir nicht sicher? Machen wir ein kleines Experiment. Jetzt? Ja.

Schau dich um in dem Raum, in dem du dieses Buch gerade liest. Was nimmst du wahr? Zähle es einfach auf, still in deinem Kopf, oder sprich es aus. Vermutlich sind ein Fenster, ein Stuhl oder ein Tisch dabei? Vielleicht war jemand so aufmerksam, Blumen in eine Vase zu stellen? Hast du auch den Raum wahrgenommen? Den Raum zwischen den Objekten? Oder das Licht, ohne das du die Objekte gar nicht wahrnehmen könntest? Beides war die ganze Zeit über da – direkt vor oder besser in unseren Augen. Jetzt ist es auch da, zumindest bist du dir dessen bewusster als zuvor.

Wie wir führen, wie und was wir entscheiden und kreieren, ist ein Spiegelbild der Größe und der Qualität des Raums, in dem wir denken, fühlen und handeln; des Raums, dessen wir uns bewusst sind. Ich hoffe, dass die Brücken, von denen ich weiter oben sprach, unsere Räume miteinander zu verbinden vermögen ... und so unsere inneren »Wohnzimmer« noch ein wenig größer und lichterfüllter werden.

Und schließlich schöpfe ich noch Energie aus einem vierten Brückenschlag, und zwar dem zwischen Gedanken, zwischen *Ideen*. Immer wieder, wenn ich im Laufe der Jahre ganz unterschiedliche Bücher über die Natur und die Entwicklung des Menschen las oder Menschen begegnete, die mich an ihren Erkenntnissen zu diesen Fragen teilhaben ließen, sah ich Verbindungen. Viele schienen mit unterschiedlichen Linsen und Wörtern ganz Ähnliches zu beschreiben. Gleichzeitig war und bin ich verwundert, wie wenig diese Verbindungen bewusst gesehen oder sogar hergestellt werden. Auch wenn sie sich einer anderen Sprache bedienen, aus unterschiedlichen Quellen und Traditionen stammen oder unterschiedliche Methoden anwenden (z. B. wissenschaftliche Forschung oder Kontemplation), weisen viele Gedanken und Ideen aus meiner Sicht oft auf dieselben zugrunde liegenden universellen Wahrheiten hin.

Ganz gleich, ob wir das Leben durch die Brille der Wissenschaft, insbesondere der Physik und Biologie, oder die der angewandten Wissenschaften, wie der Psychologie oder Neurologie, betrachten; ob wir auf das Leben durch eine phänomenologische Linse blicken – uns also Erfahrungen im Bereich der Führung, des Sports, der Kunst, der Erziehung, des Coachings oder der gesellschaftlichen Arbeit zunutze machen oder ob wir uns dem Leben durch die Weisheit jahrtausendealter spiritueller Traditionen und kontemplativer Praktiken nähern ... Wenn wir nur tief genug hinschauen, weisen sie allesamt auf dieselben universellen Fragen und Erkenntnisse hin – und auf dasselbe Geheimnis. Ich glaube, dass eine riesige Chance für uns alle darin liegt, diese verschiedenen Türen nicht nur offen zu halten oder bei Bedarf wieder aufzustoßen, sondern auch das wieder zu verbinden, was unverhofft getrennt wurde und doch nie getrennt war.

In seinem wunderbaren Buch *Buddha und die Wissenschaft vom Glück* (englischer Originaltitel: *The Joy of Living*) beschreibt der buddhistische Mönch Yongey Mingyur Rinpoche seine frühe Auseinandersetzung mit der modernen Wissenschaft:

> *»Es war ein bisschen so, als würde man zwei Sprachen gleichzeitig lernen: den Buddhismus auf der einen Seite und die moderne Wissenschaft auf der anderen. Ich erinnere mich, dass ich schon damals dachte, dass es keinen großen Unterschied zwischen den beiden gibt.«*

In seinem Vorwort zu demselben Buch weist Daniel Goleman darauf hin:

> *Wir sind Zeugen einer beispiellosen Episode in der Geschichte der Wissenschaft: eines ernsthaften, fortdauernden und wechselseitigen Austauschs zwischen Wissenschaftler:innen und Kontemplativen.*

Ein solcher Dialog ist erst durch die jüngsten technologischen Fortschritte (einschließlich der Erfindung des Flugzeugs, des Telefons, des MRT und des Internets) in Verbindung mit wahrhaftiger Neugierde möglich geworden. Auch wenn dieses Buch nicht den Ehrgeiz hat, diese unendlichen Verbindungen zwischen unseren verschiedenen »Denkschulen« widerzuspiegeln, so hoffe ich doch, indem wir uns erlauben, viele statt nur einige wenige Türen zu öffnen, dass es Leser:innen die Möglichkeit gibt, diejenigen Türen zu entdecken, durch welche sie bereit sind zu gehen. Ich glaube, sie führen letztlich in das gleiche wunderschöne Wohnzimmer, in dem wir uns alle begegnen und uns miteinander verbinden können.

Und während ich weiter Lebenserfahrungen sammelte als Vater, Ehemann, Sohn oder bei der Unterstützung von Kunden, die ihren jeweiligen Organisationen zum Erfolg verhelfen wollten, stellte ich fest, dass mein anfänglicher Glaube, ich hätte nichts beizutragen, noch aus einem weiteren, letzten Grund irrelevant war: Wenn es angesichts der schier unendlichen Fülle an Informationen, Wissen, Erfahrung und Weisheit, die uns zur Verfügung stehen, nur diese Dinge wären, die das menschliche Verhalten verändern und uns helfen würden, unser bestes Selbst zu sein, dann hätten wir vermutlich Frieden und Glück in unseren Familien, in unseren Institutionen und in uns selbst. Das ist eindeutig noch nicht der Fall, und es gibt offensichtlich noch viel zu tun. Und das ist okay. Denn zu lernen und zu wachsen, ist vermutlich zumindest einer der Gründe, warum wir hier sind. Wir werden es zeitnah herausfinden. Was zählt, ist nicht so sehr, was wir wissen, sondern wie wir schauen. Es ist für unsere weitere Entwicklung auch weniger relevant, was wir schon sehen, sondern was wir noch nicht sehen, denn Wissen entsteht immer aus ... Un-Wissen.

In diesem Sinne wurde mir klar, dass ich nicht unbedingt Leadsänger oder Solokünstler sein muss, um meine Mitmenschen zu inspirieren. Ich kann meine Stimme auch einem schönen, bereits existierenden Chor hinzufügen, damit dieser von noch mehr Menschen gehört und gefühlt werden kann.

Obwohl sich leider Beispiele für das Gegenteil finden lassen, bin ich der Meinung, dass Führung der Menschheit dienen muss, dass sie also unsere Menschlichkeit nicht einschränkt, sondern sie zur volleren Entfaltung bringt. Das gilt für unsere Familien, die den inhärenten Zweck haben, Leben weiterzugeben, und menschengemachte Organisationen, die letztlich dem Zweck dienen müssen, menschliche Probleme zu lösen. Das beinhaltet auch die menschengemachten Probleme des Planeten, der diese Menschen beherbergt.

Wenn Unternehmen mehr menschliche Probleme kreieren, als sie lösen, sie also »netto-negativ« sind, haben sie langfristig keine Daseinsberechtigung.

Da wir in einer »gemanagten« Gesellschaft leben, wie Fredmund Malik es einmal so treffend beschrieb, in der Organisationen, ihre Produkte und Dienstleistungen, und wie sich Menschen in ihnen tagtäglich fühlen, maßgeblich und buchstäblich die Lebensqualität eines jeden Menschen und das Wohl des Planeten beeinflussen, können wir es uns nicht mehr leisten, unsere reichlich vorhandene menschliche Energie in Form von

Leidenschaft, Weisheit, Mitgefühl, Kreativität, Tatendrang nur teilweise zu nutzen, zu verschwenden oder gar zu zerstören. Um die Herausforderungen von heute und morgen zu bewältigen, brauchen wir eine Welt, die besser geführt wird!

Ich habe dieses Buch für diejenigen geschrieben, die sich auf diesen Weg gemacht haben und die meine Stimme auf ihrem Weg begleiten kann. Ich habe dieses Buch für Führungskräfte geschrieben, die an der Schwelle stehen.

Dabei ist »Führungskraft« kein Titel, sondern eine innere Entscheidung. Wir brauchen menschliche Führung in unseren Familien, in unseren Schulen, in unseren Firmen, in unseren Vereinen, in unseren Parteien. Und *Wirksamkeit* von Führung ist schlussendlich immer ein Spiegelbild unseres Bewusstseins, das heißt dessen, was wir sehen können – und was nicht. Es ist unsere momentane Antwort auf die Frage: Wer oder was bin ich?

Chief Energy Officers sehen, dass menschliche Energie unsere eigentliche »Währung« ist, und sie führen in dem Bewusstsein.

REALE FIKTION

Dies ist kein akademisches Buch. Obwohl es auf Forschungsergebnissen beruht, ist es eine fiktive Geschichte – ein Gespräch zwischen unseren beiden Protagonisten Marie und Paul. Doch während die beiden nicht wirklich existieren, tun es ihre Fragen, ihre Erlebnisse, ihre Gespräche und Gefühle sehr wohl. Man könnte dieses Buch als »reale Fiktion« bezeichnen.

In der Tradition vieler wunderbarer Bücher, die Dialog als Plattform nutzen, sind die Begegnungen von Paul und Marie inspiriert von den Themen und Fragen, die die unzähligen Gespräche, an denen ich in den vergangenen fünfzehn Jahren teilhaben durfte, miteinander verbinden. Sei es mit Kunden, Partnern oder geliebten Menschen. Oft begannen diese Gespräche mit: »Weißt du, ich habe mich oft gefragt ...«, oder: »Was lernst du gerade über das Leben?«, oder: »Was ist eine Frage, die dich gerade begleitet?« Die daraus resultierenden Gespräche wollte ich einem breiteren Publikum zugänglich machen.

Ich habe mich für diesen Weg auch deshalb entschieden, um das Buch erlebbar zu machen. Genauso wie du dich auf einen packenden Roman einlässt, gemeinsam mit Freund:innen ein unvergessliches Konzert besuchst oder ein köstliches Essen mit deiner Familie an einem erinnerungsreichen Ort genießt, wirst du von diesem Buch am meisten profitieren, wenn du dir erlaubst, die Gespräche mitzuerleben; wenn du dich entscheidest, auch oder womöglich mehr mit dem Herzen zu hören als allein mit dem Verstand.

Denn es gibt mehr zu wissen als das, *worüber* wir etwas wissen können.

PUSCHENDORF, JUNI 2023

PS: Das Buch wirkt nur durch *dich*. Ohne dich ist es Papier. Ich würde mich freuen, wenn du deine Erfahrungen und Geschichten, die du im Zusammenhang mit der Lektüre des Buchs erlebst, oder Gedanken und Fragen, die daraus entstehen, mit mir teilst. So ist dieses Buch entstanden.

Schreib mir gern an: boris@chief-energy-officer.net

KAPITEL 1

Energie: Die Quelle menschlicher Leistung

*»Ich habe gelernt, dass Menschen vergessen werden,
was du gesagt hast. Menschen werden vergessen,
was du getan hast. Aber sie werden nie vergessen,
wie du sie hast fühlen lassen.«*
MAYA ANGELOU

*»Wir reagieren mehr auf die Energie der anderen
als auf die genauen Worte oder Handlungen der Menschen.
In jeder Situation ist unser Geben und Nehmen
von Energie das, was wir eigentlich tun.«*
RICHARD ROHR

Marie ging heute zum ersten Mal im Restaurant der Firma mittagessen, bei der sie vor zwei Monaten ihre neue Stelle angetreten hatte. Seit sie mit ihrer Familie in ihr neues Zuhause gezogen war und die Rolle der Senior Vice President of Emerging Markets übernommen hatte, war sie die meiste Zeit unterwegs gewesen. Sie traf ihr Team und zahlreiche Kolleg:innen, knüpfte persönliche Kontakte zu Kunden und Partnern, nahm an Besprechungen von Projektteams teil und lernte so jeden Tag etwas mehr über das Geschäft. Zwar war es für Marie eine recht intensive Zeit, wie sie es nannte, doch es hatte ihr geholfen, ein viel besseres Verständnis für die großen Herausforderungen zu entwickeln, denen ihr Team jetzt gegenüberstand.

Marie war glücklich mit ihrer neuen Rolle und dem bedeutenden Schritt, den sie und ihre Familie vor Kurzem gegangen waren. Sie war dankbar für das hohe Maß an Verständnis und Unterstützung ihres Mannes, der seinen früheren Job gekündigt hatte, um hierherziehen zu können, und ihrer Kinder, die sich vor allem auf ihre neue Schule freuten und die neuen Freunde, die sie hier hoffentlich finden würden.

Die Atmosphäre im Restaurant faszinierte Marie. Sie fühlte sich wie auf einem belebten Wochenmarkt in Italien: Die Leute grüßten einander und plauderten, während sie in der Schlange standen, um ihr Essen zu bestellen, oder zusammen an den Tischen saßen. Dieser Ort vibrierte vor Energie.

Marie blickte durch den Raum und entdeckte einen freien Platz an einem langen Tisch, an dem bereits eine kleine Gruppe saß und in ein Gespräch vertieft schien. Sie setzte sich mit ein wenig Abstand daneben und ließ ihren Blick durch das Restaurant schweifen. Noch hatte sie ihr Mittagessen nicht angerührt. Sie spürte die Stimmung, die sie umgab, und ganz unverhofft nahm sie das Bedürfnis wahr, innezuhalten und den Moment zu genießen. All das verwunderte Marie. Wollte sie nicht eigentlich nur einen Happen essen gehen? Irgendwie fühlte sie sich an diesem Ort lebendig.

Sie beschloss, sich mit ihren Sitznachbarn zu unterhalten: »Das ist ein toller Ort, nicht wahr? Es fühlt sich so ... anders an. So lebendig.«

Die Leute nickten ihr lächelnd und mit großen Augen zu, so als wollten sie sagen: »Oh ja, sehr sogar.«

Sie wandte sich ihrem Essen zu und nahm einen ersten Bissen von ihrem Lachssteak. Es war saftig und perfekt gegart.

Es schmeckte, als käme es aus einem gehobenen Restaurant in der Stadt.

»Wow, und das Essen ist einfach fantastisch!«, sprudelte es aus ihr heraus und überraschte damit sogar sich selbst.

»Danke fürs Kompliment«, erwiderte ein Mann, der ihr schräg gegenübersaß. »Ich werde es ans Team weitergeben, wenn ich darf.«

Etwas verdutzt fragte Marie: »Dann gehören Sie wohl zum Küchenpersonal hier?«

Er antwortete ihr mit einem sanften Lächeln: »Ja, das könnte man so sagen.« Dann streckte er seine Hand aus und sagte: »Ich bin Paul. Freut mich, dich kennenzulernen. Ich bin der Chefkoch und Leiter des Restaurants.«

Marie war überrascht.

Noch ehe sie sich vorstellen konnte, rief eine laute Stimme über den Tresen: »Also gut, Leute, hört mal her: Wir sind ja nicht nur hier, um euch mit Kalorien zu versorgen. Obwohl wir das wirklich gut können, oder?«

Jemand rief leichtherzig zurück: »Also, ich bin ja wohl der Beweis dafür, dass du es kannst!«

Der Mitarbeiter hinter dem Tresen fuhr fort: »Wenn du dein Glück finden willst: Es ist nur eine Gabel weit entfernt. Kommt rüber und probiert echte marokkanische Küche. Und wenn ihr fertig seid, habt ihr Marokko schon kennengelernt – ihr müsst nicht einmal mehr dorthin reisen! Bei uns spart ihr echtes Geld!«

Marie drehte sich um und sah einen großen Mann in den Vierzigern, der ein paar der Gäste bediente, die seiner Einladung folgten. Lachend sagte er: »Hallo, Sarah! Schön, dich wiederzusehen. Lass mich wissen, wie's dir geschmeckt hat, okay? Ich probiere hier gerade was Neues aus.«

»Das mach ich, Joe. Versprochen. Bis bald.«

Paul drehte sich zu Marie: »Das ist Joseph, die meisten nennen ihn Joe. Er war vor ein paar Wochen im Urlaub in Marokko, hat sich dort mit Köchen und Köchinnen getroffen und die lokale Küche erkundet. Er liebt das und probiert jetzt einige der Rezepte aus, die er während seiner Reise entdeckt und in die er sich, na ja, verliebt hat. Er hat große Freude daran, neue Dinge auszuprobieren. Und … ehrlich gesagt, glaube ich, hat ihn wieder einmal der Ehrgeiz gepackt. Ich vermute, er möchte diesmal bei unserer monatlichen Umfrage, bei der die Leute für ›Das Gericht, ohne das ich nicht mehr leben kann‹ abstimmen, ganz vorne landen.«

»Paul …«, begann Marie, »darf ich dir etwas sagen?«

Paul: »Na klar.«

Marie nahm einen Atemzug, bevor sie weitersprach: »Ich bin völlig begeistert von der Energie hier – sie ist einfach überall. Ich meine, sie ist im Raum, in den Leuten und, na ja, auch im Essen. So etwas habe ich noch nie in einem Restaurant erlebt … ich meine, in einem *Firmen*restaurant … und ich habe schon in vielen gegessen …«, erklärte sie mit einem Augenzwinkern und fuhr fort: »Das Essen hier ist besser als in vielen Restaurants, die ich in letzter Zeit besucht habe. Und dann ist hier so viel …«, sie hielt kurz inne, um nach dem richtigen Ausdruck zu suchen, »ich weiß nicht, ob ich das so sagen kann … Freude. Ich spüre einfach Freude und … ja … eine Art Leichtigkeit.«

Paul: »Ich danke dir von Herzen, dass du das mit mir teilst. Das freut mich wirklich sehr. Denn …«, Paul holte tief Luft, als bräuchte er ein wenig Mut, um seine Erinnerung zu berühren, »wir haben einen langen Weg hinter uns. Es war hier nämlich nicht immer so wie jetzt. Und wenn neue Gäste wie du mich daran teilhaben lassen, wie sie sich bei uns fühlen, dann weiß ich, dass wir heute wohl genau das erreicht haben, wofür wir wirklich hier sind … was uns alle hier im Restaurant beseelt … wofür wir stehen wollen.«

Marie: »Oh, und was ist das?«

Paul: »Nun, ich vermute, dass ich es nicht wirklich in Worte fassen kann. Schau, mit Worten ist es ein bisschen so, als würde man versuchen, jemandem von einem wunderbaren Musikstück zu erzählen. Wenn man die Erfahrung in Worte fassen könnte, bräuchte man die Musik nicht. Weißt du, was ich meine?«

Marie nickte wohlwollend, während Paul weitersprach.

Paul: »Im Grunde genommen ist das, was wir alle hier zu lieben scheinen …, eben *dieses* hier zu erleben und ein Teil davon zu sein. Wenn das Team und ich darüber sprechen, was uns bei der Arbeit und im Leben wirklich begeistert, du weißt schon, was uns *lebendig* fühlen lässt … der ›Funke‹ sozusagen, der unsere Lebensenergie entfacht … dann sind alle hier der Meinung, dass es im Grunde darum geht, Lebensfreude zu feiern und zu pflegen – durch richtig gutes Essen und Verbindung. Ja. Das ist es, wofür wir hier sind.«

Paul schwieg für einen Moment, sah sich um und blickte dann wieder zu Marie. »Siehst du, *das* verbindet uns. Es treibt uns an.«

Marie: »Ich verstehe.«

Marie war sich nicht sicher, was sie sagen sollte. Sie war zugleich bewegt und verwundert von Pauls Klarheit und der Kraft, die von seiner Antwort ausging. Einer Antwort auf ihre nur scheinbar unscheinbare Frage.

Marie: »Du sprichst mit deinem Team über ›Lebensenergie‹ und ›Funken‹? Ich hätte vermutet, dass ihr die meiste Zeit mit Personalplanung, Essensplänen, Lieferanten und Buchhaltung beschäftigt seid.«

Paul: »Du hast recht. Das sind wir auch – viel sogar. Und … ich habe mit der Zeit erkannt, dass meine Rolle als Führungskraft in allererster Linie darin besteht, eine Energie zu fördern, die es jedem ermöglicht, sein Bestes zu geben – einzeln und als Teil des Teams. Ich bin sozusagen der CEO dieses Restaurants.«

Marie: »CEO?«

Paul: »Ich bin der ›Chief Energy Officer‹. Das ist meine Rolle. Alles andere ergibt sich daraus.«

Marie: »Chief Energy Officer? Also den Begriff habe ich noch nie gehört. Nun ja, ich freue mich sehr, dich kennenzulernen, Chief Energy Officer Paul. Und verzeih, ich hab mich noch gar nicht vorgestellt: Ich bin Marie, Marie Johnston. Ich habe hier vor zwei Monaten als VP Emerging Markets angefangen.«

Paul: »Ich freue mich auch, dich kennenzulernen. Also dann, willkommen an Bord, Marie. Ich bin sicher, es wird dir hier gefallen.«

Marie: »Ich danke dir. Ich bin gerade wieder zurück von einer Reise zu einer unserer Regionalgesellschaften. Ich konnte meine Teammitglieder treffen, und wir sind tiefer in die verschiedenen Projekte eingestiegen, an denen wir gerade arbeiten. Es gibt viel zu tun und vieles, worüber wir nachdenken müssen.«

Sie schaute auf ihren Teller und genoss einen weiteren Bissen ihres Lachssteaks, diesmal zusammen mit dem leicht blanchierten Blattspinat. Er schmeckte frisch und kein bisschen bitter.

Marie: »Paul, ich schätze deine Offenheit. Und gleichzeitig bin ich, um ehrlich zu sein, ein wenig überrascht von dem, was du erzählst. Ich dachte wirklich, dass du dich in deiner Rolle eher mit praktischen, operativen Dingen befassen würdest. Verzeih mir, wenn meine Frage vielleicht etwas provokativ daherkommt, aber ich nehme an, dass dein Chef am Ende des Monats nicht nach dem Stand der ›Energie-Kennzahlen‹ fragt, oder?«

Paul: »Das ist überhaupt nicht provokativ. Ich persönlich würde es übrigens für eine gute Idee halten, eine ›Energie-Kennzahl‹ zu haben. Natürlich haben wir die Zahlen im Blick. Ich denke, wovon ich begonnen habe, dir zu erzählen, ist einfach das, was ich in den letzten Jahren für mich selbst erkannt habe, und zwar insbesondere während unserer Reise, dieses Restaurant wieder erfolgreich zu machen. Du hast davon vermutlich noch nicht gehört: Wir haben ein paar harte Jahre hinter uns. Wir standen kurz vor der Schließung.«

Marie: »Nein, das war mir tatsächlich nicht bewusst. Aber wie es scheint, habt ihr es ja geschafft.«

Paul: »Ja, das kann man wohl sagen. Wir können jetzt auf ein paar der besten Jahre zurückblicken, die wir je hatten. Im Vergleich zu anderen Firmenrestaurants gehören wir sogar zu den profitabelsten. Viel wichtiger aber ist, dass wir bei allen Kennzahlen, die sich langfristig auf unser Ergebnis auswirken, besser abschneiden. Also: Kundenzufriedenheit, Mitarbeiterbindung bzw. -fluktuation, Arbeitssicherheit und Cashflow. Und eine andere Zahl, die nicht in unseren Büchern auftaucht, auf die ich aber insgeheim schaue, ist auch gestiegen.«

Marie: »Und welche ist das?«

Paul: »Nun, wie viele Menschen würden folgende Frage mit ›Ja‹ beantworten: ›*Gibt es hier ein paar Menschen, mit denen du dich freundschaftlich verbunden fühlst?*‹«

Marie fragte sich, wie sie selbst und ihr Team diese Frage wohl beantworten würden. Und sie fragte sich insgeheim auch, warum das denn von Interesse sein sollte. Aber das ließ sie sich nicht anmerken.

Paul: »Um unser Ziel zu erreichen, mussten wir erhebliche Veränderungen und Investitionen vornehmen – bei unserer Lieferkette, unserer Ausstattung, unserer Aus- und Weiterbildung und sogar bei der Einführung eines zeitgemäßen IT-Systems. Es waren drei herausfordernde Jahre, eine Reise voller Hürden und Erkenntnisse. Jetzt führe ich gerade Gespräche mit Mitarbeiter:innen des Software-Unternehmens von gegenüber darüber, was wohl nötig wäre, um eintausend ihrer Mitarbeiter:innen bei uns zu bewirten. Sie überlegen gerade, ihre eigene Kantine, wie sie es nennen, zu schließen, denn ihre Leute sind ohnehin häufig hier, seit wir unser Restaurant auch für sogenannte Externe geöffnet haben. Ich nenne sie einfach Gäste. Manche essen hier sogar mit ihren Familien, und so begegnen sich die Menschen wieder ganz anders ...«

Paul pausierte für einen kurzen Augenblick, und Marie spürte, wie glücklich ihn das, was er gerade beschrieb, zu machen schien. *Geselligkeit*, dachte sie leise und, *Na klar ... Lebensfreude ... Verbindung.*

Paul: »Es kann sogar sein, dass wir am Ende einige ihrer Mitarbeiter:innen einstellen, um dieses Wachstum bewältigen zu können.«

Marie: »Wow, ich hatte keine Ahnung, wie sehr ihr wachst. Um ehrlich zu sein, bin ich gerade erst mit meiner Familie hierhergezogen, und ich habe hier heute zum ersten Mal gegessen. Ich glaube, ich komme mal mit meiner Familie vorbei.«

Paul: »Wir werden euch verwöhnen.«

Marie: »Hm, ich denke, ich wäre froh, wenn ich in drei Jahren eine ähnliche Erfolgsgeschichte erzählen könnte. Ich muss sagen, im Moment sieht es für meine Abteilung nicht so rosig aus. Es gibt eine ganze Reihe von Problemen, mit denen sich das Team auseinandersetzen muss. Die Margen sind in den meisten Märkten unter Druck, es gibt ganz neue Wettbewerber und Technologieentwicklungen, mit denen wir uns beschäftigen müssen und wollen. Wir diskutieren auch über eine neue Organisationsstruktur. Und ... einige in meinem Team scheinen sich nicht so gut zu fühlen. Eine sehr erfahrene Kollegin verließ uns nur einen Monat nach meiner Ankunft und wechselte zu einem unserer Wettbewerber. Irgendetwas an diesem Ort scheint es schwieriger zu machen, Ideen einzubringen und Dinge umzusetzen. Ich kann's noch nicht so recht beschreiben.«

Paul schaute Marie für einen Moment an, als wolle er ihren Wörtern Raum zum Klingen geben, wie den Schwingungen einer gerade berührten Gitarrensaite, und nachspüren, wie Marie selbst ihren Klang wohl hört.

Paul: »Das kann ich gut nachempfinden. Wie gesagt, als ich ankam, mussten auch wir einiges grundlegend ändern. Manches davon war recht offensichtlich, anderes wiederum komplexer, vielschichtiger. Aber das Wichtigste, das allen diesen Veränderungen im Kern zugrunde lag, sie ermöglichte und beschleunigte, war eine Veränderung – eine Verwandlung – unserer Energie ... oder ein ›Herzenswandel‹, wie ich es manchmal nenne.«

Fast unmerklich neigte Marie ihren Kopf zur Seite, als wäre Pauls Gedanke eine Skulptur, deren Gestalt sie auf diese Weise besser betrachten könnte. Es war eine Geste, die es ihr erlaubte, ihrer Verwunderung Ausdruck zu verleihen, die tief in ihrem Bauch begann, nachdem Pauls Worte sich ihren Weg dorthin gebahnt hatten.

Nach einer kurzen Pause antwortete sie Paul: »Nun ja, ich spüre hier auf jeden Fall eine große positive Energie. Aber warum hast du das Gefühl, dass sie so entscheidend ist für eure Leistung und den Erfolg eurer Arbeit?«

Paul: »Danke. Wie schön, dass du das fragst. Ich werde nicht sehr oft danach gefragt, daher bin ich dankbar für deine Neugier. Weißt du, mit der Zeit ist mir immer bewusster geworden, dass menschliche Energie das eigentliche Herzstück von Führung ist. Und während mir vieles klarer geworden ist, gibt es noch viel für mich zu entdecken.«

Paul warf einen Blick auf die große Uhr am anderen Ende des Raumes.

»Ich schätze, wir beide werden bald wieder zu unserer Arbeit zurückkehren müssen. Wie wär's, wenn wir noch einen Kaffee zusammen trinken. Wir machen ausgezeichneten Espresso. Dann könnte ich zumindest noch ein paar Gedanken zu deiner Frage mit dir teilen. Und wenn du magst, wenn es hilfreich wäre, könnten wir unser Gespräch ein anderes Mal fortführen und vertiefen. Ich habe oft das Gefühl, dass ein Dialog mit solch offenen Menschen wie dir den Raum für neue Perspektiven eröffnet.«

Marie: »Paul, das wäre wunderbar. Lass mich den Kaffee holen. Espresso?«

Paul: »Ja. Espresso, bitte. Danke.«

Marie ging zur Kaffeebar, die nur wenige Schritte von ihrem Tisch entfernt war. Das Herzstück der Bar war ein hoher metallener Tresen, dessen Ränder mit blumigen Mustern verziert waren. Er war matt geworden durch die unzähligen Tassen und Gläser, die jeden Tag über ihn hinweggingen. Es schien, als sei er nur zu Besuch, um die unzähligen Geschichten und Anekdoten zu überliefern, die sich Menschen in seinem sizilianischen Dorf vor und hinter ihm erzählt hatten. Das Fauchen des Wasserdampfs sorgte dafür, dass nur die sie hörten, für deren Ohren sie bestimmt waren.

Marie kam mit zwei Tassen Espresso und zwei kleinen Cannoli zurück, einem traditionellen sizilianischen Gebäck mit feiner Ricottacreme und winzigen Schokostückchen. Die Mitarbeiterin an der Bar bestand darauf, dass sie es bitte probieren möge.»Die machen wir selbst.«

Paul:»Vielen Dank, Marie. Ah, Cannoli. Ohne Worte. Um deiner Frage weiter nachzugehen, warum Energie aus meiner Sicht eine so zentrale Rolle spielt, möchte ich dich etwas fragen. Darf ich?«

Marie:»Sicher. Gerne. Schieß los.«

Paul:»Stell dir für einen Moment vor, die Menschen in deinem Team hätten nur zehn Prozent mehr positive Energie, als sie jetzt jeden Tag zur Arbeit mitbringen. Stell dir vor, sie brächten jeden Tag zehn Prozent mehr Ideen ein, in Meetings und Gesprächen aller Art. Und in Besprechungen würden sie zehn Prozent häufiger mitteilen, was sie sehen und denken, weil sie sich sicher genug fühlen, genau das zu tun. Und die anderen würden ihnen neugierig und aufmerksam zuhören. Und sie würden in zehn Prozent mehr Fällen aktiv herausfinden, wie sie Kunden auf eine Weise unterstützen können, die sie von unserem Unternehmen regelrecht schwärmen lässt. Was würde das für die Produktivität deiner Abteilung und die vor euch liegenden Herausforderungen bedeuten?«

Marie lachte:»Also, ich schätze, das wäre ungefähr so, als würde ich mein Team um 40 Prozent oder mehr aufstocken ... ohne zusätzliches Budget, das es zurzeit nicht gibt. Und es würde viele der Dinge verbessern, die uns im Moment zu bremsen scheinen.«

Paul:»Und stell dir vor, du könntest darüber hinaus zehn Prozent deiner eigenen Energie und Zeit, die sonst erforderlich wären, um Differenzen zwischen Teammitgliedern oder Abteilungen zu lösen, auf anderes verwenden, weil deine Kolleg:innen Wege gefunden haben, sie von selbst und auf gesunde Weise zu lösen?«

Marie: »Ich bin mir nicht sicher, wie ich das berechnen soll, aber ich schätze, all das zusammen würde die Leistung meines Teams und meine eigene wohl um etwa 50 Prozent steigern.«

Paul: »Und warum würde das aus deiner Erfahrung der Fall sein?«

Marie: »Nun ja, ganz einfach – weil es die Geschwindigkeit und Qualität unserer Arbeit verbessern und uns gleichzeitig helfen würde, unsere Ziele müheloser zu erreichen. Wir würden mehr und vermutlich noch bessere Ideen haben. Wir würden uns wahrscheinlich schneller darauf einigen, was genau von wem erledigt werden muss, und das dann möglicherweise ohne meine ständige Beteiligung umsetzen. Ich glaube, die Mitarbeiter:innen wären womöglich auch engagierter, würden sich stärker für die Durchführung von Plänen einsetzen oder, wenn erforderlich, sich schneller auf Hindernisse einstellen, denen wir unterwegs ja unweigerlich begegnen werden.«

Paul: »Das leuchtet mir ein. Und nun stelle dir zu guter Letzt noch vor, dass die Mitarbeiter:innen deines Teams, wenn sie von Familienmitgliedern oder Freunden gefragt werden, wie sie sich bei ihrer Arbeit fühlen, zehn Prozent häufiger mit Worten antworten wie: ›dankbar‹, ›wertgeschätzt‹ oder sogar ›inspiriert‹. Was würde das für euch bedeuten?«

Marie antwortete nicht gleich. Sie dachte still: *Wir hätten wohl weniger Fluktuation, würden einfacher Mitarbeiter:innen finden und ... ja, auch ich hätte vermutlich mehr Freude an meiner Arbeit.*

Paul: »Meiner Erfahrung nach sind diese Einstellungen und Verhaltensweisen nicht so sehr das Ergebnis von guter Bezahlung, Schulungen oder Prozessen, obwohl all dies ohne Zweifel wichtig ist. Sie sind in allererster Linie das Resultat dessen, wie Menschen sich tagtäglich *fühlen* – wie sie abends auf die Frage antworten: ›Schatz, wie war dein Tag? Erzähl, wie geht es dir?‹ Und was Menschen, was ihre Herzen, *dann* sagen, ist schlicht ein Spiegelbild der vorherrschenden *menschlichen Energie* in unserer Organisation.«

Marie: »Das ist ein wirklich schöner Gedanke, Paul.« Eigentlich hatte sie »rührselig« sagen wollen. »Aber, Paul, wo findest du diese Energie? Sie wächst nicht gerade auf Bäumen. Und ich bin ja nicht hier, um den Leuten Energie zu geben. Sie sind erwachsen und meistens auch noch gut bezahlt. Und ich bin auch nicht gerade die Art von Führungskraft, die inspirierende Reden hält oder den Zusammenhalt stärkt, indem sie ständig Witze erzählt und für gute Stimmung sorgt. Letztlich geht's hier ja um Business, nicht um ein Fußballfinale. Und ich glaube nicht, dass wir uns jeden Monat einen Motivationsredner leisten oder noch mehr Geld in die Weiterentwicklung unserer Führungskräfte stecken können. Das sind gestandene Leute.«

Paul: »Marie, das wird nicht nötig sein. Die Energie, die du brauchst, ist schon da. Du warst bisher nur noch nicht in der Lage, sie zu nutzen und sich entfalten zu lassen.«

Marie: »Wie kommst du darauf? Ich meine, du hast mein Team ja noch nicht kennengelernt, und ich kann dir versichern, dass die Art von Energie, von der du sprichst, bei uns nicht spürbar ist. Daran werde ich wohl noch ganz schön arbeiten müssen.«

Paul: »Oh ja, ich bin ganz sicher, dass du etwas machen wirst. Aus meiner Sicht ist es so, dass unsere Energie nicht sosehr eine *endliche* Ressource ist, die wieder aufgefüllt werden muss, so wie man eine Batterie auflädt. Sie ist vielmehr eine *unendliche* Ressource, die daran gehindert werden kann, sich selbst zu erneuern und zu entfalten. Wenn die Menge oder die Qualität der Energie gering scheint, stellt sich daher weniger die Frage, wie man mehr Energie von außen zuführen könnte. Das wäre ein bisschen so, als würde man versuchen, einen Ozean mittels eines Schlauchs mit mehr Wasser zu füllen. Die eigentliche Frage ist, wie man die Hindernisse beseitigt, die den Zugang zu den Energiequellen blockieren, die immer da sind. Mit anderen Worten: Wie kann man den Ozean anzapfen?«

Marie: »Nun, das ist eine wirklich gute Frage. Und leichter gesagt als getan, nehme ich an. Also, nun gut, wie würde ich das denn machen ... den Ozean anzapfen?«

Paul: »Hm ... nun ja, dafür habe ich kein Rezept.«

Marie schmunzelte: »Also, wenn ich nach der Energie urteile, die hier jetzt im Raum ist, und eurem Erfolg, glaube ich schon, dass du eines hast. Ich meine – und bitte verzeih mir das Wortspiel –, dieser Ort *kocht* ja regelrecht.«

Paul lachte: »Nun ja, in gewisser Weise sind wir ja *alle* Köche, nicht wahr? Und damit *du* Spaß am Kochen hast und andere mit deiner ganz eigenen, einzigartigen Küche inspirieren kannst, würde ich dir empfehlen, die Rezepte, die für dich und dein Team funktionieren, euren Bedürfnissen anzupassen und zu verfeinern. Was ich dir anbieten kann, sind einige der *Zutaten*, die ich beim Kochen verwende. Diese Zutaten sind sowohl einfach als auch universell. Außerdem sind sie immer verfügbar, egal, wo, wann, mit wem und wie du kochst. Sie werden in vielen Rezepten und Kochbüchern verwendet, die dir noch begegnen werden. Einige gibt es schon seit Tausenden von Jahren, andere wurden erst in den letzten Jahren besser erforscht und verstanden. Schau, ich habe nur begonnen, ihren besonderen Wert wiederzuentdecken und sie in meine Arbeit zu integrieren. Und mit der Zeit habe ich gelernt, wie ich mit diesen einfachen universellen Zutaten ein besserer Koch werden kann.«

»Das klingt großartig!«, entgegnete Marie mit dem Grinsen eines Kindes, das sich am Anblick eines frisch gebackenen Kuchens erfreut. Nur für einen kurzen Moment ertappte sie sich dabei, dass sie Spaß daran hatte, wie ein Kind zu spielen – allein um der Freude willen. »Und ... was sind das für Zutaten?«

Paul: »Nun, ich kann sie nicht beschreiben. Es sind nicht sosehr Dinge oder Methoden, sondern eher *Quellen* oder *Kanäle*, die helfen, den Ozean anzuzapfen. Man kann sie auch nicht wirklich getrennt voneinander begreifen, denn sie wirken durch die Verbindung miteinander, wie jedes Rezept. Wenn wir sie jedoch für einen Moment trennen wollten, würde ich sie als Verstand, Herz, Seele und Körper bezeichnen.«

Paul dachte nach.

Paul: »Vielleicht wäre es treffender, sie als *Bereiche des Bewusstseins* zu bezeichnen. Denn: Du kannst ja nur die Dinge verändern, die dir bewusst sind, richtig?«

Marie überlegte kurz: »Ja, in der Tat.«

Paul: »Und auf diese vier Bereiche zu achten, hat mir geholfen, mir darüber bewusster zu werden, was hilft, gesunde Leistung zu fördern ... was also hilft, Energie verfügbarer zu machen und, wenn erforderlich, niedrigere Energieformen in höhere umzuwandeln.«

Marie: »Paul, es würde mich sehr interessieren, noch mehr über diese Bewusstseinsbereiche zu erfahren. Ich frage mich allerdings auch, warum du *überhaupt* so sehr auf Energie achtest. Mir scheint, dass die Dinge, über die du sprichst, wie etwa gegenseitige Unterstützung, und von denen wir ja vermutlich alle gerne mehr hätten, doch eine Sache des gesunden Menschenverstands sind, oder? Sollten Menschen zum Beispiel nicht einfach wissen, wie sie die Dinge auf eine unterstützende Art und Weise erledigen können? Meinst du denn nicht, dass, wenn jemand nicht gut zusammenarbeitet, dies im Grunde und ganz einfach auf einen Mangel an Erfahrung oder Training zurückzuführen ist oder vielleicht sogar auf einen Mangel an Charakter oder Respekt? Warum sagst du den Leuten nicht einfach, was sie tun und lassen sollen, und machst deutlich, was du erwartest?«

Paul: »Ich spüre ein wenig Frustration in deiner Stimme. Und das ist okay. Ich habe einmal genauso gedacht und gefühlt wie du und mir sogar die gleichen Fragen gestellt. Und natürlich ist es erforderlich und wertvoll, unsere Erwartungen klar zu formulieren, wo wir das denn können. Allerdings habe ich häufig auch dann nicht die Ergebnisse erzielt, die ich mir erhofft hatte, wenn ich kristallklare Ziele gesetzt hatte. Also begann ich immer häufiger, mich Folgendes zu fragen: Wenn die Handlungen von uns Menschen denn tatsächlich überwiegend darauf zurückzuführen wären, was wir wissen und verstehen – also auf unseren Verstand, auf Informationen –, dann sollte es einfach sein, die Einstellungen und Verhaltensweisen zu fördern, die ich mir wünsche. Alles, was es zu tun gäbe, wäre, jedem ein Buch zu geben. Und manchen ein paar mehr. Oder?«

Marie musste schmunzeln: »Das stimmt. Und doch ... so einfach ist es ja nicht.«

Paul schwieg, als wollte seine Stille sagen: »Genau.«

Paul: »Marie, ich möchte dich etwas fragen. Stell dir vor, du bist im Supermarkt und hast die Wahl zwischen vier verschiedenen Bananensorten. Zwei haben ein Bio-Siegel und die beiden anderen nicht. Sie haben vier verschiedene Preise und Gewichte, kommen aus verschiedenen Ländern und sehen alle etwas anders aus, einige etwas grüner, andere etwas gelber oder wieder andere sehen braun aus. Würdest du einen Algorithmus entwickeln, der dir bei der Entscheidung hilft?«

Marie: »Das könnte ich, aber es würde wohl zu viel Zeit kosten.«

Paul: »Wie würdest du dann entscheiden?«

Maria: »Hm. Na ja, spontan. Mit dem Bauch, denke ich.«

Paul grinste, als er Maries vermutlich unbeabsichtigt mehrdeutige Antwort hörte: »Du würdest die Entscheidung also eher *spüren*. Du würdest sie *erfühlen*. Du denkst also mit dem Bauch.«

Marie: »Ja, das kann man so sagen.«

Paul: »Schau, meiner Erfahrung nach ändern Informationen oder Wissen allein das menschliche Verhalten in keiner Weise, und schon gar nicht nachhaltig. Es gibt zum Beispiel zahlreiche Untersuchungen über die Auswirkungen von Zucker oder Rauchen auf unsere Gesundheit. Es gibt Hunderte Dokumentarfilme, Bücher und Aufklärungskampagnen mit dem Ziel, das Bewusstsein für diese Zusammenhänge zu fördern. Würden Informationen unser Verhalten ändern, dann würde vermutlich niemand mehr rauchen oder zu viel Zucker zu sich nehmen, oder?«

Marie: »Hm ...«

Paul: »Mir scheint, dass wir viel mehr mit dem Herzen als mit dem Verstand entscheiden. Wenn es um das tägliche Handeln geht, spielt unser Verstand eher die Rolle eines Regierungssprechers: Er erhält die Informationen zuletzt und muss dann alle Entscheidungen rechtfertigen.«

Marie: »Du meinst: Wir treffen Entscheidungen, bevor sie unseren bewussten Verstand erreichen.«

Paul: »Ja, das kann man so sagen. Fühlen ist unsere erste Art zu denken. Du hast zum Beispiel das, was du hier gerade erlebst, als etwas beschrieben, das sich großartig anfühlt.«

Marie: »Ja, das stimmt. Ich liebe einfach die Energie hier.«

Paul: »Könnte man also sagen, dass du Energie tatsächlich *spüren* kannst?«

Marie: »Ja, schon. Ich nehme die Schwingung wahr.«

Paul: »Genau. Energie ist, physikalisch gesehen, eine Schwingung – eine Bewegung. Und du, also genau genommen dein Körper, kannst ihre Bewegung spüren, so wie du Töne hören und Licht sehen kannst. Sobald sich Energie bewegt, sobald sie fließt, spürst du sie. Wie Strom. Gefühle sind Energie in Bewegung. Wenn die Energie stillsteht, wenn sie blockiert ist, fühlst du weniger.«

Als wolle sie es nicht vergessen, wiederholte Marie in ihrem Kopf die Worte, die Paul gerade fast beiläufig erwähnt hatte: *Gefühle sind Energie in Bewegung.*

> »Fühlen ist unsere erste Art zu denken.«

Paul: »Marie, würdest du sagen, dass sich deine eigene Energie im Laufe eines Tages verändert? Ich meine, fühlst du dich unterschiedlich im Laufe eines Tages?«

Marie: »Ja, natürlich. Viele Male am Tag.«

Paul: »Und würdest du mir zustimmen, dass du *immer* etwas fühlst? Anders gesagt: Du kannst nicht nicht fühlen.«

Marie: »Sicherlich. Ja.«

Paul: »Und gibt es Momente, in denen du mehr, sagen wir mal, eher *positive* Energie erlebst, und andere, in denen du mehr *negative* Energie spürst?«

Marie: »Oh ja, ganz bestimmt. Woher weißt du das nur?«

Paul: »Nun, weil auch du wahrscheinlich nur ein Mensch bist.«

Marie und Paul schauten sich an und lächelten. Beide spürten die Leichtherzigkeit, die in diesem Moment präsent war – und sie miteinander verband.

Paul: »Okay, lass uns später noch einmal dahin zurückkehren. Denn ich habe noch eine andere Frage. Was würdest du sagen, welche Verhaltensweisen, Haltungen oder, wenn du so magst, Leitsätze haben dir aus deiner Sicht geholfen, im weitesten Sinne *erfolgreich* oder, wenn das passender ist, *wirksam* zu sein? Bei der

Arbeit, als Führungskraft und auch privat? Anders gefragt: Was würdest du jungen Führungskräften sagen, wenn sie dich um Rat bitten würden, welche Fähigkeiten sie entwickeln sollten?«

Marie lächelte: »Genau diese Art Frage wird mir in fast jedem Führungsseminar immer wieder gestellt. Ich bin mir meist nicht sicher, wie ich sie beantworten soll.«

Paul: »Es muss nicht vollständig sein. Die jungen Führungskräfte freuen sich über alles, woran du sie teilhaben lässt. Was kommt dir als Erstes in den Sinn?«

Marie: »Lass mich mal überlegen. Also, zunächst einmal denke ich, dass es meine Fähigkeit ist, Menschen zuzuhören, und dann ... meine Fähigkeit, mit anderen zusammenzuarbeiten. Was noch? Ich habe irgendwie diese Fähigkeit entwickelt, mich auf andere Menschen einzustellen und ziemlich flexibel zu sein. Denn, wie du weißt, die Dinge entwickeln sich nie so, wie man sie im Kopf mal geplant hat.«

Paul: »Okay, super. Was noch?«

Marie: »Na ja, ich habe auch festgestellt, dass ich angesichts von Hindernissen oder Rückschlägen ziemlich belastbar bin. Heute nennt man das resilient sein. Ich nehme sie schneller an als früher. Nach einer Weile finden sich Wege, sie zu überwinden oder von ihnen zu lernen. Ich fühle mich am Ende irgendwie stärker oder sogar reifer als zuvor.«

Paul: »Danke. Das kann ich gut nachvollziehen. Ich verstehe, wie diese Eigenschaften dir auf deinem Weg geholfen haben, und ich schätze, es steckt noch viel mehr dahinter. Ich wünschte, ich hätte manchmal ein wenig mehr von der Resilienz und Flexibilität, die du entwickelt hast.«

Paul blieb still – und die Stille wirkte wie eine Art Wertschätzung für das Gesagte.

Paul: »Gibt es Momente, in denen du diese Eigenschaften nicht an den Tag legst oder sie in dir weniger zugänglich erscheinen? Ich meine, gibt es Momente, in denen du nicht so gut zuhören kannst? Oder vielleicht Momente, in denen du nicht so flexibel bist, wie du sein könntest?«

Marie: »Natürlich. Das passiert.«

Paul: »Nun ja, damit bist du nicht allein. Und gibt es umgekehrt andere Momente, in denen du das Gefühl hast, dass diese Eigenschaften einfach ein Teil von dir sind und du selbst in einer schwierigen Situation ganz natürlich und mühelos auf sie zugreifen kannst?«

Marie dachte einen Moment über Pauls Frage nach.

Marie: »Na ja, die meiste Zeit denke ich ja nicht wirklich über meine Stärken nach. Ich denke eher darüber nach, wie ich mit der Situation umgehe, in der ich mich befinde. Aber ja, es gibt Momente, in denen ich – rückblickend – das Gefühl habe, dass ich im *Flow* war, wie man so schön sagt.«

Paul: »Ich würde behaupten, dass es in den Momenten, in denen dir deine Stärken und Fähigkeiten nicht so zur Verfügung stehen, nicht etwa so ist, als hättest du sie vergessen. Sie sind ja nicht verschwunden. Du hast nur weniger *Zugang* zu ihnen.«

Marie: »Es ist eher so, als wäre da ein Knoten im Schlauch, der mich mit dem Ozean verbindet.«

Paul lachte: »Ja. Genau. Und jetzt denk an die verschiedenen Energiezustände zurück, von denen du gerade berichtet hast. Den Frequenzen. Du hast gesagt, dass sie manchmal höher und manchmal etwas niedriger sind, richtig?«

Marie: »In der Tat.«

Paul: »Und wann, würdest du sagen, hast du eher Zugang zu den Stärken, von denen du sprachst? Wenn du eine höhere oder eine eher niedrigere Energie verspürst?«

Marie: »Oh ja, ich verstehe, was du meinst. Es gibt eine Korrelation.«

Paul: »Ja, ich glaube schon.«

Marie nahm einen Schluck von ihrem Kaffee und dachte über ihr Gespräch mit Paul nach, so als würde sie ihren Blick über eine schöne Landschaft schweifen und dabei einen ereignisreichen Tag Revue passieren lassen. Dann erblickte sie etwas in dieser Landschaft, das schon immer da war.

Marie: »Das ist interessant. Wenn ich *immer* etwas fühle, dann würde meine Energie ja buchstäblich *jeden* Gedanken, *jedes* Gespräch, *jede* Entscheidung und *jede* Handlung während meines Tages beeinflussen, oder? Sie würde maßgeblich das beeinflussen, was wir Leistung nennen, was lediglich das Ergebnis von alldem ist.«

Paul: »Ich sehe das auch so. Und wenn du dich nun als Chief Energy Officer in deinem Unternehmen begreifst, dann würde dich vor allem anderen diese Frage leiten: Wie kann ich in meinem Team positive Energie wecken, negative Energie umwandeln und diese menschliche Energie dann auf ein Ziel ausrichten, das allen wahrhaftig etwas bedeutet? Energie wird deine wichtigste Ressource, weil sie einfach alles beeinflusst. Menschliche Energie ist die eigentliche Währung, in der wir handeln.«

Wieder war es still, trotz all des Lärms, der die beiden umgab. Die Stille war der Raum, in dem der Gedanke sich entfalten und gesehen werden konnte.

Marie: »So – und so klar – hatte ich das noch nicht gesehen. Ich danke dir, Paul. Ich möchte dieses Gespräch und diese Ideen unbedingt weiter mit dir vertiefen. Aber ich denke, jetzt ist es wohl Zeit, dass wir beide uns wieder unseren anderen Aufgaben widmen.«

Paul: »Ja, ich sollte wohl auch zurückgehen. Marie, unser Gespräch, und vor allem zu wissen, dass es dir etwas bedeutet und für dich wertvoll ist, hat mir selbst viel Energie für den Rest des Tages geschenkt. Ich danke dir.«

Marie: »Ich würde sehr gerne mehr über die vier Quellen erfahren und darüber, wie sie dir geholfen haben, Energie tatsächlich zu verwandeln ... oder einen Herzenswandel herbeizuführen, wie du es genannt hast. Hättest du Lust und Zeit, unser Gespräch ein anderes Mal fortzuführen?«

»Menschliche Energie ist die eigentliche Währung, in der wir handeln.«

Paul: »Marie, es wäre mir ein Vergnügen. Komm doch, wenn du kannst, gleich nächste Woche zu einem unserer Team-Meetings. Wir treffen uns jeden Tag um 6:30 Uhr, eine Stunde bevor das Restaurant zum Frühstück öffnet. Nach unserer Besprechung könnten wir hier gemeinsam frühstücken.«

Marie: »Das klingt gut! Wie wäre es mit Mittwoch?«

Paul: »Super. Mittwoch.«

Marie: »Es war ein Geschenk, dich zu treffen, und ich freue mich schon auf unser Wiedersehen. Bis bald.«

Paul: »Bis bald, Marie.«

LOGBUCH

Marie ging zurück in ihr Büro. Als sie dort ankam, setzte sie sich an ihren Schreibtisch. Sie blickte aus dem Fenster und wurde still. Irgendetwas in ihr geschah, als ob etwas in ihrem Inneren, das feststeckte, wieder in Bewegung geraten war. Und es schien nicht allein der Inhalt ihres Gesprächs mit Paul zu sein, der sie bewegte. Es war die Begegnung an sich – seine sanfte Präsenz, seine Stimme, sein wohlwollender Blick, die Ruhe, die von ihm auszugehen schien. Es war ihre eigene Kraft, die sie in seiner Nähe fühlte.

Nachdem sie einen Moment so dagesessen hatte, kam ihr ein Gedanke in den Sinn. Sie öffnete eine Schublade in ihrem Schreibtisch und nahm ein wunderschönes leeres Notizbuch heraus. Es war ein Geschenk ihres Ehemanns, George, der es auf seiner letzten Reise durch Indien in einem winzigen Geschäft gefunden hatte. Sie liebte, wie es sich anfühlte, wenn sie es in den Händen hielt, seine Schwere, die Farben des Einbands und der Seiten. Sogar der Geruch war angenehm. Als er es ihr seinerzeit schenkte, sagte er: »Engel, ich weiß, dass du auf einer Reise bist. Vielleicht kann es dein Logbuch werden. Ein Raum sozusagen – zur Kontemplation.« Auf der ersten Seite hatte er eine Widmung hinterlassen: »Schreib, als ob es niemand lesen würde. In Liebe, George.«

Seitdem lag das Tagebuch geduldig in ihrer Schublade und wartete auf seinen Moment. Heute wusste Marie, wofür es bestimmt war. Sie schlug die erste Seite auf und begann, die ersten Gedanken und Fragen zu notieren, die ihre Begegnung mit Paul in ihr hervorriefen ...

- *Menschliche Leistung ist eine Funktion menschlicher Energie, eine Funktion unserer Gefühle.*
- *Gefühle sind Energie in Bewegung. Wenn Energie fließt, spüren wir sie. Und umgekehrt.*
- *Menschliche Energie ist keine endliche Quelle, wie eine Batterie. Sie ist eine unendliche Quelle.*
- *Sie ist immer verfügbar, nicht immer zugänglich. Ihr Fluss kann blockiert werden.*
- *Unsere Stärken zeigen sich häufiger in positiven Energiezuständen und sind weniger zugänglich, wenn wir uns in weniger positiven Energiezuständen befinden.*
- *Meine Aufgabe besteht daher weniger darin, Energie zu kreieren oder hinzuzufügen, sondern vielmehr darin, sie zu erwecken, indem ich die Hindernisse beseitige, die sie vom Fließen abhalten.*

- *Was würde passieren, wenn die Menschen in meiner Organisation und ich selbst nur 10 % häufiger Zugang zu unserer positiven Energie hätten und sie spüren würden?*
- *Was würde ich anders machen, welche Fragen würde ich stellen, worauf würde ich mehr achten, wenn ich Energie als unser wichtigstes Gut betrachten würde – wenn ich unser Chief Energy Officer wäre?*
- *Die Leitfrage eines Chief Energy Officer: Wie könnte ich sonst noch positive Energie fördern, negative Energie umwandeln und dann die menschliche Energie auf ein für alle bedeutsames Ziel ausrichten?*

KAPITEL 2

Gefühle: Der Zustand unseres Herzens

*»Die wichtigste Rolle von Wissen und Bildung
besteht darin, zu verstehen, wie wichtig es ist,
ein gutes Herz zu entwickeln.«*
DALAI LAMA

*»Gott bricht Dein Herz wieder und wieder und wieder,
bis es offen bleibt.«*
HAZRAT INAYAT KHAN

Es war Mittwochmorgen. Marie war auf dem Weg zum Büro. Sie hatte in letzter Zeit oft über ihre Begegnung mit Paul nachgedacht. Seine Gedanken rund um menschliche Energie klangen interessant. Sie schienen ihr sinnvoll und auch relevant für das, was sie in ihrem Alltag erlebte. Gleichzeitig war sie sich nicht sicher, wie sie diese Ideen umsetzen sollte. Es kam ihr alles noch ein wenig abstrakt vor, fast idealistisch und ein wenig naiv. Und doch konnte sie nicht die Augen davor verschließen, was sie im Restaurant doch selbst gespürt hatte und was ihr immer häufiger über den Erfolg des Restaurants und Pauls Rolle dabei zu Ohren kam. Paul musste außerdem ein gestandener Geschäftsmann sein. Es passte alles nicht so recht zusammen. Marie war interessiert und skeptisch zugleich.

Ich muss das besser verstehen, entschloss sie sich. *Ich möchte wissen, was genau es für Paul bedeutet, Chief Energy Officer zu sein.*

Als sie aus dem Auto stieg, stellte sie fest, dass sie etwas spät dran war. Sie eilte durch die Tür ins Restaurant und erblickte Paul und das Team mitten bei ihrer morgendlichen Besprechung. Um nicht zu stören, näherte sie sich behutsam und suchte Pauls Blick. Als er zu ihr herübersah, machte sie eine Geste, um ihm zu bedeuten, dass sie warten würde, bis sie fertig waren.

Paul: »Hallo, Marie, komm doch dazu. Wir sind fast fertig.«

Marie kam näher und entgegnete etwas verhalten: »Danke. Guten Morgen allerseits.«

Das Team empfing Marie mit herzlichen Blicken und Worten. Joseph, der Koch, der in der vergangenen Woche das marokkanische Gericht zubereitet hatte, bemerkte freundlich: »Marie, schön, dass du uns besuchst. Wir haben dich schon seit ein paar Tagen nicht mehr gesehen.«

Paul lenkte das Gespräch dorthin zurück, wo das Team stehen geblieben war: »Okay ... Sophie, du sprachst gerade über den Ärger, den du mit dem neuen Kassensystem hast. Erzähl bitte weiter. Wie fühlst du dich und was brauchst du?«

Marie hörte zu. Ihr fiel auf, wie neugierig und aufmerksam Paul und das Team Sophies Ausführungen folgten und auf sie reagierten. Jemand fragte: »Was ist dir noch aufgefallen?« Die Frage erleichterte es ihr, von weiteren Beobachtungen zu berichten und von all dem, was sie noch beschäftigte. Und was folgte, schien allen zu helfen, die Situation und Zusammenhänge noch ein wenig besser zu verstehen. Es war, als hätte das Team einen unsichtbaren, aber spürbaren Raum geschaffen, in dem alle gemeinsam mit Sophie denken konnten. Andere fragten weiter: »Was könnten wir übersehen haben?« und »Was müssen wir noch besser verstehen?« und: »Was könnten wir schon heute tun, bis wir eine Lösung finden?«

Dabei fiel Marie eine Sache ganz besonders auf: dieser ungewöhnlich wertschätzende, wohlwollende Ton.

Manchmal drückte sich dieser in einer Geste aus, wenn jemand eine Idee beschrieb oder eine Frage stellte. Ein andermal kommentierten sie einfach: »Ah, das ist eine tolle Frage. Danke für den Hinweis, daran habe ich nicht gedacht.« Sie einigten sich auf eine vorübergehende Zwischenlösung und beschlossen, sich nach dem Mittagessen zu dritt zu treffen, um noch genauer zu verstehen, was sie aus der Situation lernen könnten. Einige aus dem Team fügten noch hinzu: »Wir sind für dich da, wenn du etwas brauchst, okay?«

Als die Besprechung zu Ende war, beschlossen Marie und Paul, in die Kaffeebar am anderen Ende des Restaurants zu gehen. Dort waren schon einige Leute, die sich auf dem Weg ins Büro noch einen Kaffee oder ein anderes Getränk holten oder sich mit Kolleg:innen auf einen kurzen Plausch an der Theke einließen. Doch die meisten Tische waren, wie so häufig zu dieser frühen Tageszeit, noch frei. Marie und Paul nahmen Platz in einer lichtdurchfluteten Ecke, von der aus sie die kleine Piazza vor dem Haupteingang überblicken konnten.

Marie: »Du scheinst sehr auf den Ton in deinen Besprechungen zu achten.«

Paul: »Das stimmt. Als CEO ...«

Marie: »Als Chief Energy Officer ...«

Paul: »Ja. Genau. Also wahrzunehmen, wie sich Menschen fühlen, was sich sowohl in ihrem Tonfall widerspiegelt als auch von ihm beeinflusst wird, bedeutet mir tatsächlich sehr viel.«

Marie: »Du willst damit eine nette Atmosphäre schaffen, oder?«

Paul: »Nun, das ist sicherlich hilfreich, aber es geht um mehr. Letztendlich kann ich nur das ändern, was mir bewusst ist. Und ich kann mir nur dessen bewusst werden, worauf ich achte. Wenn du zum Beispiel den Cashflow oder die Kundenzufriedenheit stärken willst, dann wirst du deine Aufmerksamkeit darauf lenken, richtig?«

Marie: »Ja. Klar.«

Paul: »Nun, mit dem Ton ist das nicht anders. Er spiegelt die Energie deines Teams wider.«

Marie: »Okay, sicher. Aber was nützt es mir denn, zu wissen, wie sich mein Team fühlt? Ich meine, natürlich möchte ich, dass es Menschen gut geht, aber, Hand aufs Herz, letztendlich müssen wir doch unsere Arbeit erledigen, egal, wie wir uns fühlen. Ich meine, wir sind doch alle erwachsen, und ich kann nicht immer mit den Leuten darüber reden, wie sie sich fühlen, bevor sie etwas tun. Meinst du nicht auch?«

Paul dachte einen Moment lang nach. Dann fragte er Marie, ob sie ein Blatt Papier und einen Stift dabeihätte.

Sie holte das weinrote Notizbuch heraus, in dem sie ihre Gedanken über ihr erstes Gespräch aufgeschrieben hatte. Heute Morgen hatte sie es aus einem Impuls heraus in ihre Tasche gesteckt, ohne wirklich zu wissen, wofür sie es brauchen würde. Jetzt spürte sie: Von nun an würde es ihr ständiger Begleiter sein – wie das Logbuch einer ganz besonderen Reise, die erst beim Gehen entsteht.

Paul: »Marie, gibt es Momente, in denen du, sagen wir mal, in Bestform bist ... Du weißt schon, in denen dir Dinge irgendwie leicht von der Hand gehen?«

Marie schmunzelte: »Na klar. Auch das kommt vor. Und?«

Paul: »Erinnere dich mal an diese Momente. Spür ihnen nach. Und dann notier dir alle Worte, die beschreiben, wie du dich in diesen Momenten fühlst. Mach eine Liste.«

Marie überlegte einen Augenblick. Dann schrieb sie ein paar Worte auf und zeigte sie Paul.

– beseelt, glücklich
– dankbar
– begeistert
– leichtherzig
– neugierig
– zuversichtlich
– lebendig, wach

Paul lächelte: »Hm, das klingt so, als würde es dir richtig gut gehen. Okay, könntest du darunter jetzt noch eine Liste machen mit Worten, die beschreiben, wie ich dich *erleben* würde, wenn du dich so fühlst? Wie reagierst du dann auf Situationen und Menschen um dich herum? Wie gehst du an deine Arbeit heran? Was tust du mehr – und was tust du womöglich weniger oder gar nicht?«

Marie reflektierte über Pauls Frage und begann, eine zweite Liste zu schreiben. Es dauerte nicht lange, und sie drehte ihr Notizbuch wieder zu Paul. Ihr Logbuch.

Marie: »Hm ... ich schätze, ich gehe die Dinge mit ein wenig mehr Gelassenheit an. Oft hilft mir mein Sinn für Humor, wenn neue Herausforderungen auftauchen. Ich bin nicht zynisch; ich bin, wie soll ich sagen ... leichtherzig und zugleich zielstrebig ... zuversichtlich ... entschlossen. Und ich beziehe andere häufiger mit ein. Und wenn etwas schiefgeht, bin ich nachsichtiger, sowohl mit anderen als auch mit mir selbst. Irgendwie genieße ich die Arbeit ... und das Leben.«

Paul: »Das klingt so, als wärst du wirklich in Bestform. Fällt dir noch etwas auf?«

Marie: »Ja. Ich treffe meist bessere Entscheidungen. Manchmal kann ich mir nicht ganz erklären, warum. Ich glaube, ich vertraue einfach meinem Bauchgefühl.«

Paul: »Ja, das kenne ich.«

Marie: »Nun gut, wenn ich mich gut fühle, bin ich also im Großen und Ganzen effektiver, richtig? Ich bin mir nicht ganz sicher, warum du das fragst. Ich meine, das ist ja klar.«

Paul reagierte nicht auf Maries Frage: »Hast du auch *nicht* so gute Momente oder Tage?«

Marie: »Ja, natürlich – willkommen in meinem Leben! Und nicht zu knapp. Ich schätze, in Rollen wie der meinen hat man es naturgemäß auch mit nicht so angenehmen Dingen zu tun. Das ist ja Teil der Rolle, oder?«

Paul: »Gut möglich. Würdest du das, was du gerade gemacht hast, noch einmal tun und darüber nachdenken, wie du dich in solchen Momenten oder an solchen Tagen fühlst?«

Marie lachte. »Okay, das ist einfach.« Sie schlug eine neue Seite auf und begann, ihre Gedanken aufzuschreiben.

Marie: »Also, hier ist das, was mir schon bewusst ist: An einem nicht so guten Tag bin ich unruhig, nervös. Ich bin angespannt; meine Schultern sind angespannt – manchmal auch mein Bauch. Wenn ich ganz ehrlich bin, mach ich mir dann Sorgen. Zum Beispiel darüber, wie ein Kunde auf ein Angebot reagieren oder was mein Chef wohl dazu sagen wird. Manchmal fühle ich mich auch einfach überfordert und habe das Gefühl, dass ich dem, was um mich herum geschieht oder geschehen könnte, nicht gewachsen bin. In Wahrheit fühle ich mich unsicher. Aber das bleibt unter uns, okay?«

Paul: »Nun, ich schätze, damit bist du nicht allein. Danke, dass du das mit mir teilst. Ich bin dankbar, dass du mir gegenüber so offen bist. So ... offenherzig.«

Fast gleichzeitig spürten beide ein Gefühl der Verbundenheit und Geborgenheit, das sich in der Gegenwart des anderen einstellte. Beide lächelten und genossen diesen Moment, der keine Dauer kannte.

Paul: »Und wenn du dich so fühlst, was ist dann anders an deiner Reaktion auf Situationen und Menschen?«

Marie: »Bitte versprich mir, dass du es niemandem erzählen wirst. Obwohl diejenigen, die mit mir zusammenarbeiten, es vermutlich ohnehin wissen. Also, ich kann mich ganz schön aufregen. Meine Stimme verändert sich, und irgendwie reagiere ich nur noch. Manchmal unterbreche ich mittendrin, was ich gerade tue, um auf eine E-Mail zu antworten. Ich bin leichter ablenkbar und auch, na ja, reizbarer. Ich lasse mich leichter in Diskussionen hineinziehen. Und manchmal neige ich dazu, ein wenig zu übertreiben, um das Wortgefecht dann zu gewinnen. Ich habe noch mehr auf Lager. Soll ich fortfahren?«

Paul: »Marie, ich danke dir sehr, dass du mir das anvertraust. Würdest du das noch unter die Gefühle schreiben, die du schon aufgelistet hast?«

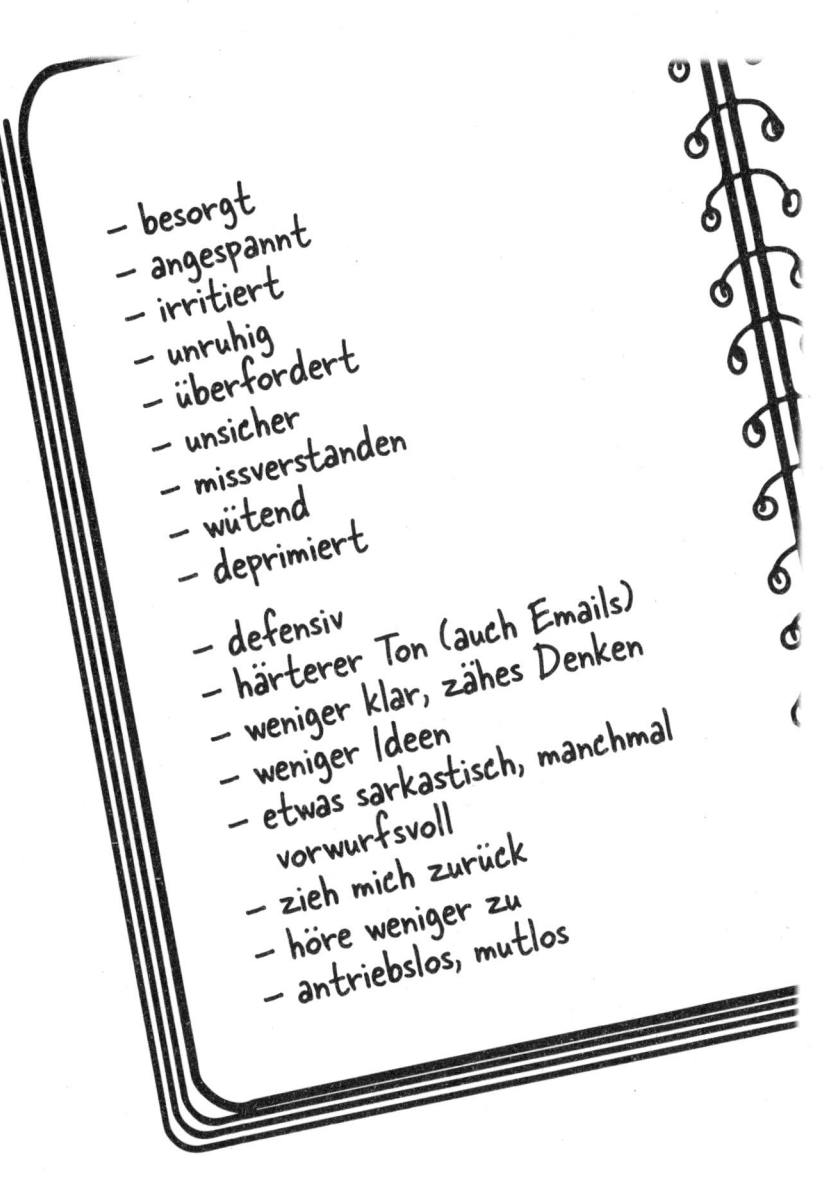

Marie: »Paul, jetzt bin ich neugierig. Warum fragst du danach? Ich habe manchmal eben schlechte Tage. Die haben wir doch alle, oder?«

Paul: »In der Tat, die haben wir alle. Das ist einfach Teil des Menschseins. Und wenn du deine Listen jetzt mit etwas Abstand betrachtest, scheinst du zwei verschiedene Maries zu beschreiben.«

Marie: »Ja, du hast recht.«

Paul: »Aber das bist beides du – es sind, vermeintlich, dieselben Augen und Ohren, dasselbe Gehirn, dieselben Arme und Beine. Und doch, je nachdem, wie du dich fühlst, scheinst du die Welt buchstäblich anders zu sehen. Und du handelst dann auch anders.«

Marie: »Ja, das ist spannend.«

Paul: »Nun ist die Welt um dich herum – also die Menschen, die E-Mails, die Meetings – aber die gleiche geblieben. Was dich umgibt, hat sich nicht verändert, aber *du*. Genauer gesagt, dein *Herzstand*, und damit auch das, was du in denselben Situationen und Menschen zu sehen vermagst.«

Marie: »Das ist interessant. So hatte ich das noch gar nicht betrachtet. Aber was genau meinst du mit ›Herzstand‹?«

Paul: »Nun, wir können vermutlich Dutzende Gefühle erleben, und es gibt wahrscheinlich unendlich mehr Möglichkeiten, sie zu beschreiben. Aber im Grunde scheint es dich und mich in zwei Zuständen zu geben. Ich nenne sie ›Herzstände‹, denn unser Herz kann letztlich entweder offen oder geschlossen sein.

Weißt du, Gefühle wie Sorge, Angst, Unsicherheit, Frustration, Ärger, Wut oder Verbitterung sind Worte für verschiedene Formen oder Ausprägungen von Angst. Es ist entweder die Angst, etwas zu verlieren, woran wir hängen, oder die Angst, etwas nicht zu bekommen, was wir uns wünschen, oder aber die Angst, etwas zu fühlen, was wir nicht fühlen möchten. Ich nenne diese mit Angst verbundenen Gefühle ›geschlossene Herzstände‹. Wenn du dich aber inspiriert, dankbar, lebendig, leichtherzig, zuversichtlich, neugierig, optimistisch, verständnisvoll, verbunden, vergebend, friedlich oder glücklich fühlst, ist dein Herzstand ›offen‹. Alle diese Gefühle sind im Kern verschiedene Erscheinungsformen von Liebe – zu anderen, zu dir selbst und zum Leben.«

Marie schrieb »offener Herzstand« über ihre erste Liste und »geschlossener Herzstand« über die zweite.

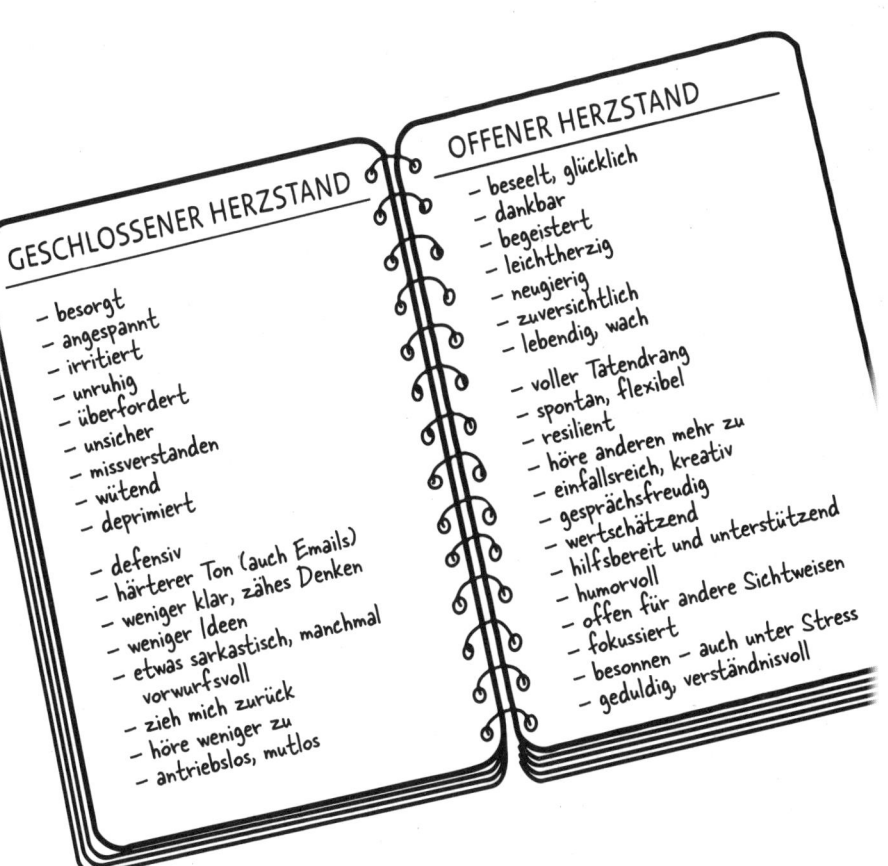

GESCHLOSSENER HERZSTAND
- besorgt
- angespannt
- irritiert
- unruhig
- überfordert
- unsicher
- missverstanden
- wütend
- deprimiert

- defensiv
- härterer Ton (auch Emails)
- weniger klar, zähes Denken
- weniger Ideen
- etwas sarkastisch, manchmal vorwurfsvoll
- zieh mich zurück
- höre weniger zu
- antriebslos, mutlos

OFFENER HERZSTAND
- beseelt, glücklich
- dankbar
- begeistert
- leichtherzig
- neugierig
- zuversichtlich
- lebendig, wach
- voller Tatendrang
- spontan, flexibel
- resilient
- höre anderen mehr zu
- einfallsreich, kreativ
- gesprächsfreudig
- wertschätzend
- hilfsbereit und unterstützend
- humorvoll
- offen für andere Sichtweisen
- fokussiert
- besonnen – auch unter Stress
- geduldig, verständnisvoll

Paul: »Sieh dir jetzt einmal deine Listen an. Wenn du dich entschließt, ein wenig häufiger auf deine Gefühle zu achten und wahrzunehmen, in welchem Zustand sich dein Herz jetzt gerade befindet, dann kannst du es buchstäblich wie eine innere Anzeige nutzen. Dein Herzstand zeigt dir an, wie effektiv du zu einem bestimmten Zeitpunkt bist.«

Marie: »Oh, es ist also ein bisschen wie ein Armaturenbrett im Auto, nur dass es nicht meine Geschwindigkeit oder den Zustand meines Motors anzeigt, sondern meine eigene Wirksamkeit?«

Paul grinste: »Ich mag dein Bild. Ja, das ist tatsächlich wie bei der Anzeige der Motortemperatur. Wenn der Motor zu heiß ist, würdest du wahrscheinlich dein Auto anhalten, um zu sehen, was los ist, oder zumindest etwas langsamer fahren, damit du nicht liegen bleibst. Du bist dir bewusst, dass du dich in diesem Moment nicht vollständig auf deinen Motor verlassen kannst. Wenn der Zeiger hingegen eine normale Temperatur anzeigt, kannst du im Grunde darauf vertrauen, dass der Motor rundläuft, und du machst dir keine weiteren Gedanken. Und jetzt stell dir einmal vor, es gäbe diese Anzeige nicht und die Information über die Motortemperatur stünde dir nicht zur Verfügung.«

Marie erwiderte scherzhaft: »Tja, dann müsste ich mir wohl öfter ein neues Auto kaufen.«

Paul: »Wahrscheinlich. Nun, als Mensch hast du eine eingebaute Anzeige. Ohne Aufpreis. Ist das nicht großartig? Dein Herzstand verrät dir zu jedem Zeitpunkt, wie es in dir gerade läuft. Wenn du einmal angefangen hast, ihn wahrzunehmen, kannst du ihn als nützlichen Hinweis betrachten, anstatt ihn zu unterdrücken oder gar zu ignorieren. Und mit dieser Information kannst du bessere Entscheidungen treffen, bei der Arbeit oder zu Hause.«

Marie: »Hm, ich habe meine Gefühle noch nie als Informationen betrachtet. Vielmehr habe ich sie immer als etwas angesehen, das man managen und aus dem Geschäftsleben eher heraushalten muss. Es kommt hin und wieder vor, dass ich sage: ›Lassen wir doch mal die Emotionen aus dem Spiel‹ oder ›Sei doch nicht so emotional‹.«

Paul: »Ich vermute, dass du eine Information über den Zustand des Unternehmens oder den Stand eines wichtigen Projekts nicht ignorieren würdest, oder?«

Marie: »Natürlich nicht. Das würde ich mir wahrscheinlich genau ansehen.«

Paul: »Wenn es allerdings um unseren Zustand als Mensch geht, bin ich mir nicht so sicher, dass wir das immer tun. Stattdessen üben wir bisweilen, unseren Herzstand und den der anderen zu ignorieren und mit Vollgas weiterzufahren.«

Marie: »Und manchmal, wenn alle Anzeigen auf Rot stehen, können wir den Motor sogar noch richtig hochdrehen lassen.«

Ihre Worte brachten sie beide zum Lachen. Die beiden wirkten wie zwei altvertraute Freunde, die sich nach vielen Jahren wiedersahen und sich über lang vergessene Anekdoten amüsierten.

Paul: »Umgekehrt sind wir in einem offenen Herzstand, einfach ausgedrückt, meist effektiver, kreativer, kooperativer und, wenn wir uns mit Rückschlägen oder Herausforderungen konfrontiert sehen, belastbarer als in einem eher geschlossenen Herzstand.«

Marie: »Wir haben mehr Energie zur Verfügung, ich meine für den Motor. Die Leitungen, die mich mit dem Ozean verbinden, sind offen.«

Paul: »Ah, ich mag unsere Auto-Analogie jetzt noch mehr als zuvor.«

> »Wenn du dich entschließt, ein wenig häufiger auf deine Gefühle zu achten und wahrzunehmen, in welchem Zustand sich dein Herz jetzt gerade befindet, dann kannst du es buchstäblich wie eine innere Anzeige nutzen.«

Marie schlug eine neue Seite in ihrem Notizbuch auf und zeichnete ein Bild.

Paul: »Marie, lass uns noch für einen Moment über diese Leitungen sprechen, die uns mit dem Ozean verbinden. Weißt du, ich glaube, dass es uns im Grunde immer möglich ist, zusammenzuarbeiten, kreativ, belastbar und konzentriert zu sein. All diese Eigenschaften, die wir brauchen, um produktiv zu sein, sind immer *verfügbar*. Wir werden so geboren. Sie sind uns nur nicht immer *zugänglich*. Einige von uns mögen vielleicht mit etwas stabileren Leitungen geboren sein oder hatten mehr Gelegenheiten, sie im Laufe ihres Lebens auszubauen. Manchmal wurden die Leitungen auch beschädigt oder verstopft. Und vermutlich müssen du und ich unsere Teammitglieder entsprechend auswählen. Wenn jedoch die Menschen, mit denen wir arbeiten, diese gesunden Fähigkeiten gerade nicht in ausreichendem Maße an den Tag legen, dann liegt das meist nicht etwa daran, dass es ihnen an Fähigkeiten, Erfahrung, Informationen oder Wissen oder gar Willen mangelt. Es ist ihr *Zugang* zu ihren angeborenen Ressourcen, der gerade eingeschränkt ist. Unsere Aufgabe ist es, sie dabei zu unterstützen, ihre Leitungen zu öffnen oder frei zu machen.«

Marie: »Um ihren Herzstand zu verändern ...«

Paul: »Ja.«

Marie: »Bitte red weiter, Paul. Erzähl mir ein bisschen mehr darüber.«

Paul: »Lass mich nachdenken. Du hast erwähnt, dass du in Momenten, in denen dein Herzstand geschlossen war, manchmal Dinge gesagt oder getan hast, die du später bereut hast, richtig?«

Marie: »Ja.«

Paul: »Was hättest du also anders machen können, was wäre möglich geworden, wenn du einfach wahrgenommen und akzeptiert hättest, dass dein Herzstand eher geschlossen ist?«

Marie dachte nach: »Nun, ich hätte mich womöglich entschlossen, nicht sofort zu reagieren, um keinen unnötigen Schaden anzurichten.«

Paul: »Warum nicht?«

Marie: »Nun, wenn mein Herzstand geschlossen ist, kann ich nicht wirklich klar denken. In gewisser Weise springt mein Gehirn dann aus dem Fenster.«

Paul lachte. »Oh, das hast du schön gesagt. Das muss ich meinem Team erzählen. Darf ich dich zitieren?«

Marie: »Aber natürlich.«

Paul: »Wenn du dir also anschaust, wie du dich selbst in verschiedenen Herzständen erlebt hast, wie, würdest du sagen, betrachtest du die Dinge, wenn du in einem offenen Herzstand bist?«

Marie: »Nun, ich würde einfach sagen ... mit mehr Weitblick.«

Paul: »Ja, mir geht's genauso. Wenn mein Herzstand geschlossen ist, ist es ein bisschen so, als würde ich die Dinge aus dem Auto heraus betrachten. Ich kann sehen, was vor, neben und hinter mir ist. Aber wenn ich die Dinge mit offenem Herzstand betrachte, kann ich Menschen und Situationen aus der Perspektive eines Helikopters betrachten. Mein Blickfeld wird größer, und mir werden die Zusammenhänge um mich herum bewusster. Ich erkenne vielleicht, wie die Dinge aus der Perspektive eines anderen Menschen aussehen und warum es ihm oder ihr schwerfällt, das zu sehen, was ich sehe ... und umgekehrt.«

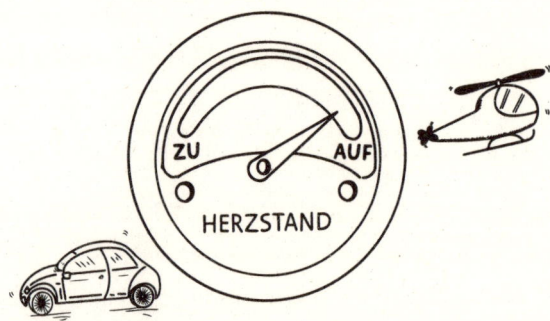

Marie: »Unser Unternehmen ist also gewissermaßen ein Netz aus sich ständig öffnenden und schließenden Herzen, wobei die Menschen von der Straßen- zur Helikopterperspektive wechseln.«

Paul: »Ich glaube schon.«

Marie verspürte das Bedürfnis, ihr Gespräch für einen Moment zu unterbrechen, um ihren Gedanken Raum zu geben. Sie blickte aus dem Fenster und beobachtete die Menschen, die gerade das Bürogebäude betraten. Sie stellte sich vor, wie sie gleich mit teils offenen, teils geschlossenen Herzen E-Mails schreiben, Telefonate führen oder an Besprechungen mit Kolleg:innen oder Kund:innen teilnehmen würden.

MIT BEWUSSTSEIN KOMMT WAHL

Marie: »Paul, ich kann den Zusammenhang zwischen meinem Herzstand und den Ergebnissen in meinem persönlichen und beruflichen Leben immer deutlicher erkennen. Aber ist es wirklich so einfach? Ich meine, in meiner Welt passieren an nur einem Tag ausreichend Dinge, die dazu führen könnten, dass mein Herz dauerhaft verschlossen bleibt. Ich muss aber immer noch Ergebnisse erzielen, unabhängig davon, wie es um mein Herz bestellt ist. Und das tue ich.«

Paul: »Nun, ja, es ist so einfach. Oder, wie ein guter Freund es mal ausdrückte: Es ist simpel, aber nicht versimpelt. Und ja, in der Tat, mein Herz öffnet und schließt sich am laufenden Band.«

Marie: »Da bin ich aber erleichtert. Und was machst du dann, damit es sich öffnet oder offen bleibt?«

Paul: »Nun, dafür habe ich leider auch kein Rezept. Zunächst einmal würde ich sagen, dass es nichts Richtiges oder Falsches dabei gibt, in einem offenen oder geschlossenen Herzstand zu sein. Das gehört einfach zum Menschsein dazu, denke ich. Zum Beispiel: Warst du schon einmal wütend?«

Marie: »Ja, natürlich.«

Paul: »Keine Sorge. Willkommen in der menschlichen Gemeinschaft. Wut ist, wie alle Gefühle, intelligent, sonst würde sie, wie alle Gefühle, nicht existieren. Sie ist zunächst einmal eine Form von Energie. Die Wahl, die wir haben, ist, wie wir sie nutzen. Ich schätze, in jedem von uns steckt ein wütendes Dreijähriges, das sich insgeheim wünscht, mit einem Wutanfall das zu bekommen, was es will, oder?«

Marie: »Also, meine Dreijährige beansprucht manchmal ein ganzes Wohnzimmer in meinem Kopf.«

Paul: »Ich denke, es ist ein Unterschied, wütend zu *sein* oder mir dessen *bewusst zu sein*, dass ich wütend bin. Denn: Mit Bewusstsein kommt Wahl. Nur was mir bewusst ist, kann ich ändern.«

Marie: »Wie die Wahl, nicht zu sagen, was ich gerade sagen will, weil mein Gehirn ja schon aus dem Fenster gesprungen ist?«

Paul musste schmunzeln: »Dein Herzstand verrät dir zum Beispiel die Temperatur deines Motors. Jetzt gibt es sicherlich Dinge, die du tun kannst, um die Temperatur zu senken oder dafür zu sorgen, dass der Motor in Zukunft besser läuft. Wenn du merkst, dass er überhitzt, wirst du das Auto wohl besser zur Seite fahren und anhalten. Wenn du aber nicht aufs Armaturenbrett schaust, hilft dir die Temperaturanzeige auch nicht weiter. Um bewusst zu werden, muss man erst einmal hinschauen.«

Marie: »Das leuchtet mir ein.«

Paul: »Wenn du früh genug merkst, dass dein Herz gerade im Begriff ist, sich zu schließen, weil du dich darin geübt hast, etwas achtsamer auf dein Armaturenbrett zu schauen, dann kannst du es womöglich noch bitten, nur ein klein wenig länger offen zu bleiben. Denn noch ist es empfänglich dafür.«

Marie: »Und das funktioniert?«

Paul: »Verlass dich nicht auf meine Worte. Probier es selbst aus.«

Marie: »Du meinst also, dass es sich lohnt, zu wissen, wie ich mich im offenen *und* geschlossenen Herzstand fühle, richtig?«

Paul: »Ja, absolut. Schau, die Temperatursensoren sind ein Werkzeug, deren Messungen auf dem Armaturenbrett angezeigt werden. Sie nehmen die Motortemperatur nur wahr. Sie verurteilen den Motor nicht dafür, dass er etwa zu heiß oder zu kalt wäre.«

Für einen Augenblick sagten beide nichts. Marie notierte: »Mein Herzstand ist ein Werkzeug, kein Richter.«

Paul: »Und natürlich wirst du manchmal, auch wenn es dir schon bewusst ist, dass das, was du gerade im Begriff bist zu tun, nicht hilfreich ist, eben genau das tun. Und zwar ganz einfach, weil du es *kannst*. Das ist der Moment, in dem dein Autopilot die Steuerung übernimmt.«

> »Mit Bewusstsein kommt Wahl. Nur was mir bewusst ist, kann ich ändern.«

Marie: »Genauso fühle ich mich manchmal. Du scheinst mich schon gut zu kennen.«

Paul: »Selbst dann, wenn du dir bewusst wirst, dass es in erster Linie dein geschlossener Herzstand ist – und nicht ein anderer Mensch –, der dich die Dinge so hat sehen lassen, wie du sie gesehen hast, und du daher so reagiert hast, wie du reagiert hast, dann kann dir ebendieses Bewusstsein helfen, dich diesem Menschen wieder leichter zu nähern – um Verzeihung zu bitten. Eine Versöhnung fällt uns manchmal leichter, wenn wir sehen, welcher Teil von uns am Steuer saß. Und wenn du dich entscheidest, über das, was geschehen ist, zu reflektieren, dann lernst du deinen Autopiloten noch ein Stückchen besser kennen. Du kannst also nicht scheitern, du kannst nur noch bewusster werden.«

> »Mein Herzstand ist ein Werkzeug, kein Richter.«

Marie: »Paul, du scheinst die verschiedenen Herzstände nicht zu werten, oder?«

Paul: »Ja, das ist richtig. Weißt du, obwohl das Leben und die Arbeit wahrscheinlich erfüllender sind, wenn wir uns in einem offenen Herzstand befinden, liegt der eigentliche Wert darin, sich einfach seines Herzstands bewusst zu sein und ihn urteilslos mit Neugier und Wohlwollen zu akzeptieren – zumindest im Nachhinein.«

Marie: »... denn mit Bewusstsein kommt Wahl.«

Paul: »So ist es. Und es ist noch mehr als das. Stell dir vor, du bist wütend, und dann ärgerst du dich darüber, dass du wütend bist. Ist dir das schon mal passiert?«

Marie: »Oh ja.«

Paul: »Was macht das mit deinem Herzstand?«

Marie: »Er schließt sich noch mehr. Und dann rege ich mich noch mehr auf, während ich versuche, meine Gefühle zu unterdrücken.«

Paul: »Jetzt stell dir vor, du sagst einfach: ›Ich bin wütend. Ich sehe es. Ich akzeptiere es voll und ganz.‹«

Marie: »Tja, ironischerweise denke ich, die Emotionen hätten mich etwas weniger im Griff.«

Paul: »Der Schmerz, den wir spüren, rührt oft nicht sosehr von dem Gefühl selbst, sondern daher, dass wir es beurteilen und zurückweisen. Weil wir alle unsere Erfahrungen sind, ist das Urteil oder die Ablehnung negativer Emotionen wie ein Kampf gegen die Realität und die Ablehnung eines Teils von uns selbst. Es ist, als würden wir ein Stück unseres Körpers abschneiden.«

»Na, das tut aber weh«, antwortete Marie etwas verschmitzt.

»Nicht wahr?«, bestätigte Paul mit einem Lachen.

Paul: »Alle Gefühle haben dir irgendwann gute Dienste geleistet. Es gab sie schon vor deiner Geburt, und es hat Jahrtausende gebraucht, sie zu entwickeln. Sie haben dazu beigetragen, dass du existierst. Du musst nicht alle Gefühle mögen, und einige, die mal hilfreich waren, sind es heute sicherlich nicht mehr. Aber du kannst ihnen ja ein Zimmer vermieten. Du bist die Hausbesitzerin. Dein Herzstand ist die Bewohnerin.«

DIE ROLLE DES CHIEF ENERGY OFFICER

Marie: »Ich denke gerade zurück an die Rolle des Chief Energy Officer. Um ehrlich zu sein, klang das erst etwas übertrieben. Aber jetzt denke ich: Wenn die Qualität jedes Gedankens, jedes Gesprächs, jeder Entscheidung, jeder Beziehung – im Grunde also der Blutstrom jeder Organisation – eigentlich das Ergebnis unseres Herzstands ist, dann wird das Achten auf den Herzstand unseres Unternehmens tatsächlich zu einer essenziellen Führungskompetenz. Und ironischerweise kommt es mir so vor, als ob wir einige unserer wichtigsten Entscheidungen – also die, die eigentlich am meisten Weitblick erfordern würden – oft dann treffen, wenn unsere Herzstände am geschlossensten sind, wir also am wenigsten Perspektive haben.«

»Der Schmerz, den wir spüren, rührt oft nicht sosehr von dem Gefühl selbst, sondern daher, dass wir es beurteilen und zurückweisen.«

Paul: »Ja, das denke ich auch. Für einen Chief Energy Officer läuft die Führungsrolle auf vier prinzipielle Fragen hinaus:

Erstens: ›Was kann ich noch tun, um selbst häufiger in einem offenen Herzstand zu sein und anderen dabei zu helfen, dort mehr Zeit zu verbringen?‹

Zweitens: ›Wie kann ich mir und anderen helfen, den Schaden zu begrenzen, wenn wir uns in einem eher geschlossenen Herzstand befinden?‹

Drittens: ›Wie kann ich geschlossene Herzstände in offenere verwandeln?‹

Und schließlich viertens: ›Worauf soll meine Organisation ihre menschliche Energie konzentrieren? Und wofür?‹«

Marie: »Hm, unter diesem Blickwinkel habe ich Führung und meine eigene Rolle noch nie betrachtet. Natürlich ist es mir wichtig, wie es den Menschen geht, und ich achte auch darauf. Aber ich habe mich bei meinen täglichen Entscheidungen nicht davon leiten lassen.«

Paul: »Das ist doch großartig. Du spürst, wie Menschen sich fühlen. In Zukunft magst du vielleicht einfach nur öfter innehalten und dich fragen: ›Wie möchte ich, dass sich die Leute nach diesem Gespräch mit mir oder dieser E-Mail, die ich gleich verschicken werde, fühlen?‹ oder ›Wenn ich das sage, wird sich der Empfänger dann stärker oder schwächer fühlen?‹ oder: ›Welche Auswirkungen wird das auf seine oder ihre Temperaturanzeige haben?‹«

Marie: »Hm ... das leuchtet mir jetzt alles ein. Paul, ich würde gerne mehr darüber sprechen, wie ich meinen Herzstand verändern und anderen helfen kann, das Gleiche zu tun. Aber ich möchte nicht zu viel von deiner Zeit in Anspruch nehmen. Ich glaube, das Restaurant öffnet in ein paar Minuten, oder?«

Paul warf einen Blick auf seine Uhr: »Tatsächlich! Und deine Frage ist ein guter Anknüpfungspunkt für unser nächstes Treffen.

Ich schätze unsere Gespräche wirklich sehr. Wenn ich mit dir rede, entstehen so viele neuen Ideen. Ich muss immer noch schmunzeln, wenn ich an das aus dem Fenster springende Gehirn denke.«

Marie: »Danke dir, Paul. Ich bin jetzt in einem Helikopter-Zustand und denke, das wird mir heute helfen. Wann können wir uns denn das nächste Mal sehen?«

Paul: »Bei gutem Wetter könnten wir einen Spaziergang im Park nebenan machen. Was hältst du von Freitagnachmittag, so ab fünf? Dann ist es hier etwas ruhiger.«

Marie: »Das passt gut. Dann sehen wir uns Freitag.«

Nach einer kurzen Umarmung trennten sie sich, beide mit dem Gefühl tiefer Dankbarkeit für die gegenseitige Fürsorge und Neugierde, die sie erfahren hatten.

LOGBUCH

Es wurde noch ein langer und intensiver Tag, und erst später am Abend fand Marie etwas Zeit und Ruhe für sich, um über ihr Gespräch mit Paul nachzudenken. Sie saß auf der Couch, auf ihrem Lieblingsplatz, mit einer Tasse ihres Lieblingstees, der einen friedlichen Duft verströmte. Marie liebte es, dort zu sitzen – es gab ihr ein Gefühl von Behaglichkeit und Wärme. Es war der Ort, an dem sie am liebsten las, nachdachte oder einfach nur abschaltete.

Marie nahm ihr Logbuch, las, was sie geschrieben hatte, und sah sich ihre Herzstand-Zeichnung an. Eine Weile blickte sie aus dem alten Fenster vor ihr. Dann, als ihr ein Gedanke kam, trug sie ihn in ihr Buch ein ...

- *Zu jedem Zeitpunkt bin ich in einem von zwei grundlegenden Herzständen.*
    - *Offen: wenn ich Gefühle erlebe, die mit Liebe verbunden sind*
    - *Geschlossen: wenn ich Gefühle erlebe, die mit Angst verbunden sind*
- *Mein Herzstand ändert sich ständig.*
- *Die Welt sieht für mich anders aus, je nachdem, in welchem Herzstand ich mich befinde.*
- *In einem eher offenen Herzstand habe ich mehr Perspektive, mehr Weitblick. Ich denke klarer und kreativer, ich entscheide und handle weiser als in einem eher verschlossenen Herzstand – ganz unabhängig von der Situation, in der ich mich befinde.*
- *In einem eher verschlossenen Herzstand neigt unser Verstand dazu, aus dem Fenster zu springen. Ich kann also meinen Herzstand als ein Instrument verwenden.*
- *Dieses Instrument sagt wenig darüber aus, was um mich herum geschieht. Es informiert mich vielmehr zu jedem Zeitpunkt über meine eigene momentane Fähigkeit, mit den Geschehnissen in meinem Leben umzugehen.*
- *Ich kann nur das ändern, dessen ich mir bewusst bin, einschließlich meines Herzstands. Mit Bewusstsein kommt Wahl ... und damit die Möglichkeit, etwas zu ändern.*
- *Der emotionale Schmerz, den wir erleben, rührt oft nicht vom unangenehmen Gefühl selbst her, sondern davon, dass wir es bewerten und ablehnen.*

Die vier Fragen eines Chief Energy Officers:

1. Was kann ich tun, um mehr Zeit in einem offenen Herzstand zu verbringen und anderen dabei zu helfen?
2. Wie kann ich mir und anderen helfen, den Schaden zu begrenzen, wenn wir uns in einem eher geschlossenen Herzstand befinden?
3. Wie kann ich geschlossene Herzstände in offenere verwandeln?
4. Worauf soll meine Organisation ihre menschliche Energie konzentrieren und wofür? Was ist unser Beitrag in der Welt?

KAPITEL 3

Gedanken: Die Brücke zu unserem Herzen

*»Es kommt nicht darauf an,
was du betrachtest, sondern was du siehst.«*
HENRY DAVID THOREAU

*»Die einzig wahre Handlung findet
im Denken statt.«*
LAURA BASHA

Am darauffolgenden Freitag war Marie spät dran. Einige ihrer Meetings hatten länger gedauert als erhofft. Nach einem leicht verspäteten, hastigen Mittagessen schrieb sie Paul eine Nachricht und schlug vor, sich heute in ihrem Büro statt im Park zu treffen, in der Hoffnung, so etwas Zeit zu gewinnen.

Paul erschien wenig später vor Maries Bürotür, als sie gerade ihre letzte E-Mail für diesen Tag abschickte. Er öffnete behutsam die Tür, klopfte gleichzeitig ganz leicht mit seinen Fingerspitzen an und blickte still zu Marie, als wollte er sagen: »Hallo, Marie, passt es schon?«

Marie: »Hallo, Paul. Schön, dich zu sehen! Danke, dass du dir Zeit nimmst und zu mir ins Büro kommst. Es ging heute alles etwas drunter und drüber.«

Paul: »Hallo, Marie. Ah, keine Sorge. Mir hat der kurze Spaziergang gutgetan, und ich freue mich, mal dein Büro kennenzulernen. Es gefällt mir sehr.«

Marie lud Paul ein, sich mit ihr an den kleinen Tisch mit den zwei Stühlen vor ihrem Schreibtisch zu setzen.

Marie: »Kaffee? Espresso? Tee? Oder kann ich dir ein Wasser anbieten?«

Paul: »Ein Espresso wäre toll. Danke.«

Marie bereitete zwei Espresso aus einer Maschine zu, die ihr Mann und ihre Kinder ihr zum Geburtstag geschenkt hatten. Ihre Geburtstagskarte bewahrte sie in einem kleinen Holzrahmen neben der Kaffeemaschine auf. Als Paul sie entdeckte, begann er, sie zu lesen – unvermittelt, leise und doch so, dass auch Marie ihn hören konnte: »Mama, wenn du morgens früh aufstehst und abends spät ins Bett gehst, wissen wir, dass es deine Liebe zu uns ist, die dich antreibt. Wir lieben dich auch.«

»Hat deine Familie dir das geschenkt?«

Marie lächelte und nickte.

Paul: »Was für ein schöner Gedanke.«

Marie: »Ja, der Kaffee wärmt meinen Bauch und der Gedanke mein Herz.«

Paul: »Das kann ich mir vorstellen.«

Nachdem sie Paul und sich selbst einen Espresso serviert hatte, setzte sich Marie Paul gegenüber.

Paul: »Erzähl, Marie. Wie ist es dir seit unserem letzten Treffen ergangen?«

Marie: »Oh, es war viel los, und mein Team und ich haben eine ganze Menge erreicht. Und ich ... ich bin überrascht, wie sich unser Gespräch über den Herzstand diese Woche auf mich und meine Kollegen ausgewirkt hat.«

Paul: »Ich bin neugierig. Erzähl mir mehr.«

Marie: »Auf die erste Seite meines Notizbuchs habe ich ein kleines Armaturenbrett mit dem Herzstand gezeichnet. Hier, sieh mal.«

Marie: »Manchmal während eines Anrufs oder eines Gesprächs schaue ich drauf und frage mich dann leise: ›Wo bin ich gerade?‹ Und weißt du, irgendwie habe ich begonnen, meinen Herzstand ein wenig öfter wahrzunehmen.«

Paul: »Oh, das ist wunderbar. Und was hat das bei dir bewirkt? Was hast du wahrgenommen?«

Marie: »Na ja, diesen Dienstag zum Beispiel saß ich in einer Besprechung, in der einer der Regionaldirektoren über ein größeres Projekt berichtete, an dem wir gemeinsam arbeiten. Er begann, sich vor allen Anwesenden über die Zusammenarbeit mit dem Team in der Zentrale auszulassen. Er war frustriert über die vermeintlich mangelnde Reaktionsfähigkeit des Teams.

Er erwähnte mich zwar nicht persönlich, aber ich gehöre nun mal zu ebendiesem Headquarter-Team. Ich fand seine

Bemerkungen unfair, auch deshalb, weil er es vor allen anderen sagte, ohne je mit mir darüber gesprochen zu haben. Und das hat was mit mir gemacht, ich habe darauf reagiert. Ich spürte die Spannung in meinen Schultern. Normalerweise hätte ich etwas gesagt, und er hätte dem etwas entgegengesetzt. Es wäre hin und her gegangen. Aber dann blickte ich auf den Herzstand in meinem Notizbuch. Alles geschah ein wenig wie in Zeitlupe. Ich wurde mir meines Herzstands bewusst. Ich bemerkte meine abwehrenden Gefühle und Gedanken und sagte mir: ›Warte mal … mach das nicht. Das musst du nicht. Auch er ist in einem geschlossenen Herzstand. Ich kenne das Gefühl.‹ Zu meiner Überraschung erlebte ich einen kurzen Moment des Mitgefühls. Nur einen kurzen Moment.

Er hatte mich beobachtet, und ich vermute, dass er mit einer Reaktion von mir rechnete. Dann, als er mich ansah, vielleicht spürte er meine Ruhe … veränderte er sich. Sein Gesicht entspannte sich, und dann sagte er so etwas in der Art wie: ›Ich weiß, dass ihr alle auch viel zu tun hattet. Und ich hätte auch anrufen können, anstatt zehn Erinnerungsmails zu schicken. Ich bin froh, dass ihr das Meeting heute organisiert habt, damit wir die Dinge klären können.‹

Die Energie im Raum veränderte sich. Wir hatten tatsächlich ein wirklich produktives Meeting. Und ich weiß, es hätte auch ganz anders laufen können. Es war wie ein kleines Wunder.«

Paul: »Vermutlich.«

Marie: »Weißt du, oberflächlich betrachtet ist eigentlich nichts passiert. Aber in meinem Inneren ist eine Menge passiert. Es war das Bewusstsein über meinen Herzstand, das mir geholfen hat, durch diesen Moment zu navigieren.«

Paul: »Vermutlich.«

Marie: »Es ist so einfach. Wie konnte ich das vorher nicht sehen?«

Paul: »Ich glaube, um wachsen zu können, kommt es nicht sosehr darauf an, Neues zu sehen, sondern vielmehr selbst zu sehen, was schon immer da war – sobald wir dazu bereit sind. Und es gibt immer mehr zu sehen. Wenn wir uns verwandeln, verwandelt sich auch die Welt um uns herum.«

Marie: »Das habe ich gerade erlebt.«

Paul: »Ich glaube, das hast du. Und deine Erfahrung erinnert uns daran, dass das, was wir sehen können, nicht sosehr von unserer Intelligenz oder unserem Wissen abhängt, sondern vielmehr von unserem *Bewusstsein*: unserer Fähigkeit, uns selbst und andere von einem anderen Standpunkt aus zu betrachten.«

Marie: »Das würde bedeuten, dass ich die größten Stellhebel für meine Entwicklung in erster Linie weniger im Außen, sondern eher in mir selbst finden könnte.«

Paul: »Ja, ich denke schon. Der Schlüssel zum Bewusstsein steckt von innen.«

Marie: »Aber als Führungskraft bin ich doch eigentlich dazu da, die Dinge in der Welt um mich herum zu bewegen und zu verändern, oder nicht?«

Paul: »Das bist du.«

Marie: »Hm, das ist schon etwas paradox, oder?«

Paul: »Ja. Führung ist paradox.«

Marie überlegte für einen Moment, wie oft sie sich in Situationen befand, die von ihr Dinge erforderten, die sich zu widersprechen oder gar auszuschließen schienen: reflektieren und handeln, neugierig sein und entscheiden, vorangehen und einbinden, nah sein und Perspektive behalten ...

Paul: »Und das ist wunderbar. Das Paradoxe kann uns helfen, besser zu sehen. Also würde ich vorschlagen, es einfach sein zu lassen, was es ist, und ein bisschen weiter zu vertiefen, was genau solch ein innerer Fokus bedeuten könnte. Wie klingt das für dich?«

Marie nickte.

Paul: »Ich möchte dir gern eine Frage stellen: In dem Meeting hast du deinen Herzstand wahrgenommen und wurdest dir deiner Gefühle in dem Moment ein wenig bewusster.«

Marie: »Ja.«

Paul: »Und wir wissen, wie sehr unser Herzstand beeinflusst, wie wir die Dinge um uns herum wahrnehmen und erleben.

Hast du dich schon mal gefragt, *woher* deine Gefühle eigentlich kommen?«

Marie überlegte: »Da bin ich mir gar nicht sicher. Manchmal, vielleicht. Und es scheint mir eine nützliche Frage zu sein. Denn wenn ich besser verstünde, was meinen Herzstand und den der anderen beeinflusst, könnte ich dieses Bewusstsein womöglich gezielter und systematischer nutzen.«

> »Wenn wir uns verwandeln, verwandelt sich auch die Welt um uns herum.«

Paul: »In der Tat, das könntest du.«

Marie: »Also, woher kommen meine Gefühle? Ich schätze, in den meisten Fällen entstehen sie, wenn mir irgendetwas widerfährt oder andere Menschen etwas tun, wie zum Beispiel streiten. Eine gute oder schlechte Nachricht, die sich auf meine Arbeit auswirken könnte.«

Paul: »Vermutlich würdest du auf solche Nachrichten reagieren. Das würde ich auch.«

Marie: »Ich schätze, das ist ein weiterer Beweis dafür, dass wir beide quicklebendig sind, oder?«

Paul: »Ja, ganz bestimmt. Sag mal, hast du dir jemals Sorgen über etwas gemacht, was dann gar nicht eingetreten ist?«

Marie: »Na klar. Sehr oft sogar.«

Paul: »Okay. Und hast du dich schon einmal über jemanden geärgert oder genau genommen über etwas, von dem du glaubst, dass derjenige es getan hätte, nur um später herauszufinden, dass er es gar nicht getan hat?«

Marie: »Woher wusstest du das? Ja, natürlich.«

Paul: »Wenn deine Gefühle also existieren, aber das Ereignis, dem du diese Gefühle zuschreibst, auf dieser Erde niemals stattgefunden hat, was war es dann, das diese Gefühle in dir ausgelöst hat?«

Marie: »Darüber habe ich nie wirklich nachgedacht, um ehrlich zu sein. Wenn es nicht die Ereignisse waren, muss es mein Verstand gewesen sein, der die Gefühle erzeugt hat. Es waren vermutlich meine Gedanken.«

Paul: »Erst durch dein Gefühl wird dein Gedanke erlebbar ... vollständig. Zu jedem Gedanken gehört ein Gefühl. Zu jedem Gefühl ein Gedanke. Und da wir fast immer etwas denken, können wir nicht *nicht* fühlen!«

Marie: »Wie meinst du das?«

Paul: »Lass es mich so sagen: Deine Gedanken sind für deinen Körper ein bisschen wie ein Film. Stell dir einen Moment lang vor, du bist im Kino und siehst dir eine angsteinflößende Szene in einem Actionfilm an. Wie fühlst du dich?«

Marie: »Die meiste Zeit ... etwas ängstlich natürlich.«

Paul: »Was machen dein Herzschlag und dein Blutdruck?«

Marie: »Beide gehen hoch.«

Paul: »Stell dir jetzt vor, du sitzt im selben Kinosessel mit denselben Menschen um dich herum, aber diesmal siehst du dir einen inspirierenden, herzerwärmenden Film an. Wie fühlst du dich?«

Marie: »Anders. Vielleicht gerührt, bewegt. Oder sogar inspiriert.«

Paul: »Alles, was sich verändert hat, sind die Bilder und Töne in deinem Kopf. Je nachdem, was du betrachtest – also die Gedanken in deinem Kopf –, fühlst du dich anders, nicht wahr?«

Marie: »Hm ...«

Paul: »Hast du jemals die berühmte Duschszene in Hitchcocks *Psycho* gesehen?«

Marie: »Das ist schon eine Weile her. Aber, ja. Was ist damit?«

Paul: »Erinnere dich an die Szene. Ist dir schon mal aufgefallen, dass man eigentlich nie sieht, wie die Frau unter der Dusche erstochen wird?«

Marie: »Hm, ich glaube, du hast recht.«

Paul: »Hitchcock wusste, dass, wenn die Zuschauer:innen sich den Mord selbst vorstellen, es noch wirkungsvoller ist und stärkere Gefühle erzeugt, als wenn er Spezialeffekte nutzen und die Szene tatsächlich zeigen würde. Er vertraute auf die Kraft unserer Gedanken, die Bilder in unseren Köpfen erzeugen kann – unsere ›Ein-Bild-ungskraft‹.«

Marie: »Okay, unsere Gedanken sind also wie Filme in unserem Kopf, richtig?«

Paul: »Ja. Im Grunde sitzen wir *immer* im Kino. Wir betrachten nie die Wirklichkeit an sich, sondern eher eine Liveübertragung auf unserem inneren Bildschirm.«

Marie: »Und was da genau übertragen wird, welcher Ausschnitt, das bestimmen das Kamerateam und die Regie mit.«

Paul schmunzelte: »Das stimmt. Unser Kopf ist Kamera, Regie, Schnitt und Produktion in einem.«

Marie: »Wir sind also gleichzeitig Filmproduzent:innen und Kinobesucher:innen, richtig?«

Paul: »Ja. Genau. Und als Kinobesucher:innen können wir uns die Filme aussuchen, die wir sehen. Aber manchmal kommt es vor, dass wir bestimmte Filme nicht so leicht loslassen.«

Marie: »Stattdessen schließen wir eine Art Abo ab, damit wir sie so oft ansehen können, wie wir wollen. Wir können sie wieder und wieder abspielen und das Gefühl jedes Mal wiedererleben.«

Paul: »Ein Abo! Sagte ich schon, dass ich deinen Humor liebe? Also, jetzt ist es offiziell.

Ja, wir können manche Filme öfter ansehen als andere. Die einen kriegen vom Blockbuster *Die Welt ist gefährlich* nicht genug, während andere lieber *Die Welt ist unerschöpflich* anschauen.

Aber ganz egal, welcher Film gerade läuft, stell dir mal vor, du würdest nicht nur bloß Bilder in 2-D oder sogar 3-D mit deinen Augen sehen und mit deinen Ohren den neuesten Dolby-Surround-Sound hören. Stell dir vor, du hättest eine Virtual-Reality-Brille auf, und du könntest das Erlebnis sogar anfassen und riechen.«

Marie: »Irgendwann würde ich vermutlich vergessen haben, dass ich in einem Film bin. Ich wäre in meiner neuen ›Realität‹.«

Paul: »Und dein ›Abo‹ bietet dir vor allem Filme aus dem Genre an, das du häufig geguckt hast, und unterschlägt viele andere verfügbare Filme.«

Marie: »Was für eine Abzocke!«

Beide lachten.

Marie: »Okay, das leuchtet mir jetzt vollkommen ein. Meine Gedanken erschaffen buchstäblich meine Gefühle.

Ehrlich gesagt, habe ich immer gedacht, dass es die Ereignisse und Menschen um mich herum sind, die meine Gefühle erzeugen.«

Marie blieb einen Moment still und dachte nach.

Marie: »Aber reagiere ich denn nicht auch auf die Menschen und Ereignisse?«

Paul: »Ich denke schon. Die Frage ist nur: Wie lange?«

Marie: »Wie meinst du das?«

Paul: »Hier ist ein Gedankenspiel: Stell dir vor, es passiert etwas, das dich stresst oder frustriert, zum Beispiel ein Streit mit einem Kollegen, irgend so etwas in der Art. Du würdest vermutlich nicht ›Hurra‹ schreien, richtig?«

Marie: »Wahrscheinlich nicht.«

Paul: »Und das ist mehr als verständlich, oder? Wir alle kennen dieses Gefühl.«

Marie: »Oh ja. Mein Herz klopft, ich führe Selbstgespräche, und mein Brustkorb ist angespannt.«

Paul: »Und hast du dich jemals am nächsten Morgen, kurz nach dem Aufwachen, auch noch so gefühlt?«

Marie: »Ja. Manchmal beginnt es unter der Dusche oder beim Frühstück oder wenn ich auf dem Weg zur Arbeit bin ...«

Paul: »Und das ... sind deine Gedanken, deine Filmcrew, bei der Arbeit. Schau, selbst wenn das eigentliche Ereignis längst vergangen ist, kann es unser Kopf immer wieder neu kreieren. Stunden, Tage, sogar viele Jahre später. Wir müssen die Erfahrung gar nicht noch einmal machen, um sie zu erleben. Unsere Gedanken übernehmen das für uns. Sie lassen uns die Ereignisse so lange wiedererleben, wie wir uns entscheiden, das zu tun. Manchmal scheint unser Verstand insgeheim zu hoffen, Dinge lösen zu können, indem er die Rennstrecke immer und immer wieder umrundet. Dabei ist das Rennen längst vorbei. Der Fahrer hat das Auto verlassen. Der Autopilot fährt weiter.«

Marie: »Es ist so, als ob ich die Gefühle, die ich während der Filmvorführung gespürt habe, auch noch lange nach dem Verlassen des Kinos fühle.«

Paul: »Ja. Genau so könnte man das gut beschreiben. Wie lange der Film auf dich wirkt, hängt davon ab, wie sehr du an dem Film festhältst. Wenn du dir bewusst machst, wenn du dich erinnerst, dass es nur ein Film ist, wird es auch nur ein Film sein.«

Paul ließ Raum für eine Pause, fast als wolle er, dass sein nächster Satz vor dem Hintergrund der Stille besser zu sehen sei. Er schaute Marie an.

Paul: »Marie, mentale Gesundheit ist der Abstand zwischen dir und deinen Gedanken.«

Marie genoss den letzten Schluck ihres Kaffees, während sie darüber nachdachte, was sie gerade über die Macht ihrer Gedanken entdeckte.

Sie hatte das Gefühl, auf einer Art Aussichtspunkt zu stehen, wie denen, die man auf den Hügeln am Rande schöner Städte findet, um von dort ihre Stadt, in der sie schon viele Jahre gelebt hatte, mit neuen Augen zu entdecken. Allein Pauls letzter Gedanke schien gleichzeitig klar und doch etwas rätselhaft. Sie entschloss sich, ein anderes Mal darauf zurückzukommen.

Marie: »Okay, wie auch immer ich es betrachte, letztlich sind es meine Gedanken, die meinen Herzstand verändern, richtig? Das ist eine sehr kraftvolle Perspektive. Es würde bedeuten, dass ich viel mehr Verantwortung für meinen eigenen Herzstand trage, als ich dachte. Für mich waren es bis jetzt, wenn ich ganz ehrlich bin, vornehmlich die Geschehnisse um mich herum, die meine Gefühle erzeugen. Mein Herzstand war also in erster Linie ein Gradmesser für das, was außen geschieht, nicht innen. Und gleichzeitig scheine ich auch viel mehr Einfluss auf meinen Herzstand zu haben, als ich dachte. Denn wenn ich meine Gedanken ändere, ändert sich auch mein Herzstand. Und meine Gedanken ... kann ich bewusst ändern.«

Paul: »Das ist einer der Grundsätze, von denen sich wirksame Chief Energy Officers leiten lassen. Für deinen Körper sind deine Gedanken Realität. Mit anderen Worten: Deine Gedanken und dein Körper sind eins.«

Marie: »Ich glaube, ich bin gerade dabei, eine neue Dimension zu entdecken. Ich meine, das ist wirklich faszinierend. Und gleichzeitig frage ich mich, was all das für den Alltag bedeutet. Wie kann ich diese Erkenntnis in meiner Rolle als Chief Energy Officer anwenden?«

Paul: »Das ist eine wirklich hilfreiche Frage. Lass uns doch mal sehen. Hast du kommende Woche ein Meeting? Ich meine ein wichtiges, bei dem es für dich um etwas geht, bei dem das Ergebnis zählt und es vielleicht ein bisschen Vorgeschichte mit den beteiligten Personen gibt?«

Marie: »Da fällt mir mehr als eins ein. Also, da wäre zum einen die Umstrukturierung unserer europäischen Organisation. Die läuft schon eine ganze Weile, und es steht viel auf dem Spiel. Ich mache mir Sorgen, dass wir uns zu sehr mit uns selbst beschäftigen und den Kontakt zu unseren Kunden verlieren. Und mich besorgt auch der Ton in diesen Meetings. Als Team sind wir noch nicht weit gekommen. Und der Vorstand beobachtet das gerade ganz genau – wir müssen wirklich bald eine Entscheidung treffen. Mehr kann ich nicht dazu sagen, Paul, das ist ein vertrauliches und heikles Thema.«

Paul: »Das ist okay. Wie oft denkst du an dieses Meeting?«

Marie: »Naja, fast ständig: Wenn ich aufstehe, im Auto, in anderen Meetings ... Das ist meine Art der Vorbereitung. Ich denke darüber nach, was wir brauchen, wie einige der Teammitglieder vielleicht reagieren werden und wie ich damit umgehen könnte.«

Paul: »Okay. Darf ich dich bitten, dass du jetzt die Augen schließt, damit du besser nachdenken und dir das Meeting vorstellen kannst?«

Marie schloss ihre Augen.

Paul: »Dreh deinen Körper jetzt bitte ein wenig nach links. Und nimm ein paar Atemzüge.«

Marie wandte sich in Richtung ihres Schreibtischs und atmete ruhig.

Paul: »Ich möchte, dass du dich an die unangenehmsten Momente erinnerst, die du in den vergangenen Meetings zu diesem Thema erlebt hast. Versetz dich zurück in diese Situationen und spüre, wie sie sich angefühlt haben. Sei wieder dort.«

Marie nach einem Moment: »Okay. Ich bin da.«

Paul: »Und jetzt denk an das Meeting kommende Woche. Stell dir ... das schlimmstmögliche Ergebnis vor. Stell dir vor, dass sich der ungesunde Ton, die Einstellungen, die Reaktionen, die du in der Vergangenheit erlebt hast, wiederholen, fortsetzen ... noch stärker als zuvor. Und stell dir vor, was das bewirkt. Wer sagt etwas? Wer schweigt? Spür die Stimmung. Stell dir die Gesichter vor, schau ihnen in die Augen. Erwecke all das zum Leben, als wärst du jetzt da, und lass mich wissen, wenn du dort angekommen bist ... wenn du dich fühlen kannst.«

Nach einer Weile sagte Marie leise: »Okay. Ich sehe es. Ich fühle es.«

Paul: »Okay. Bleib da, und nimm einfach wahr, was du wahrnimmst. Stell dir ein Whiteboard vor, das neben dir steht, und einen Stift in deiner Hand. Und jetzt notiere dort ein paar Wörter, die beschreiben, was du gerade fühlst.«

Marie: »Fertig. Hab ich gemacht.«

Paul: »Wie würdest du jetzt deinen Herzstand beschreiben?«

Marie: »Geschlossen, angespannt. Ich bin enttäuscht. Ich spüre Angst. Wut.«

Paul: »In Ordnung. Lass deine Augen geschlossen und drehe deinen Körper wieder zur Mitte. Lass los, woran du gerade gedacht hast. Nimm einen Schwamm und wisch die Worte weg.«

Marie: »Alles klar. Erledigt.«

Paul: »Okay. Dann dreh deinen Körper jetzt bitte nach rechts.«

Marie wandte sich zum Fenster. Auf ihren Augenlidern spürte sie einen Hauch der Frühlingssonne, die nach dem langen Winter neues Leben verhieß.

Paul: »Ich möchte, dass du wieder ins Meeting zurückgehst. Aber diesmal stell dir das bestmögliche Ergebnis vor.

Und, was wäre noch besser?

Was ist jetzt anders? Was hören und sagen die Leute, das dich optimistisch stimmt oder dich stärkt? Was tun sie? Was tun sie nicht? Wie fühlt es sich an? Schau ihnen in die Augen und lass dir Zeit dabei.

Wie würdest du sie betrachten, wenn sie dir nahestünden, wenn sie deine Freunde wären? Erinnere dich, dass auch sie einen Herzstand haben, der sich verändert und sie die Welt manchmal verzerrt wahrnehmen lässt.«

Marie: »Ich bin gleich so weit … Gib mir noch einen Moment … Okay, ich sehe uns. Ich bin mittendrin.«

Paul: »Gut, dann nimm jetzt wieder deinen Stift und notiere auf dem Whiteboard neben dir, wie du dich fühlst.«

Marie nahm sich Zeit, die richtigen Wörter zu finden.

Marie: »Ich bin fertig. Kann ich meine Augen öffnen?«

Paul: »Ja. Natürlich. Danke, dass du dich darauf eingelassen hast.«

Marie: »Das ist eine merkwürdige Art, sich auf ein Meeting vorzubereiten.«

Paul: »Vermutlich. Was ist dir an den Worten aufgefallen, die du ans Whiteboard geschrieben hast?«

Marie: »Es waren so ziemlich dieselben Worte, die ich bei unserem letzten Treffen aufgeschrieben hatte, als wir über den Herzstand sprachen. Ich konnte förmlich spüren, wie sich mein Herz schloss und wieder öffnete.«

Paul: »Dann lass uns doch zunächst beim ersten Meeting bleiben, als du in einem geschlosseneren Herzstand warst. Wenn du dich so fühlst, wie wirst du dann vermutlich im Meeting auftreten? Ich meine, was würde eine Kamera im Raum beobachten können.«

Marie: »Ich bin mir nicht sicher, aber ich denke, ich würde vorsichtig sein. Ich würde genau darauf achten, was und wie ich etwas sage, und meinen Standpunkt sorgfältig vertreten. Es könnte sein, dass ich ein paar Dinge *nicht* sagen würde, um unerwünschte Reaktionen zu vermeiden – ich würde also weniger offen sein. Ich glaube, ich würde auch weniger offen für das sein, was andere zu sagen haben. Ich würde mich vergewissern, dass andere mich verstehen und auf die Ansichten hören, die meine Sichtweise unterstützen. Ich würde mich vielleicht weniger auf bestimmte Leute einlassen. Und ... ich vermute, dass mein eigener Ton auch etwas bissiger sein könnte. Denn die Frage im Raum ist: Wer wird das hier gewinnen?«

Paul: »Danke, Marie, dass du mir gegenüber so offen bist.

Okay, lass uns einen Schritt weiter gehen. Wie könnte sich deine Haltung, dein Verhalten und deine Gefühle auf andere und damit – möglicherweise – auf das Meeting auswirken?«

Marie: »Ich verstehe, was du meinst. Nun, ich denke, es wird sich darauf auswirken, wie andere auf mich reagieren und wie sie sich fühlen. Und wenn andere sich in Richtung eines geschlosseneren Herzstands bewegen, würde sich das vermutlich auf alles auswirken, was wir sagen und hören. Die anderen könnten auch vorsichtiger werden und weniger offen sein. Wenn wir uns dann in diesem Zustand befinden, würden wir alle weniger kooperativ sein und Chancen und Ideen verpassen.«

Paul: »Und wie könnte sich das auf das Ergebnis des Meetings auswirken? Was meinst du?«

Marie: »Es könnte ein bisschen wie das letzte Mal sein. Und das war gelinde gesagt alles andere als produktiv.«

Paul: »Lass uns auf das zweite Meeting schauen, das du gerade erlebt hast. Wie hast du dich gefühlt?«

Marie: »Obwohl ich einige Gedanken nicht ganz abstellen konnte, war mein Herzstand doch offener. Ich denke, wenn ich mich so fühlen würde, könnte ich die Situation etwas anders handhaben.«

Paul: »Zum Beispiel?«

Marie: »Erst einmal wäre es einfacher für mich, die Dinge mit etwas mehr Perspektive zu betrachten. Weißt du, egal, auf welche Lösung wir uns am Ende einigen, Tatsache ist, dass sie nicht perfekt sein wird. Wir würden uns ohnehin mit den jeweiligen Nachteilen auseinandersetzen müssen und versuchen, sie abzumildern. Vermutlich würde ich anderen noch etwas länger zuhören, um besser zu verstehen, was sie sehen, was ich selbst vielleicht nicht oder weniger sehe.

Wenn ich Fragen stelle, wären sie vermutlich sanftmütiger – mehr eine Einladung als eine als Frage verkleidete Meinung. Vielleicht würde ich mir auch erlauben, ein wenig verletzlicher zu sein, also ausdrücken, was ich sonst für mich behalte, was mich verunsichert – weil ich nicht weiß, was passieren wird, weil ich es noch nie gemacht habe. Weil ich Angst habe zu versagen.

Und vermutlich würde ich auch ein Quäntchen Humor mitbringen, damit wir uns alle nicht ganz so ernst nehmen.«

Paul: »Und wie mag sich all das im Meeting widerspiegeln?«

Marie: »Nun ja, ich kann die Zukunft nicht vorhersagen, aber ich schätze, wir würden erfolgreicher sein. Es würden Dinge ausgesprochen, die sonst nicht aussprechbar wären, und Dinge gehört, die sonst nicht gehört werden können. Meiner Erfahrung nach werden bessere Entscheidungen so wahrscheinlicher. Und vor allem Entscheidungen, die nach dem Meeting von allen mitgetragen werden.«

Paul: »Okay, wenn du auf die Ergebnisse beider Meetings schaust und darüber reflektierst, wie du über sie im Vorhinein gedacht hattest, zu welchem Schluss würdest du nach den Meetings kommen?«

Marie sah aus dem Fenster und war sich zunächst nicht sicher, was die Frage bedeuten sollte. Dann sah sie Paul an.

Marie: »Ich hatte recht!«

Paul: »Und wie könnte das dein nächstes Gespräch beeinflussen?«

Marie: »… die Erfahrung verstärkt dann meine Wahrheit … und so weiter und so fort. Aus einem Gedanken wird eine Gewissheit.«

Sie hielt inne. In ihrem Herzen spürte sie dieses friedliche Gefühl der Klarheit. Ein Gefühl, das sie schon von anderen wichtigen Schlüsselmomenten in ihrem Leben kannte. Sie fühlte sich lebendig.

Marie: »Am Ende werden meine Gedanken das Ergebnis, meine Realität, geschaffen haben.«

Paul blickte in ihre Augen, Marie blickte in seine. Sie genossen Augenblicke wie diesen, in dem sie ihre Verbindung spüren konnten.

Dann öffnete Marie wieder ihr Notizbuch, zeichnete einen Kreis und zeigte ihn Paul.

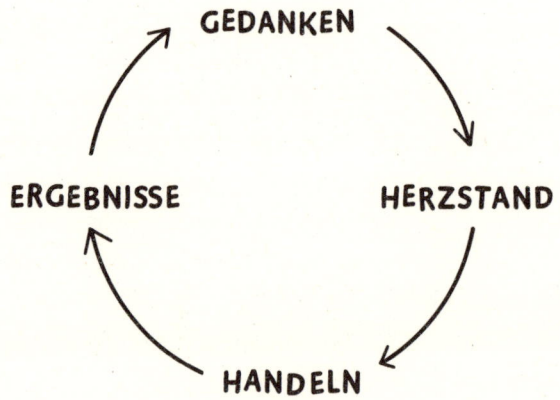

Paul: »Das illustriert ganz wunderbar, worüber wir gerade sprechen. Was du da gezeichnet hast, nenne ich den ›Energiekreis‹.«

Marie: »Warum nennst du das so?«

Paul: »Weil es mich daran erinnert, dass, sagen wir mal, fassbare Energieformen, also Dinge, die wir sehen, fühlen, hören oder berühren können, letztlich ihren Ursprung in weniger fassbaren Energieformen haben wie in unseren Gedanken – Elektronen, die zwischen den Synapsen hin und her fließen. Alles menschliche Schaffen, jede Kreation, beginnt mit einem Gedanken.«

Marie: »Hm. Ich denke, dass, wenn ich mich entscheide, Situationen auf diese Weise zu betrachten, ich tatsächlich das Ergebnis beeinflussen könnte – allein indem ich die Art und Weise ändere, wie ich über Dinge oder Menschen denke.«

Paul: »Zumindest habe ich die Erfahrung gemacht, dass ich dort den größten Hebel habe. Denn es ist tatsächlich mein Denken, das meine Realität kreiert, und ich bin immer imstande, mein eigenes Denken zu verändern – ganz egal, wie die Umstände sein mögen.«

Marie: »Vorausgesetzt natürlich, du bist dir dessen bewusst. Denn: Mit Bewusstsein …«

Paul: »… kommt Wahl.«

Marie: »Also muss ich jetzt Psychologie studieren oder einen erfahrenen Coach engagieren, der mich auf Schritt und Tritt begleitet.«

Paul lachte: »Also, ich kann beidem viel Gutes abgewinnen. Aber bevor du dafür Geld und Zeit investierst, lass mich dich noch etwas fragen: Wann, würdest du sagen, bist du eher in der Lage, Probleme effektiv zu lösen? Wenn dein Herzstand offen oder geschlossen ist?«

Marie: »Meistens, würde ich sagen, wenn mein Herzstand offen ist.«

Paul: »Verstehe. Und wann, denkst du, gehst du besser mit Stress oder schwierigen Herausforderungen um, die das Leben für dich bereithält?«

Marie: »Eher in einem offenen Herzstand.«

Paul: »Und wann bist du als Mutter, als Teammitglied oder Führungskraft meist wirksamer? Ganz natürlich. Ohne Studium.«

Marie: »Alles klar, ich sehe, was du meinst. Ich bin meistens wirksamer, wenn ich in einem offenen Herzstand bin. Das ist der Energiekreis, richtig?«

Paul: »Genau. Aber warum? Macht es dir etwas aus, wenn ich deine Zeichnung ein wenig ergänze?«

Marie: »Natürlich nicht. Bitte!«

Paul nahm Maries Stift und fügte einen Pfeil hinzu: vom »Herzstand« zu »Gedanken«.

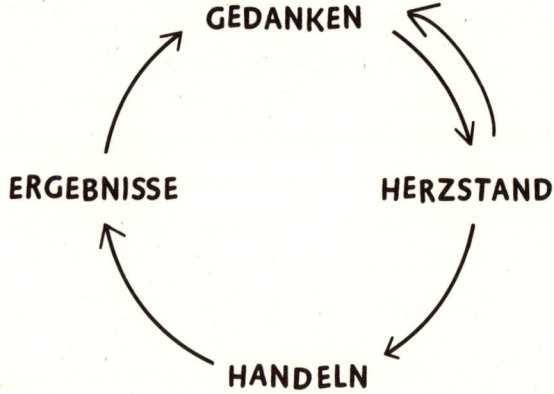

Marie: »Wenn meine Gefühle, also mein Herzstand, das Ergebnis meiner Gedanken sind, dann wird umgekehrt auch mein Herzstand ...«

Paul: »... die Qualität deiner Gedanken widerspiegeln.

Weißt du, wir betrachten unsere Gefühle manchmal als eine Art präzisen Indikator für unsere Realität, also für das, was andere tun oder sagen, oder für die Dinge, die geschehen. Wir neigen dazu zu sagen: ›Ich fühle so und so, weil dieses oder jenes passiert ist.‹ Und natürlich fühlen wir, was außerhalb von uns passiert. Aber ein etwas vollständigeres Bild der Wirklichkeit ist, dass unsere Gefühle weniger ein akkurater Gradmesser für die Geschehnisse um uns herum sind, sondern vielmehr für das, was wir über sie denken. Zwei Menschen, die vor derselben Situation stehen, werden unterschiedliche Gefühle empfinden ...«

Marie: »... weil sie anders darüber denken.«

Sie überlegte einen Moment und fuhr dann fort: »Wenn ich also unsere Auto-Analogie nehme, dann sagt mir der Blick auf meinen Herzstand etwas darüber, was in meinem Auto vor sich geht – also in meinem Gehirn, meinem Denkprozess –, aber er verrät mir wenig über den Verkehr oder die Wetterbedingungen.«

Paul: »So ist es. Jetzt ist es zwar in einem Stau im Hochsommer wahrscheinlicher, dass der Motor überhitzt, aber wenn das passiert, ist es letztlich deine Entscheidung gewesen, dem Motor keine Pause zu gönnen, obwohl du um die heißen Temperaturen wusstest.«

Marie: »Ich kann also nicht nur meine Gedanken nutzen, um meinen Herzstand zu beeinflussen. Ich kann umgekehrt auch meinen Herzstand nutzen: als Indikator für die Qualität der Gedanken, die ich gerade produziere. Und mit Bewusstsein ...«

Paul: »... kommt Wahl.« Er lächelte. »Ja. Ich habe gelernt, dass ich mich auf meine Gefühle und Gedanken verlassen kann, wenn mein Herz offen ist. Und: Wenn mein Herzstand geschlossen ist, kann ich mich auf meine Gefühle und Gedanken weniger verlassen. Was ich dann höre, ist vermutlich nicht die Weisheit meines Herzens. Die Tür ist geschlossen. Wenn mein Herzstand geschlossen ist, hat es mir geholfen, meinen Gedanken nicht so viel Gehör zu schenken.«

Marie: »Was meinst du damit: deinen Gedanken nicht so viel Gehör zu schenken?«

Paul: »Nun ja, wenn ich weiß, dass mein Denken wahrscheinlich ein wenig verzerrter ist als sonst ... extremer ... enger, dann kann ich mich bewusst entscheiden, dem, was meine innere Stimme mir jetzt sagt, nicht viel Aufmerksamkeit zu schenken oder nicht auszusprechen, was mir auf der Zunge liegt – oder die Entscheidung, die sie mir gerade nahelegt, einfach nicht zu treffen ... Auch wenn sie ganz laut spricht.«

Marie: »Du nutzt also deinen Herzstand, um Entscheidungen zu treffen?«

Paul: »Oh ja.«

Marie: »Aber sollten wir nicht unsere Emotionen aus der Arbeit heraushalten, damit wir rationale, faktenbasierte Entscheidungen treffen können?«

Paul: »Ich glaube, Gedanken und Gefühle sind zwei universelle Werkzeuge. Sie ermöglichen uns, all dem, was wir mit unseren Sinnen wahrnehmen, Sinn und Bedeutung zu geben. Ich halte es also nicht für vorteilhaft, einen von beiden wegzuwerfen: Unsere Gespräche zeigen ja, wie eng sie miteinander verbunden sind.

Ist dein Herzstand offen, kannst du die Informationen, die deine Sinne wahrnehmen, richtig nutzen. Ich habe den Eindruck, dass wir einfach üben müssen, beides – Gefühle und Gedanken – bewusst zu nutzen, um Entscheidungen zu fällen. Ohne Fühlen könnten wir gar nicht entscheiden ... noch nicht einmal, welches Dessert wir nehmen.«

Und nach einem Augenblick fügte Paul hinzu: »Fühlen ist unsere älteste Art zu denken.«

Marie: »... unsere älteste Art zu denken. Vermutlich ist sie sehr weise.«

Paul schmunzelte.

Marie: »Ich bin bei dir. Wir brauchen, um in einer komplexen Welt zu navigieren, alles, was uns zur Verfügung steht. Und gleichzeitig gibt es ganz nüchterne Fakten, mit denen wir arbeiten müssen. Etwas ist entweder profitabel oder nicht. Wir erreichen ein Ergebnis oder eben nicht, richtig? Nicht alles ist eine Frage der Perspektive.«

Paul: »Ich glaube, du hast recht. Und in den meisten Fällen sind sich Menschen weniger uneins über die Fakten, sondern vielmehr über deren *Bedeutung* und *Auswirkung*. Wenn es bei uns im Restaurant um Einsatzpläne geht oder darum, wie viel wir einkaufen müssen, wo wir investieren oder einsparen müssen oder wie wir Abläufe verbessern können, schauen das Team und ich zuerst auf die Daten, die uns zur Verfügung stehen. Sie sind die Basis für unsere Entscheidungen. Das ist gleichzeitig notwendig und hilfreich. Und dabei stellen wir uns die Frage: ›Ist das sinnvoll?‹ oder: ›Ist das vernünftig?‹ Das ist eine Frage an die Vernunft unseres Verstandes, und sie bringt uns in der Regel hilfreiche Antworten.

»Wenn mein Herzstand geschlossen ist, höre ich vermutlich nicht die Weisheit meines Herzens. Die Tür ist geschlossen.«

Und dann es gibt Fragen, bei denen das Abwägen von Vor- und Nachteilen oder das Betrachten von Fakten und Zahlen allein zu keinen Antworten führen. Sie bringen keine Klarheit, womöglich sogar Widersprüche. Weißt du, was ich meine? Kennst du solche Themen?«

Marie: »Eine ganze Menge sogar! Vor allem wenn es um Personalentscheidungen geht oder in Situationen, die unklar sind oder in denen wir handeln müssen, obwohl wir darin noch wenig oder keine Erfahrung haben. So gesehen würde ich sagen, dass vielleicht sogar die meisten geschäftlichen Fragen so gelagert sind.«

Paul: »Auch in solchen Fällen frage ich zuerst: ›Ist das vernünftig?‹ oder ›Ist das sinnvoll?‹. Das allein kann schon die Antwort auf viele relativ einfache Fragen geben. Für einige kann das ein guter Ausgangspunkt sein. Ich will damit also nicht sagen, dass du diese Antwort ignorieren solltest; sie ist nur unvollständig.

Unabhängig davon, was mein Kopf – mein *Verstand* – antwortet, stelle ich daher noch eine zweite Frage: ›Wie fühlt es sich an?‹ Das ist eine Frage an die Vernunft meines Herzens – an meine Intuition. Wenn es sich nicht richtig anfühlt, werde ich es nicht tun. Ich werde innehalten.«

Marie: »Und wie antwortet dein Herz? Es wird dir ja keine Textnachricht schicken.«

Paul: »Ha, ja, das wird es nicht. Es kann nicht sprechen, aber es hat viel zu sagen. Und meist flüstert es. Und doch spricht es, wenn du seine Sprache lernst, recht deutlich: Wenn es eine gute Idee ist, weitet sich dein Körper. Vielleicht nimmst du ein tiefes Einatmen wahr. Wenn nicht, zieht es sich zusammen, ist hart – dein Atmen ist vermutlich flach. Dein Atem ist das Sprachrohr deines Herzens. Und es hat noch andere.«

Marie: »Was ich fühle, was mein Körper macht, ist also auch Information, richtig?«

Paul: »Ja, so sehe ich das. Alles ist Information, und ich möchte alle Informationen nutzen, die mir zur Verfügung stehen. Ich nutze alles, was ich bin, warum sollte ich mich ohne Not einschränken? Ich würde als Statistiker ja auch nicht die Daten ausblenden, die meine Hypothese nicht bestätigen.

Albert Einstein sagte: ›Wir sollten uns davor hüten, den Intellekt zu unserem Gott zu machen. Er hat zwar mächtige Muskeln, aber keine Persönlichkeit. Er kann nicht führen, er kann nur dienen.‹ Und unsere Gedanken dienen uns am besten, wenn wir uns in einem offenen Herzstand befinden.«

Marie öffnete ihr Notizbuch und fügte dem Energiekreis einen weiteren Pfeil hinzu.

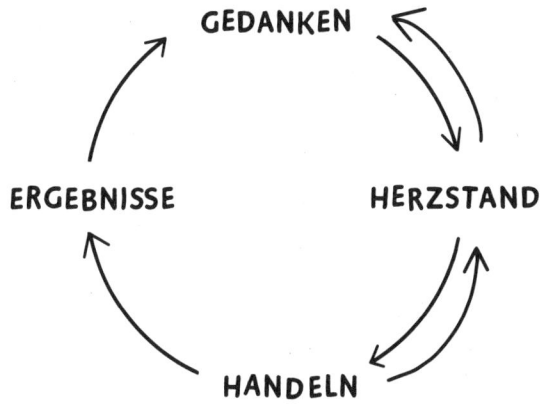

Paul: »Es gibt nur ein klitzekleines Problem.«

Marie: »Ich liebe Probleme.«

Paul: »Wenn mein Herzstand geschlossen ist, dann ist mein Denken, die Stimme in meinem Kopf, tendenziell am lautesten, energisch und womöglich etwas rechthaberisch. Sie hämmert förmlich an die geschlossene Tür und brüllt. In einem offenen Herzstand ist diese Stimme eher leise und leicht zu überhören. Hast du das auch schon erlebt?«

Marie: »Oh ja, das spüre ich ganz oft. Wenn ich mich aufrege, kann ich schon sehr überzeugt von mir sein. Ich denke dann manchmal: ›Einer von uns hat hier unrecht. Und das bin bestimmt nicht ich.‹«

Beide lachten. Es tat gut, sich über die eigene Menschlichkeit zu amüsieren – sie mit einem Augenzwinkern zu betrachten.

Marie: »Die Dinge erscheinen mir dann schwarz und weiß und weniger differenziert. Und es fällt mir leicht, mir selbst gegenüber zu rechtfertigen, was ich dann so tue, zum Beispiel lauter oder ein wenig herablassend zu sein, verschiedene subtile Taktiken zu nutzen, die den anderen in die Enge treiben ... oder mich selbst davon zu überzeugen, etwas zu tun, was sich eigentlich nicht richtig anfühlt. Manchmal übertreibe ich sogar ein wenig, in der Hoffnung, dass ich dadurch bekomme, was ich will. Das kann mit meinen Kindern, mit Kolleg:innen oder mit einem fremden Menschen im Callcenter passieren.«

Paul: »Marie, ich bin dir dankbar, dass du dich so offen, so verwundbar zeigst. Ich kann vieles von dem, was du erzählst, nachempfinden.«

»Uff, ich bin erleichtert, dass ich in guter Gesellschaft bin«, fügte Marie mit einem verschmitzten Grinsen hinzu.

Paul: »Wenn du die Probleme betrachtest, die wir bei der Arbeit haben – in der Regel geht es um eine Person oder eine Entscheidung –, dann spielen sie sich alle in unseren Köpfen ab. Was wir als ›Probleme‹ bezeichnen, sind oft Situationen, die wir aus einem geschlossenen Herzstand heraus betrachten. Sobald wir sie aus einem offenen Herzstand heraus betrachten können, erkennen wir Möglichkeiten, die uns vorher verborgen geblieben sind.

Paradoxerweise betrachten wir häufig unsere schwierigsten Fragen, für die wir am meisten Perspektive bräuchten, aus einem eher geschlossenen Herzstand, in dem wir am wenigsten Perspektive haben.«

Marie: »So hatte ich das noch gar nicht betrachtet. Das ist in der Tat widersprüchlich. Manchmal, wenn wir nicht weiterkommen, wäre es also vermutlich wirksamer, unsere Aufmerksamkeit zunächst in die Veränderung unseres Herzstands zu investieren, als zu versuchen, das Problem zu lösen.«

Paul: »Dann würden wir anders denken, anders sehen und andere Ergebnisse erzielen.«

Marie: »Hättest du ein Beispiel?«

Paul: »Lass mich mal nachdenken. Stell dir vor, du und jemand anders seid euch bei einer Entscheidung uneinig.«

Marie: »Ja ...«

Paul: »Wenn einer von euch beiden besorgt oder ängstlich wäre oder ihr euch beide so fühlen würdet, dann würdet ihr wahrscheinlich nicht genug Mitgefühl haben, um dem anderen wirklich zuzuhören, und nicht genug Perspektive, um den anderen zu sehen. Es ist unwahrscheinlich, dass ihr ein konstruktives Gespräch führen würdet, um eine Lösung zu finden. Was auch immer der andere vorschlagen würde, würde gefährlich oder problematisch erscheinen. Dein Verstand würde defensive Gedanken regelrecht *produzieren*. Daraufhin würdest du eventuell defensiv werden, was sich wiederum auf den Herzstand deines Kollegen oder deiner Kollegin auswirken würde.«

Marie: »Ich kann mir dieses Gefühl gut vorstellen.«

Paul: »Schau, wenn meine Frau und ich in einem geschlossenen Herzstand sind, können wir sehr unterschiedlicher Meinung darüber sein, wie die Teller in die Spülmaschine eingeräumt werden sollen, und darüber hitzig, lange und erfolglos diskutieren. Ist unser Herzstand hingegen offen, können wir selbst über die schwierigsten Fragen sprechen, Fragen, auf die es keine offensichtlichen Antworten gibt, und vermutlich finden wir einen gemeinsamen Weg. Oder wir sehen zumindest Ansätze für Lösungen, die wir vorher noch nicht sehen konnten.«

Marie: »Das ist wirklich interessant. Wenn mein Herzstand geschlossen ist, konzentriere ich mich normalerweise noch viel mehr auf den Inhalt eines Arguments und darauf, die andere Person von meinem Standpunkt zu überzeugen. Ich hatte noch nicht in Betracht gezogen, dass meine Irritation selbst das Problem womöglich mitkreiert.«

Paul: »Ich will dich noch etwas fragen: Hast du schon einmal nach einer Lösung gesucht und intensiv darüber nachgedacht, aber keine Idee traf den Nagel so recht auf den Kopf? Oder du hast versucht, eine schwierige Nachricht zu schreiben, aber du hast einfach nicht die rechten Worte gefunden?«

Marie nickte und drehte ihr Handflächen nach oben, als wolle sie sagen: »Na klar.«

Paul: »Und dann, zu einem späteren Zeitpunkt, als du dabei bist, etwas ganz anderes zu tun, kam dir ganz unerwartet die zündende Idee oder klare, treffende Sätze? Ich meine, ganz plötzlich wusstest du, was zu tun war, was du sagen willst? Du hattest ein Gefühl von Klarheit.«

Marie: »Ja, schon viele Male.«

Paul: »Erinnerst du dich noch, wann du auf die Lösung gekommen bist? Wann und wo kommen dir die besten Ideen?«

> »Paradoxerweise betrachten wir häufig unsere schwierigsten Fragen, für die wir am meisten Perspektive bräuchten, aus einem eher geschlossenen Herzstand, in dem wir am wenigsten Perspektive haben.«

Marie überlegte einen kurzen Moment: »Beim Autofahren, unter der Dusche, oft auch gleich morgens oder vor dem Schlafengehen, manchmal auch beim Gassigehen mit dem Hund.«

Paul: »Würdest du mir zustimmen, wenn ich sage, dass das Momente waren, in denen du gerade *aufgehört* hattest nachzudenken?«

Marie: »Ja, irgendwie schon.«

Paul: »Das ist der Moment, in dem wir diese leise Stimme in uns – manche nennen sie Intuition – hören können, denn: Es gibt weniger Lärm. Es ist eine sehr kluge Stimme, aber eine leise. Bist du in einem geschlossenen Herzstand, spielt eine Rockband im Kopf, dann ist sie schwer zu hören. Wenn du still bist, kann das, was du suchst, zu dir kommen.«

Marie sah Paul an und bemerkte, dass sie sich friedlicher als sonst fühlte. Ihr Herz war weit offen.

Marie: »Paul, ich weiß nicht so recht, wie ich das sagen soll. Ich genieße unsere Gespräche wirklich sehr. Und immer öfter denke ich: Es geht wahrscheinlich gar nicht so sehr darum, *wo-*

rüber wir sprechen, sondern was ich *fühle*, wenn wir miteinander sprechen. Versteh mich bitte nicht falsch: Unser Gedankenaustauch, dieser Dialog mit dir ist wirklich wertvoll. Ich nehme viel mit. Und gleichzeitig spüre ich auch, dass das, was ich wirklich schätze, deine Anwesenheit ist. Ich fühle mich so ... so menschlich in deiner Gegenwart. Es ist nicht das, was du sagst, sondern wie du bist. Das ist es, was mich irgendwie berührt. Ich bin mir nicht sicher, ob ich mich verständlich ausdrücke.«

Paul: »Voll und ganz, Marie. Danke.«

Paul und Marie standen auf, ergriffen behutsam die Hand des anderen und drückten sie, ganz sanft, wie Eltern, die die Hände ihrer Kinder halten. Sie schauten sich in die Augen und brauchten keine Worte, um ihre Dankbarkeit auszudrücken. Beide fühlten sich lebendig. Einfach lebendig.

Sie vereinbarten, sich in der darauffolgenden Woche wieder zu treffen.

Paul: »Ich wünsche dir ein schönes Wochenende, Marie. Ich danke dir für heute.«

Marie: »Dir auch. Danke, Paul.«

LOGBUCH

Erst am nächsten Tag hatte Marie die Gelegenheit, auf ihr Gespräch mit Paul zurückzublicken.

Früh am Morgen fuhr sie George zum Flughafen und machte auf dem Rückweg noch ein paar Besorgungen.

Als sie zu Hause ankam und die Sonne schon ein wenig höher stand, ahnte sie, wie herrlich das Wetter heute noch werden würde.

Gleichzeitig spürte sie, wie sehr ihr Tageslicht und frische Luft fehlten, und beschloss, draußen spazieren zu gehen und die Einladung anzunehmen, die dieser Tag auszusprechen schien. Als sie ihren Lieblingspark erreichte, der am Ende ihrer Straße begann, ließ sie ihre Gedanken schweifen. Sie mochte es, nachzudenken oder Dingen nachzuspüren, während sie spazieren ging. Oft hatte sie das Gefühl, dass sie bei solchen Spaziergängen nicht nach Klarheit suchen musste. Vielmehr würde die Klarheit sie finden. Auch diesmal wartete sie schon auf Marie.

Als sie nach ihrem Spaziergang nach Hause kam, fühlte sie sich belebt und leicht. Sie nahm ihr Notizbuch und begann, die Gedanken aufzuschreiben, die ihr während des Spaziergangs und in diesem Moment gekommen waren:

— *Zu jedem Gedanken gehört ein Gefühl. Gefühle sind die Reaktionen des Körpers auf unsere Gedanken. Gedanken sind die Realität meines Körpers.*
— *Und umgekehrt erzeugen unterschiedliche Gefühle – unterschiedliche Herzstände – unterschiedliche Arten von Gedanken. Mein Körper und meine Gedanken sind eins. Tatsächlich waren sie noch nie getrennt.*
— *»Probleme« sind oft Situationen, die wir mit einem geschlossenen Herzstand betrachten. Manchmal kann es hilfreicher sein, meine Aufmerksamkeit auf die Frage zu richten, wie ich meinen Herzstand oder den anderer Menschen öffnen kann, statt zu versuchen, »das Problem zu lösen«.*
— *Meine »Realität« ist wie ein fortlaufender 4-D-Film – nur dass ich vergessen habe, dass ich mich eigentlich in einem Kino befinde. Ich kann zu jeder Zeit wählen, welchen Film ich mir ansehe und worauf ich meine Gedanken richte.*

- *Mein Herz liefert wichtige Daten, um Entscheidungen zu fällen. Es weiß Dinge, bevor mein Kopf sie weiß. Ich kann die Vernunft meines Verstandes hören, indem ich ihn frage: »Ist das vernünftig?« Ich kann die Vernunft meines Herzens, meiner Intuition, hören, indem ich die Frage stelle: »Wie fühlt sich das an?«*
- *Pssst: Die Weisheit meines Herzens flüstert. Es ist schwer, sie zu hören, wenn mein Herz geschlossen ist und eine Rockband in meinem Kopf spielt.*
- *Ich kann mich auf meine Gedanken verlassen, wenn ich in einem offenen Herzstand bin. Ich werde meinen Gedanken weniger Beachtung schenken, wenn ich in einem geschlosseneren Herzstand bin.*
- *Marie hielt inne und fügte schließlich eine Erkenntnis hinzu, die im Park auf sie gewartet hatte:*
- *Ich wachse weniger, indem ich neue Dinge sehe, sondern indem ich anders sehe. Seltsamerweise verändert sich die Welt um mich herum, während ich mich selbst verändere.*

KAPITEL 4

Mindsets: Gesund sehen

*»Wir sind, was wir denken.
Alles, was wir sind, entsteht aus unseren Gedanken.
Mit unseren Gedanken formen wir die Welt.«*
BUDDHA

*»Das Auge ist die Lampe des Körpers.
Wenn dein Auge gesund ist, wird dein ganzer
Körper Licht sein.«*
LUKAS 11:34

*»Die wahre Reise besteht nicht darin,
neue Landschaften zu suchen,
sondern mit anderen Augen zu sehen.«*
MARCEL PROUST

Paul und Marie trafen sich eine Woche später am Freitagnachmittag. Das Restaurant hatte nach dem Mittagessen geschlossen, und Pauls Team war bereits auf dem Weg ins Wochenende. Eine wohltuende Stille ersetzte die Geschäftigkeit, die sonst diesen Raum füllte.

Marie war gerade von einer einwöchigen Geschäftsreise zurück. Sie legte noch einen kurzen Zwischenstopp im Büro ein, bevor sie sich auf den Weg zu Paul ins Restaurant machte. Die Sonne schien, und es ging ein leichter Wind, der den Geruch des frisch gemähten Rasens über den Campus wehte. Es war das erste Mal in diesem Jahr, dass Marie diesen besonderen Duft, mit dem sich der Frühling so großzügig ankündigte, bewusst wahrnahm. Und dann, ganz unerwartet, strömte der Frühling durch ihre Sinne. Erst hörte sie das Brummen eines entfernten Rasenmähers. Dann fiel ihr Blick auf ein paar Maiglöckchen, die am Wegrand ihre ersten Blüten zeigten.

Sie blieb für einen Moment stehen, schloss die Augen und atmete tief ein, in der stillen Hoffnung, ein wenig der Freude und Lebenskraft des Frühlings möge nach dem Ausatmen noch in ihr zurückbleiben. Nur für einen Moment. Als sie spürte, wie die Sonne ihr Gesicht wärmte, wurde Marie bewusst, dass sie schon lange nicht mehr draußen in der Natur gewesen war, und sie beschloss, ihren Mann und ihre Kinder zu fragen, später gemeinsam spazieren zu gehen.

Sie ging ins Restaurant und sah Paul, der gerade den Haupteingang absperrte.

Marie: »Hallo, Paul! Wie geht's dir?«

Paul: »Hallo, Marie, mir geht es sehr gut. Schön, dich zu sehen. Und du?«

Marie: »Mir geht es auch gut. Danke. Ich bin gerade von einer mehrtägigen Reise zurück und habe gemerkt, dass mir frische Luft und Tageslicht fehlen. Das Wetter ist wunderbar. Wollen wir im Park spazieren gehen?«

Paul: »Das ist eine wunderbare Idee. Das Restaurant ist jetzt sowieso geschlossen, und ein paar Schritte an der frischen Luft würden mir auch sehr guttun – es war eine anstrengende Woche. Na dann, auf zu unserem Walking Meeting!«

Marie ließ ihr Gepäck in Pauls Büro stehen, und Paul holte noch rasch eine kleine Tüte. Dann machten sie sich auf den Weg zum Park, der ganz in der Nähe war.

Paul: »Ah, du hattest recht, Marie. Es ist wunderschönes Wetter.«

Sie schlenderten eine Weile still nebeneinanderher und bemerkten, wie sehr sie die Gesellschaft des anderen zu genießen begonnen hatten. Sie brauchten es sich nicht zu sagen. Auf diese Weise nebeneinander zu gehen, war gleichzeitig Quelle und Ausdruck dieser gemeinsamen Freude.

Paul: »Erzähl mal, wie war deine Woche?«

Marie: »Gut. Danke. Unsere Gespräche und Reflexionen haben mir sehr geholfen. Irgendwie habe ich angefangen, den Energiekreis in Aktion zu erleben, bei mir selbst und während Meetings mit Kolleg:innen und Kund:innen.

Einmal zum Beispiel war ich vor einer Besprechung ziemlich angespannt und nervös. Als mir aber klar wurde, dass das Meeting ja noch gar nicht stattgefunden hatte, erinnerte ich mich daran, dass es nur meine Gedanken sein konnten, die mich so fühlen ließen. Ich beschloss, diese Gedanken aufzuschreiben, die mir da durch den Kopf gingen. Ich verwarf sie nicht, aber machte mir bewusst, was sie sind: Gedanken. Ich faltete das Blatt Papier und beschloss, meine Gedanken so zu halten wie Papier – ganz leicht. Und dann sagte ich mir: ›All das ist möglich. Und: Es könnte auch alles ganz anders sein.‹ Dann schloss ich die Augen und stellte mir vor, was ich mir von dem Meeting erhoffte – was geschehen und herauskommen sollte. Und ich stellte mir vor, was *noch* besser wäre. Ich stellte mir vor, wie ich sein wollte, damit das möglich ist. Ich stellte mir vor, wie ich mich in diesem Moment fühlen wollte. Und: Ich konnte das Gefühl tatsächlich fühlen.«

Paul: »Das ist interessant. Und wie ist das dann für dich gelaufen?«

Marie: »Nun, ich muss zugeben, dass das Meeting sehr viel konstruktiver war, als ich zuerst erwartet hatte. Sicher, am Anfang gab es einige Spannungen. Das war zu erwarten, und ich merkte, wie sich mein Herz ein wenig schloss. Doch als ich mich einfach entschied, es offen zu halten – ich weiß nicht, wie ich es anders sagen soll –, bemerkte ich, wie sich auch mein Kollege öffnete, dessen mögliche Reaktionen mich ja so beunruhigt hatten. Er wurde irgendwie sanfter. Unser Gespräch bekam eine andere Qualität, eine andere Energie. Wir fingen an, gemeinsam zu denken, statt zu versuchen, uns gegenseitig von unseren jeweiligen Ansichten zu überzeugen. Weißt du, was ich meine?«

Paul: »Sehr gut sogar.«

Marie: »Natürlich gibt es noch einiges, worüber wir sprechen müssen, aber ich habe jetzt das Gefühl, dass da mehr Vertrauen ist, auf dem wir aufbauen können. Eine bessere Grundlage, auf der wir zusammen weiterarbeiten können. Er begleitete mich noch zum Ausgang, was er zuvor noch nie getan hatte, und sagte mir, wie sehr er unser Gespräch schätzte. Vielleicht hatten wir alle einfach einen guten Tag?«

Paul: »Vielleicht. Und vielleicht hast du durch deine Anwesenheit und deine Energie dazu beigetragen, dass es einer wurde. Auf jeden Fall freue ich mich für dich. Was ist dir noch aufgefallen?«

Marie: »Ich fange tatsächlich an, mehr auf meinen Herzstand zu achten. Nicht immer, aber immer öfter kann ich spüren, wie sich mein Herz öffnet und schließt. Ich nehme es wahr. Und immer häufiger, wenn ich merke, dass mein Herz sich zu schließen beginnt, warte ich einen Moment, bevor ich spreche, reagiere oder entscheide. Ich will einfach, dass mein Autopilot nicht mehr so häufig das Kommando übernimmt. Tja, und manchmal, das gebe ich zu, habe ich, wenn ich in einem geschlossenen Herzstand war, trotzdem ausgesprochen, was ich dann unbedingt sagen wollte.«

Marie sah Paul an und fuhr mit einem Augenzwinkern fort: »Einfach, weil ich's kann, verstehst du?«

Paul: »Du bist nicht allein, ich mach das auch manchmal. Wir gehören ja alle zu derselben Spezies, oder?«

Es machte Marie und Paul glücklich, wenn sie sich erlaubten, ein bisschen albern zu sein.

Marie: »Ich habe auch bemerkt, dass ich die Energie im Raum viel stärker wahrnehme, wenn ich einfach bewusst darauf achte. Ich merke, wie sie sich während eines Gesprächs verändert, sei es durch den Tonfall einer Stimme, eine kleine Geste oder einen Gesichtsausdruck. Dann möchte ich am liebsten diese Energie umwandeln, aber ehrlich gesagt, weiß ich manchmal nicht so recht, wie ich das anstellen soll.«

Paul: »Das leuchtet mir völlig ein. Erzähl mehr ... Was hast du denn schon versucht?«

Marie: »Also, ich kann dir nicht genau sagen, was ich getan habe, aber allein ganz bewusst an meiner *Absicht* festzuhalten, gesunde Energie in den Raum zu bringen, scheint mir manchmal geholfen zu haben. Manchmal war es ein Lächeln, manchmal die Wahl oder der Ton meiner eigenen Worte. Manchmal hat es geholfen, nur etwas länger zuzuhören, um zu verstehen, und meinen üblichen Impuls, gleich Ratschläge zu erteilen oder zu reagieren, ein wenig im Zaum zu halten. Wenn ich das getan habe, bemerkte ich nach einem kurzen Moment, dass sich mein Herzstand wieder öffnet. Weißt du, ich bin mir nicht sicher, ob ich das immer absichtlich tue. Ich war mir dessen einfach bewusst.«

Paul: »Marie, danke, dass du das mit mir teilst. Es fühlt sich an, als hättest du für dich eine wichtige Erkenntnis gewonnen. In der Tat lässt sich die Energie im Raum nicht von deiner eigenen Präsenz trennen. Erinnerst du dich noch, was du mir letzte Woche gesagt hattest, kurz bevor ich dein Büro verließ?«

Marie: »Ja, natürlich. Ich sagte dir, wie sehr mich deine Präsenz berührte.«

Paul: »Und genauso berührt mich deine. Du kannst den anderen nicht *nicht* berühren, denn wir sind alle miteinander verbunden. Und das ist weder metaphorisch noch verwunderlich.

Schau, in diesem Moment, während du mich hörst und mich anschaust, ist etwas von mir wortwörtlich in dir. Meine Stimme ist in deinem Kopf. Mein Bild gelangt über deine Augen in deinen Kopf. Jetzt, in diesem Moment. Und genauso bist du in mir. Und da unsere beiden Körper, mit denen du und ich fühlen, zu 99,99 Prozent aus den gleichen Zutaten bestehen, ist es sehr naheliegend, dass ich dich fühlen kann. Und umgekehrt. Ich fühle dich, wie du mich fühlst. Das ist die Definition dessen, was wir manchmal Beziehung nennen.«

Marie: »So habe ich das noch nie betrachtet.«

Paul: »Mit der Zeit ist mir immer klarer geworden, dass es weniger die *Situation* ist, die meine Energie kreiert, sondern vielmehr meine *Energie*, die die Situation kreiert. Und am meisten beeinflusse ich die Energie einer Situation, indem ich auf meinen eigenen Herzstand achte.«

Marie: »Du sagt also, wie ich mich fühle, wird tatsächlich andere im Raum beeinflussen?«

Paul: »Ja, so einfach. Es ist heute wissenschaftlich erwiesen, dass sich Stimmungen sehr schnell verbreiten. Ich meine, schneller als Worte. Es ist eine Art Überlebensmechanismus: Der Mensch war darauf angewiesen zu kommunizieren, noch bevor es Sprache gab. Wir kommunizierten so in der Vergangenheit und tun das bis heute immer noch sehr effektiv, indem wir Gefühle empfinden und ausdrücken. Zu fühlen ...«

Marie: »... war unsere erste Art zu denken.«

Paul: »Ja. Und unsere schnellste. Angenommen, wir wären in Gefahr, dann könntest du die Angst in meinem Gesicht sehen und sie am eigenen Leib spüren, bevor du mich rufen hörst: ›Säbelzahntiger! Lauf!‹ Du würdest sofort darauf reagieren und wegrennen, weil du dich ans Gefühl, angegriffen zu werden, erinnern konntest. Du bräuchtest dich aber an die Details und die Umstände von damals nicht zu erinnern; alles, was du wissen beziehungsweise fühlen musst, ist: ›Das ist gefährlich‹. Dieses Gefühl ist gewissermaßen immer noch da. Deine reine Anwesenheit hat Einfluss auf andere, mit und ohne Worte, ob du es willst oder nicht.«

Marie: »Wenn Menschen also in meiner Gegenwart denken oder reden, dann ist vieles davon ein Spiegelbild dessen, was sie aufgrund meiner eigenen Gegenwart fühlen. Sie sind nicht vollkommen getrennt von mir.«

> »Es ist weniger die Situation, die meine Energie kreiert, sondern vielmehr meine Energie, die die Situation kreiert.«

Paul: »Ja. Wir sind auf so viele Weisen miteinander verbunden. Und ich glaube, dieses Bewusstsein ist das Zentrum jedes wirksamen Chief Energy Officer, denn: Die Veränderung des *eigenen* Herzstands ist vermutlich der wirksamste Weg, den der anderen zu beeinflussen.«

Marie: »Paul, ich bin froh, dass wir darüber sprechen, denn das hängt vermutlich mit der Frage zusammen, die mich letzte Woche beschäftigt hat.«

Paul: »Oh, das ist spannend. Erzähl mehr.«

Marie: »Also, diese Woche, im Flugzeug, habe ich mich Folgendes gefragt: Wenn es denn vor allem Gedanken sind, die meinen Herzstand und den der anderen beeinflussen, welche Art von Gedanken könnten mir denn helfen, noch öfter, noch bewusster in einem offenen Herzstand zu sein – und vor allem dorthin zurückzukehren, wenn ich's mal nicht mehr bin. Was ich eigentlich fragen will: Was kann ich sonst noch tun, um den Energiekreis – wie soll ich sagen – anzuwenden?«

Paul: »Das ist eine wunderbare Frage. Nun ja, aus meiner Sicht gibt es tatsächlich ein paar ganz bestimmte Mindsets, die mir und dem Team helfen, öfter Perspektive zu bewahren.«

MINDSETS

»Das hatte ich vermutet«, erwiderte Marie mit einem verschmitzten Lächeln und zwinkerte Paul zu, »und das würde ich liebend gerne mit dir vertiefen. Aber bevor wir das tun, kam mir gerade noch eine andere Frage in den Sinn. Du hast gerade das Wort Mindset benutzt. Was ist aus deiner Sicht ein ›Mindset‹, und ist das etwas anderes als ein Gedanke?«

> »Wenn Menschen in meiner Gegenwart denken oder reden, dann ist vieles davon ein Spiegelbild dessen, was sie aufgrund meiner eigenen Gegenwart fühlen.«

Paul: »Danke, dass du nachfragst, Marie. Sagen wir mal, beide sind miteinander verwandt. Schau, Gedanken kommen und gehen. Du denkst immer. Irgendetwas. Mit anderen Worten: Seit deiner Geburt versuchst du, dir einen Reim auf die Welt um dich herum zu machen, richtig?«

Marie lachte: »Ja, ich denke schon. Das könnte man so sagen.«

Paul: »Und irgendwann hast du bewusst oder unbewusst entweder *erlebt* oder andere, meist Ältere, haben dir immer wieder *gesagt*, dass bestimmte Verhaltensweisen meist genau zu den Ergebnissen und Gefühlen führen, die du dir wünschst und die du magst. Andere Verhaltensweisen wiederum helfen dir, die Ergebnisse und Gefühle zu vermeiden, die du *nicht* willst, die du *nicht* magst. Wie zum Beispiel Schmerzen, Alleinsein oder Scham.«

Marie: »Das nennt man wohl Lernen.«

Paul: »Ja. Und genau wie du im Auto nicht wirklich darüber nachdenkst, wie du einen anderen Gang einlegst – du *denkst* schon, nur eben nicht so bewusst –, hast du locker zusammengefügte Gruppen von Gedanken entwickelt, die dir helfen, durchs Leben zu navigieren. Kleine Autopiloten, wenn du so willst, die für dich komplizierte alltägliche Aufgaben erledigen. Wenn etwas einmal funktioniert, dann wirst du es wahrscheinlich ein zweites Mal ausprobieren. Wenn es ein drittes Mal funktioniert, dann muss es wohl ein Erfolgsrezept sein und wird ins Kochbuch übernommen.«

Marie: »Dasselbe ist vermutlich auch wahr, wenn etwas nicht funktioniert oder man die Ergebnisse nicht mag.«

Paul: »Ja, es ist ein *besonderes* Kochbuch. Darin steht, wie man lecker kocht und wie nicht. Und im Gegensatz zu den Tausenden von Gedanken, die täglich kommen und gehen, bleiben diese Gedankengruppen, diese Rezepte, bestehen.«

Marie: »Ein Mindset ist also wie ein Filter auf der Kamera, durch die wir alles betrachten. Egal, welches Spiel die Kamera gerade live in mein Bewusstsein überträgt.«

Paul: »Ja, genau. Es ist sozusagen deine ›Denk-Einstellung‹ – der englische Begriff drückt es ganz treffend aus, finde ich: ›Your *mind* is *set*‹, dein Denken ist *eingestellt*. Deine Mindsets sind deine Kameraeinstellungen. Daran ist nichts falsch. Mindsets sind eine zwingende Notwendigkeit des Lebens. Aber die meisten sind wir so gewohnt, dass wir sie nicht mehr wahrnehmen. Wir haben vergessen, dass die Kamera irgendwann mal eingestellt wurde. Meistens bemerkst du sie erst, wenn jemand anders eine andere Kameraeinstellung hat oder wenn du alte wiederkehrende Muster in deinem Leben erkennst. Wie gesagt, sie sind weder gut noch schlecht. Wir brauchen sie. Aber erst mit Bewusstsein …«

Marie: »… kommt Wahl.«

Paul: »Und obwohl Mindsets naturgemäß nicht wirklich greifbar sind, bieten sie einen wirksamen Hebel für greifbare Veränderungen. Und die Veränderung einer einzigen Einstellung wirkt sich naturgemäß nicht nur auf eine *einzelne* Situation aus, sondern …«

Marie: »... auf sehr viele.«

Paul: »Ja.«

Marie: »Hast du ein Beispiel, Paul?«

Paul: »Hm, da muss ich nachdenken.«

Sie blieben einen Moment stehen und blickten über die Stadt.

Paul: »Ein Mindset, über den ich mir vor geraumer Zeit bewusst wurde, ist der, was ich heute als ›Führung durch Scham‹ bezeichnen würde. Sobald ich ihn sehen konnte, ihn *betrachten* konnte wie einen Eintrag in meinem Kochbuch, wurde mir klar, wie dieser Mindset mein Verhalten als Vater, als Führungskraft und sogar als Ehemann steuerte. Zuerst habe ich nur wahrgenommen, dass er anfing, die Steuerung zu übernehmen. Dann, mit der Zeit, veränderte ich meine Einstellung, meinen Mindset, und damit auch meine Gefühle und mein Verhalten. Und damit änderte sich dann auch die Welt um mich herum. Lass es mich etwas genauer beschreiben.«

Marie: »Gern.«

Paul: »Mal angenommen, mein Sohn hätte sein Zimmer nicht aufgeräumt, obwohl er es mir zuvor versprochen hatte.«

Marie grinste: »Ich weiß gar nicht, wovon du sprichst.«

Paul: »Meistens wurde ich sauer und wütend, vor allem dann, wenn es nicht das erste Mal war. Mein Tonfall, meine Worte und mein ganzer Körper würden ihm zu verstehen geben: ›Ich bin wütend. Und ich bin es, weil du mich enttäuscht hast, weil du mich im Stich gelassen hast.‹ Insgeheim wünschte ich mir, dass er sein Verhalten ändern würde, wenn er sich schuldig fühlte und schämte, dass er sein Zimmer nicht aufgeräumt hatte und ich darunter leiden musste. Ich redete mir auch ein, dass er erfahren müsste, wie sich andere durch sein Verhalten fühlten, damit er lernen könnte, in Zukunft verantwortungsvoller zu handeln. Ich redete mir ein, dass es gar unaufrichtig wäre, meine Wut *nicht* zu zeigen, sie zurückzuhalten – ist Wut denn nicht die natürliche

Reaktion auf Ungehorsam? Ich hatte sogar das Gefühl, dass es unverantwortlich wäre, meinen Zorn zurückzuhalten – denn andere Menschen würden ihm später im Leben sicher nicht mit so viel Wohlwollen begegnen wie ich. Alles ergab Sinn.«

Marie: »Ich habe das, was du beschreibst, auch schon oft gedacht und gefühlt.«

Paul: »Erst nach einigen dieser Auseinandersetzungen dämmerte es mir, was er durch diese Erfahrungen mit mir *eigentlich* lernte: dass es für Konflikte nur *eine* adäquate emotionale Reaktion gibt, nämlich Wut und Unzufriedenheit. Er lernte, dass es keine Wahl gibt. Und: Er lernte, sich zu schämen, weil er so mein Wohlwollen wiedererlangte. Ich hätte mich auch entscheiden können, ihn erfahren und somit lernen zu lassen, dass er, wenn er sich mit Situationen konfrontiert sieht, die ihm nicht gefallen oder mit denen er nicht einverstanden ist, zu jedem Zeitpunkt eine *emotionale Wahl* hat. Und somit *Einfluss*.«

Beide blieben einen Moment still, damit die Gedanken sich entfalten konnten.

Paul: »Aber zunächst einmal musste ich selbst anerkennen, dass ich *tatsächlich* eine emotionale Wahl hatte. So weit war ich noch nicht. Bis dahin fühlte ich mich aufgrund meines Mindsets ja *tatsächlich* enttäuscht, denn mein Sohn hätte mir dieses Gefühl ja ersparen können, wenn er nur sein Zimmer aufgeräumt hätte. Mein Mindset war logisch und bestätigte sich selbst. Schließlich lief ja alles, zu Hause und bei der Arbeit.«

Marie: »Wie meinst du das?«

Paul: »Na ja, alle um mich herum *taten* ja letztlich, was ich mir erhofft hatte. Mein Sohn würde schlussendlich sein Zimmer aufräumen – zwar mit gesenktem Kopf, aber er würde es tun. Er hatte keine andere Wahl.

Und obwohl ich meine Unzufriedenheit gegenüber meinen Mitarbeiter:innen auf eine vermeintlich gesellschaftlich akzeptablere oder, wie ich dachte, klügere Art und Weise zum Ausdruck brachte – zum Beispiel indem ich betont tief einatmete, mit den Augen rollte oder mit gereizter Stimme fragte ›Warum hast du das gemacht?‹, wollte ich letztendlich, dass jeder weiß, was ich fühle. Tief in mir drin wusste ich, dass ich damit bei ihnen ein Gefühl der Unzulänglichkeit auslösen würde – also Scham. Und sie würden dann schließlich tun, was ich wollte, um den Schmerz dieses Gefühls loszuwerden oder zu vermeiden. Das funktionierte also und bestärkte sogar mein Mindset – nicht bewusst, aber in der Folge. Ich dachte: *Na also. Und warum mussten wir all das jetzt durchmachen?* Ich war ein Opfer, um das sich die anderen zu kümmern hatten.«

Marie: »So wie ich dich jetzt erlebe und kennenlernen durfte, fällt es mir ehrlich gesagt schwer zu glauben, dass du je so gedacht und gehandelt hast. Ich erlebe dich ganz anders – du hast dich offensichtlich verändert. Was war es denn, das es dir ermöglicht hat, dir deines eigenen Mindsets bewusst zu werden?«

Paul: »Marie, das ist wirklich eine wunderbare Frage. Denn sie weist auf eine ganz besondere Eigenschaft von Mindsets hin. Es ist, rückblickend zumindest, ganz einfach: Ich hatte eine Erkenntnis, eine innere Erkenntnis. Eine *Ein*-Sicht in mein eigenes Denken. Oder anders gesagt: einen echten Aha-Moment. Und seit diesem Aha-Moment begann sich ein Teil von mir, ein Mindset, zu verwandeln. Ganz allein, fast unbemerkt. Der Moment kam unverhofft, und seine Wirkung war unaufhaltsam; denn eine Erkenntnis kann man nicht rückgängig machen. Wenn sie erst einmal existiert, können wir die gleiche Situation nie wieder so betrachten wie zuvor.«

Marie: »Denn die Kameraeinstellungen wurden verändert.«

Paul: »Ja. Ich betrachtete dieselben Menschen, aber ich sah etwas anderes.«

Marie: »Was ist passiert?«

Paul: »Na ja, da wir in unserem eigenen Mindset gewissermaßen gefangen sind, weil uns alles, was wir tun, durch diese Linse sinnvoll erscheint, brauchen wir manchmal einen wohlwollenden Blick von außen. Manchmal kann das eine Frage sein, auf die wir in unserem Raum keine Antwort finden können und die uns daher zwingt, ein Fenster zu öffnen und nach draußen zu schauen. In meinem Fall war es beides. Es war eine wohlwollend unbequeme Frage.

Am Anfang bemerkte ich, wie mein Sohn meine Gefühle quasi antizipierte. Er sagte zum Beispiel: ›Papa, bitte reg dich nicht auf, okay? Ich habe mein Zimmer noch nicht aufgeräumt, aber ...‹ Ich bemerkte auch, dass er sich oft über sich selbst aufregte, wenn er sich ungerecht behandelt fühlte, worauf ich natürlich reagierte.

Ähnliches fiel mir bei meinen Mitarbeiter:innen auf. Wenn sie mir etwas sagen wollten, begannen sie immer häufiger mit einer Art Präambel: ›Okay, Paul, das wird dir jetzt vielleicht nicht gefallen, aber lass mich bitte erklären ...‹ Ich konnte spüren, dass sie weniger offen waren und immer wieder einige ihrer Gedanken zurückhielten. Sowohl mein Team als auch mein Sohn hatten einfach Angst vor dem Gefühl, der Scham, das meine Reaktion vermutlich auslösen würde. Und da sie dieses schmerzhafte Gefühl natürlich nicht spüren wollten, versuchten sie einfach, es zu vermeiden. Was sie und mein Sohn taten, war also höchst intelligent. Aber es kostete sie zusätzliche Energie. Emotionale und mentale Energie. Statt sie stark zu machen, habe ich sie geschwächt. Aber all das konnte ich damals noch nicht sehen. Im Gegenteil, ich fühlte mich verurteilt, und zu Unrecht: Ich hatte doch noch gar nichts gesagt, und sie hielten mir vor, wie ich wahrscheinlich reagieren würde. Es fühlte sich an wie ein Urteil in *Minority Report* für etwas, das noch gar nicht passiert war.«

Ohne zu sprechen, gingen sie einen Moment lang nebeneinanderher.

Dann fuhr Paul fort: »Eines Abends sprach ich mit einem lieben Freund über all das, was ich gerade zu Hause und bei der Arbeit erlebte, vermutlich in der stillen Hoffnung, von ihm nicht nur einen Rat, sondern auch etwas Bestätigung zu erfahren. Aber er schenkte mir etwas viel Wertvolleres. Nachdem er mir eine ganze Weile zugehört hatte, blieb er für einen Moment still. Dann sagte er zwei Sätze – auf einen war ich nicht vorbereitet.«

Marie: »Und was sagte er?«

Paul: »Er sagte: ›Du hast recht, Paul.‹ Und dann fügte er hinzu: ›Niemand kann dich verärgern – *ohne* deine Erlaubnis.‹«

Marie: »Hm ...«

Paul: »Was er sagte, verwirrte mich; es war, als hätten seine Worte meinen prominentesten Abwehrspieler ausgetrickst und mitten durch seine Beine gespielt. Und dann begann ich, etwas zu sehen, was schon immer da war, aber bis zu diesem Moment unsichtbar blieb: meinen eigenen *Mindset*.

Im Laufe des Abends sprachen wir darüber, warum es mir denn sinnvoll oder logisch erschien, mich aufzuregen, mich schlecht zu fühlen. Solch eine Frage hatte ich mir noch nicht gestellt. Er urteilte nicht über mich, weder über mein Denken noch mein Handeln. Er schien gar keine besondere Meinung zu haben. Er half mir einfach, über diese Frage nachzudenken und durch diese Linse mehr über mich zu entdecken.

Während ich so mit ihm sprach, wurde mein Mindset so sichtbar, als stünde er wie eine Person im Raum vor mir. Es ging nicht darum, zu sehen, was an ihm ›richtig‹ oder ›falsch‹ war. Aber statt wie bisher durch meinen Mindset *hindurch*zusehen, sah ich ihn nun *an*. Ich konnte ihn betrachten – mit Neugier und Wohlwollen. Denn mein Freund erinnerte mich immer wieder daran, dass mein Mindset ein Teil von mir ist, der mir vermutlich einst sehr gute Dienste geleistet hatte. Er gehörte zum Besten, was mir, als er geboren wurde, zur Verfügung stand. Er bat mich, ihn daher nicht wegzuschicken, sondern ihn wohlwollend zu betrachten ... und ihn als das zu sehen, was er ist: ein gewohnter Gedanke. Also betrachtete ich ihn einfach. Dabei konnte ich erkennen, wie er beschaffen war, wie er sich selbst bestärkte und seit geraumer Zeit das Leben, wie ich es erlebte, mitgestaltete.

Zum Beispiel ist es vollkommen menschlich, enttäuscht zu sein. Wie alle Gefühle ist es sinnvoll, sonst würde es nicht existieren. Genauso ist Wut ein essenzielles, wichtiges Gefühl. Es hat seinen Platz, und in jedem Erwachsenen steckt ein wütendes dreijähriges Kind.«

Marie lachte: »Ah, danke, Paul. Ich glaube, meine Dreijährige fühlt sich gerade ertappt.«

Paul freute Maries strahlendes Lachen: »Es gibt aber kein physikalisches Gesetz, das besagt, dass ich mich in diesen Situationen zwangsläufig so fühlen und daher so handeln musste, wie ich es häufig tat. Es war mein emotionaler Autopilot. Ich hatte irgendwann gelernt, ich hatte irgendwann begonnen zu glauben, bewusst oder unbewusst, dass ich zunächst enttäuscht und dann wütend sein *musste*, um das zu bekommen, was ich damals brauchte. Mein Mindset hatte einen Anfang. Und es gab eine Zeit vor dem Anfang.«

Sie gingen ein paar Schritte, während Paul einem Gefühl nachspürte, um es in Worte fassen zu können. »Erst Tage später dämmerte mir, dass da noch etwas anderes war, neben der Enttäuschung, neben der Wut. Da war auch eine Angst, genauer gesagt: Scham. Es war ein leises, weniger offensichtliches Gefühl. Ich musste erst still werden, um es zu hören.

Das mag dir merkwürdig erscheinen. Ich wollte, dass andere meine Enttäuschung spüren, aber gleichzeitig wollte ich nicht als eine Person gesehen werden, die sich leicht aus der Ruhe bringen lässt oder gar aufbrausend ist. Also rechtfertigte ich meine Gefühle – wie der Regierungssprecher, über den wir letztens sprachen.«

Marie: »Ich erinnere mich. Er wird als Letzter informiert und muss Entscheidungen rechtfertigen, die anderswo gefällt wurden.«

Paul: »Ja. Im Herzen.«

Marie: »Die Scham, die du bei anderen hervorgerufen hast, war also ...«

Paul: »... in mir selbst, in meinem Herzen. Von dort aus habe ich sie verteilt, weil es mir nicht bewusst war.«

Marie: »Dein Autopilot hat das gemacht.«

Paul: »Genau. Nur war ich überzeugt, ich hätte die Hände selbst am Steuer. Ich wusste nicht, dass ich einen Autopiloten hatte, geschweige denn, wer ihn gebaut oder angeschaltet hatte.«

Marie: »Gefühle sind ansteckend. Wir verbreiten sie auch, wenn wir nicht wissen, dass wir infiziert sind.«

Paul: »Höchst ansteckend.«

Marie und Paul blieben gleichzeitig stehen und schauten sich an – als verlangten die letzten Gedanken nach einer Betonung und die kommenden nach einem Doppelpunkt.

Paul: »Mein Freund half mir, einen weiteren blinden Flecken zu erkennen. Zwar taten mein Sohn und mein Team zweifelsohne und letztlich meist, was ich hoffte, dass sie tun würden, aber dafür zahlte ich einen Preis. Indem ich sie im Grunde zwang – im Kern durch verschiedene Formen von Angst –, habe auch ich dafür gesorgt, dass sich ihre Herzen schließen. Und du weißt ja, wie wir sind, wenn unser Herzstand geschlossen ist. Ich habe, ohne es zu merken, einen Teil ihrer Energiequellen verloren – oder anders gesagt, ihr Herzblut, ihr Engagement, ihr Commitment. Es gibt viele Worte für Energie.

Die höchste Form von Energie, die ich so erreichte, war eine Art ... Gefügigkeit. Mein Sohn gehorchte. Und nicht etwa, weil er sich um die Ordnung seines Zimmers sorgte, sondern allein, weil er nicht wollte, dass ich wütend wurde. Das konnte ich spüren. Doch statt mir die Frage zu stellen, welchen Anteil ich daran haben mochte, bestärkte mich mein Mindset in meinem Standpunkt, dass er seine Lektion eben noch nicht ganz gelernt hatte.«

Marie blickte in Pauls Augen. Sie konnte sich selbst in Paul wiedererkennen. Indem sie Paul sah, sah sie sich selbst. Seine Menschlichkeit, seine nackte Menschlichkeit, schien sein eigentliches Geschenk, und ein Gefühl tiefer Dankbarkeit durchströmte ihren Körper.

Paul: »Konnte ich deine Frage beantworten?«

Marie: »Ja. Ich verstehe jetzt viel besser, was du meinst, wenn du von Mindset sprichst. Und ich bin dankbar, dass du bereit bist, mich an deiner persönlichen Reise teilhaben zu lassen, dass du dich dabei so verwundbar zeigst und mit mir teilst, was du über dich selbst entdeckt hast. Dein Mindset hat deine eigene Realität geschaffen. Und das ist eine Illustration des Energiekreises, oder? Unsere Mindsets sind nicht nur *Interpretation – ein Ergebnis* – unserer sogenannten Realität. Sie sind selbst *Architekten* dieser Realität.«

Paul: »Ja, und normalerweise kommen und gehen die Gedanken ja einfach. Als ich ins Zimmer meines Sohnes kam und mir sagte: ›Er hat's nicht aufgeräumt‹, war das nur ein Gedanke. Aber Gedanken können sich in Mindsets verwandeln, wenn wir sie regelmäßiger denken. Mindsets sind fester, ein bisschen greifbarer. Man kann über sie sprechen oder sie gar aufschreiben, wenn man sich ihrer bewusst ist. Dadurch fühlen sie sich realer an, so wie mein Mindset *Wut ist erforderlich*. Heute denke ich: *Wut ist wertvoll. Und optional.*

Letztlich sind sie eine Behauptung, eine zumindest anfangs hilfreiche Vereinfachung: ein Rezept. Mit der Zeit können sich Mindsets sogar zu bewussten Glaubenssätzen weiterentwickeln. Sie werden dann zu handfesten persönlichen Wahrheiten und Dauermietern in deinem Kopf; sie kommen und gehen nicht einfach – es sei denn, man beendet den Vertrag. ›Er muss meine Wut erfahren, sonst wird er später im Leben Probleme bekommen‹ war eine bewusste Überzeugung. Ich hätte darüber Vorträge halten können: ›Die Rolle von Wut in der modernen Erziehung. Heute um 20:00 Uhr mit unserem Gastredner Paul.‹«

»Und ich vermute, der Vortrag wäre gut besucht«, warf Marie ein.

Marie: »Wenn ich all das jetzt vor dem Hintergrund unseres Energiekreises betrachte, würde ich vermuten: Je stärker der Gedanke, desto stärker ist auch das Gefühl, das damit einhergeht.«

Paul: »Ja. Und Gefühle sind noch ein wenig fassbarer und erscheinen uns noch realer als Gedanken. Man kann sie ja körperlich spüren und sogar bei anderen im Gesicht sehen; man kann sie sogar messen. Dein Körper kocht jetzt nach dem Rezept: Er beginnt mit den Zutaten und setzt chemische Botenstoffe frei, zum Beispiel Cortisol, die sich körperlich auswirken: Dein Herz schlägt schneller, deine Atemfrequenz ändert sich, dein Blutdruck steigt, und deine Muskeln spannen sich an. Erst deine Gefühle machen deine Gedanken echt.«

Marie: »Okay. Und dann sagst oder tust du etwas.«

Paul: »Und das ist noch viel greifbarer. Deine Worte und Handlungen wirken sich physisch auf Menschen und Situationen aus. Sie sind hörbar, sichtbar, spürbar, messbar. Dein Gedanke wurde zu materieller Realität.«

Marie: »Dieses Ergebnis, die Realität, beeinflusst wiederum dein Mindset. Der Kreis schließt sich: Die materielle Realität wird wieder weniger greifbar, setzt sich fort in Gedanken. Und mit jeder Iteration wird dein Mindset stärker.«

Marie und Paul kamen an eine Bank, die einen herrlichen Blick über den Park und die dahinterliegenden Hügel bot, wo einige Bäume schon ihre ersten Blüten zur Schau stellten und die Augen der beiden mit ihren frischen, belebenden Farben füllten.

Marie: »Paul, macht's dir was aus, wenn wir uns einen Moment setzen? Ich möchte ein paar Gedanken notieren.«

Paul: »Nein, ganz und gar nicht. Das scheint der perfekte Ort dafür zu sein.«

Die beiden setzten sich auf die Bank. Paul genoss die Aussicht, und Marie nahm ihr Notizbuch heraus. Sie schlug die Seite auf, auf der sie den Energiekreis gezeichnet hatte, und ergänzte ihn, um ihre Erkenntnisse festzuhalten.

Marie: »Danke, Paul. Ich bin froh, dass wir diesen kleinen Schlenker gemacht und über Mindsets gesprochen haben. Mir scheint, dass es gar nicht so etwas wie ein richtiges oder falsches Mindset gibt. Wenn wir aber andere Ergebnisse erzielen, also etwas bewirken wollen, müssen wir unsere Aufmerksamkeit wohl dahin richten, wo wir am meisten bewirken können. Und das ist innen.«

Paul: »Und natürlich ist es sinnvoll und wertvoll, Verhaltensweisen und Ergebnisse auch zu betrachten, solange wir uns in Erinnerung rufen, dass diese zu einem großen Teil mit unseren Gedanken zusammenhängen. Es ist wie in dem alten Witz über den betrunkenen Mann, der spätabends unter einer Straßenlaterne nach seinen verlorenen Schlüsseln sucht.«

Marie: »Den kenn ich noch nicht.«

Paul: »Ein Polizist kommt vorbei und hilft bei der Suche. Nach einem Moment fragt er: ›Sind Sie denn sicher, dass Sie die Schlüssel hier verloren haben?‹ Der Betrunkene antwortet: ›Nein. Aber hier ist mehr Licht.‹«

HOCHFREQUENTE MINDSETS

Marie: »Ich denke gerade an dein Team. Es scheint da etwas zu geben, das sie verbindet, etwas, das sie miteinander teilen und das ihnen hilft, trotz Zeitdruck und Stress, häufig in Bestform zu sein. Ich bin mir nicht sicher, wie ich es ausdrücken soll: Ich frage mich, ob dein Team und du ein paar *gemeinsame* Mindsets habt. Also bestimmte Mindsets, die euch einzeln und als Team im Laufe der Jahre geholfen haben, ganz unabhängig von äußeren Umständen, häufiger mit einem offenen Herzstand zu arbeiten.

Gibt es bestimmte Mindsets, die euch helfen, mit täglichen Herausforderungen umzugehen? Also beispielsweise bei Entscheidungen unter ungewissen komplexen Umständen, unter Zeit- und Budgetdruck und angesichts hier und da etwas bürokratischer Prozesse. Du weißt schon, die üblichen Herausforderungen eben. Gibt es da Mindsets, die für dich und für euch besonders wichtig sind?«

Paul sah Marie an und nickte. Sie gaben der Frage etwas Zeit, bis die ersten Gedanken entstehen konnten – in einem ruhigen, inspirierten Herzstand.

Paul: »Das sind wichtige Fragen, und ich bin froh, dass du mich einlädst, darüber nachzudenken und mit dir zu teilen, was ich sehe. Als wir darum kämpften, das Geschäft wieder auf Kurs zu bringen, haben wir uns tatsächlich Zeit genommen, zusammen ganz bewusst über Mindsets und die Rolle unseres Herzstands zu sprechen. Das war für uns alle neu und ungewohnt und fühlte sich anfangs ein wenig unangenehm an – wie vermutlich alles, was wir ändern. Aber wenn genau das zu tun uns helfen kann, die Organisation zu schaffen, die wir wollten, dann ergab es durchaus Sinn, über unser Denken, unser Fühlen und unseren Herzstand bei der Arbeit nachzudenken.«

Marie: »Ja, ich hatte auch schon mit dem Gedanken gespielt.«

Paul: »Seither führen wir regelmäßig solche Gespräche, so wie du und ich gerade. Und weil unser Kopf immer irgendetwas denkt, waren wir neugierig, ob es in uns allen vielleicht bestimmte Mindsets gibt, die sich besonders dann zeigen, wenn wir trotz herausfordernder Umstände in Bestform sind. Wir haben uns gefragt, ob es Mindsets gibt, die wir gemeinsam und bewusst nutzen könnten, um öfter in einem offenen Herzstand zu sein. Und während wir miteinander über unsere Lebenserfahrungen sprachen, wurde uns immer deutlicher bewusst, dass wir meist *dann* in Bestform sind, wenn unser Geist sein gewohnheitsmäßiges *Urteilen* über uns selbst, über andere, über Ideen und über Lebenssituationen für einen Moment aussetzt oder zumindest weniger an diesen Urteilen hängt.«

Marie: »Hm, das klingt interessant. Aber geht es bei der Arbeit nicht immer darum, Dinge zu bewerten, also einzuschätzen, um dann Entscheidungen zu fällen – und am besten vorwiegend die richtigen?«

Paul: »Ja, du hast recht. Wir müssen tatsächlich ständig Entscheidungen fällen, um handeln zu können. Viele unserer Gedanken sind wahrscheinlich Einschätzungen – Vorhersagen –, die uns helfen, diese Entscheidungen zu treffen. Aber ist es dir nicht schon passiert, dass du vor Entscheidungen standst, für die du aus deiner Erfahrung heraus keine ›Antworten‹ oder ›Lösungen‹ wusstest?«

Marie: »Klar. Ich denke, das ist sogar eher die Regel als die Ausnahme.«

Paul: »Und hast du jemals, als dein Herzstand eher geschlossen war, Entscheidungen getroffen, die du später bereut hast? Hast du dir selbst schon mal gesagt: ›Wusste ich's doch!‹, und dich gefragt, warum du nicht von Anfang an auf deine innere Stimme gehört hast?«

Marie: »Ah, ja. Das ist in meinem Leben schon öfter vorgekommen. Haben wir nicht letzte Woche über die innere Stimme gesprochen?«

Paul: »Ja, das haben wir. Und hast du schon einmal eine Entscheidung getroffen, eine *Bauch*entscheidung, ohne alle vermeintlich erforderlichen Informationen, die sich dann als eine weise Entscheidung erwiesen hat?«

Marie: »Na klar. Das kommt auch vor.«

Paul: »Schau, es ist nichts Falsches daran, Dinge zu beurteilen, zu bewerten oder einzuschätzen und schließlich zu einem Urteil zu kommen. Es ist notwendig – wir müssen am laufenden Band Entscheidungen fällen. Und ... dein Herzstand zeigt dir, ob du diese Entscheidung gerade mit einem neugierigen oder einem urteilenden, wertenden Filter triffst.«

Marie dachte laut nach: »Offene Herzen bewerten – geschlossene Herzen werten. Offene Herzen *be*urteilen – geschlossene Herzen *ver*urteilen.«

Sie nahm in sich einen tiefen, langsamen Atemzug wahr.

Dann sagte sie mit einem Gefühl tiefer Klarheit: »Offene Herzen entscheiden. Geschlossene Herzen richten.«

Paul: »Ja, genau so könnte man es sagen. Ich liebe deine Worte. Und ich vermute, dass ich dich mal wieder zitieren werde, wenn ich das Team sehe. Weißt du, wenn du so willst, haben wir uns als Team ganz einfach bemüht und zusammen geübt, etwas aufmerksamere Beobachter zu werden: Beobachter der *Gefühle*, die mit unseren Gedanken einhergehen, und unseres eigenen Denkprozesses. Zum Beispiel, wie Gedanken zu Glaubenssätzen werden.

Und wir haben dabei die Erfahrung gemacht, dass es uns hilft, natürlich weiterhin Meinungen – manchmal auch starke Meinungen – zu haben, sie dabei aber locker in der Hand zu halten. Das gibt Raum für neue, oft noch bessere Gedanken oder Entscheidungen, die im Raum zwischen richtig und falsch, wahr und unwahr entstehen und die wir sonst wahrscheinlich nicht gesehen hätten. Es ist nicht ungewöhnlich, dass jemand sagt ›Ja, all das ist möglich. Und es könnte alles anders sein.‹«

> »Offene Herzen bewerten – geschlossene Herzen werten. Offene Herzen beurteilen – geschlossene Herzen verurteilen. Offene Herzen entscheiden – geschlossene Herzen richten.«

Marie: »Starke Meinungen locker halten. Das gefällt mir.«

Paul: »Wir nennen es manchmal urteilsfreies Urteilen, und es ist die Grundlage der vier Mindsets – der vier Dimensionen –, die uns helfen, in Bestform zu sein.«

Marie: »Du meinst, wie wir uns selbst, andere, Ideen und Lebenssituationen betrachten, richtig?«

Paul: »Ja.«

Marie: »Darüber würde ich gerne mehr erfahren.«

Paul: »Gerne. Dann lass uns doch damit beginnen, wie wir uns selbst betrachten. Ich möchte aber noch eines vorwegschicken: Diese vier Dimensionen sind in Wahrheit nicht getrennt. Sie sind vielmehr unterschiedliche Aspekte derselben Haltung, desselben Mindsets. Sie alle helfen mir persönlich, in einem offenen Herzstand zu bleiben oder schneller dorthin zurückzukehren, wenn ich es mal nicht bin. Für mich sind sie vier verschiedene Türen, die zum selben Wohnzimmer führen.«

DAS URTEIL ÜBER UNS SELBST AUSSETZEN: DIE TÜR ZU UNSERER NATÜRLICHEN GESUNDHEIT

Paul: »Marie, hast du dich schon einmal mit jemandem gestritten?«

Marie zögerte ein wenig: »Ja, natürlich, oft sogar. Selbst mit denen, die ich liebe ... hm, *besonders* mit denen, die ich liebe.«

Paul lachte: »Ah, da bist du nicht allein. Und wie fühlst du dich typischerweise, wenn du mitten in solch einem Streit steckst?«

Marie überlegte: »Mit etwas Abstand würde ich sagen: vor allem selbstgefällig. Ich denke dann oft: ›Einer von uns beiden hat hier unrecht. Und das bin bestimmt nicht ich.‹ Und ich bin ziemlich gut darin, das dem anderen zu vermitteln. Ich will gewinnen, und ich kann sehr, sagen wir mal, *intensiv* sein, wenn du weißt, was ich meine.«

Paul: »Ja, ich weiß, was du meinst. Und bist du schon mal verzweifelt aus einem Streit gegangen, ohne einen Ausweg zu sehen, oder sogar mit Groll und Verbitterung? Und dann, als du aufgewacht bist, nach einer Nacht Schlaf, konntest du die Intensität des Streits nicht mehr so fühlen wie am Vortag? Du hast die Hitze der Wut nicht mehr gespürt, selbst wenn du es irgendwie versucht hast?«

Marie: »Oh ja, oft. Ich bin mir manchmal nicht einmal mehr sicher, warum das alles überhaupt angefangen hat.«

Paul: »Dein Herzstand hat sich also verändert – dein Herz hat sich geöffnet, und zwar ohne, dass du etwas Bestimmtes dafür getan hättest, oder?«

Marie: »Ja, ich denke, das stimmt.«

Paul: »Wenn du darüber nachdenkst, kannst du dir sicher sein, dass alle Gefühle zwei Dinge gemeinsam haben: Sie haben einen Anfang und ein Ende. Und zwei Dinge sind immer wahr. Erstens: Du fühlst immer, irgendetwas. Und zweitens: Was auch immer du jetzt fühlst, wird sich ändern – mit oder ohne dein Zutun.

Schau, es ist wie mit dem Wetter. Wenn es regnet, suchst du irgendwo einen Unterschlupf und wartest, bis der Regen vorbei ist. Das ist nur deshalb sinnvoll, weil du genau weißt, dass der Regen aufhören *wird*, es sei denn, du bist in einer Monsunregion. Dann könnte es etwas länger dauern. Die *Gewissheit*, dass der Regen vorbeigehen wird, gibt dir eine gewisse Gelassenheit. Du hängst nicht dran. Das Gleiche gilt auch für deinen Herzstand. Was auch immer du jetzt fühlen magst, du kannst darauf vertrauen, dass sich deine Gefühle ändern werden. Hast du das schon erlebt?«

Marie: »Paul, mir gefällt deine Analogie. Ja, natürlich kann ich mich an viele Situationen erinnern, in denen ich mich in einem geschlossenen Herzstand wiederfand und sich dieser am nächsten Tag, quasi über Nacht, verändert hatte.«

Paul: »Wunderbar. Denn sobald ich mich daran erinnere, dass mein Herzstand vorübergehend ist – vergänglich –, dann hat mir oftmals allein das Bewusstsein darüber geholfen, schneller zu einem offeneren Herzstand zurückzukehren. Der Schmerz, den ich in einem geschlossenen Herzstand erlebe, rührt nicht so sehr von dem *Gefühl* selbst her, sondern eher von meinem Versuch, dieses Gefühl *zu unterdrücken*, es nicht zu akzeptieren. Das ist ein bisschen so, als würde ich den Regen nicht akzeptieren. Meiner Erfahrung nach ist *Akzeptanz* ein Hauptmerkmal eines resilienten Herzens. Und das trifft auch auf die anderen drei Dimensionen zu.«

Marie schwieg für einen Moment.

Marie: »So habe ich das noch nie betrachtet. Bisher war ich immer der Meinung, dass ich irgendetwas gegen meine Gefühle *tun* muss, dass etwas mit mir nicht stimmt, wenn ich mich in einem geschlossenen Herzstand befinde. Ich schätze, dass ich aufgrund dieses Mindsets einige der Gefühle, die ich erlebte, ablehnte und mir einredete: ›Marie, du sollst dich nicht so aufregen.‹ Ich hatte nicht bedacht, dass das Ablehnen oder der Versuch, einen geschlossenen Herzstand zu korrigieren, diesen Zustand sogar noch verstärken könnte.«

Paul nahm ein paar bewusste Atemzüge, um Marie und sich selbst zu spüren. Dann fuhr er fort: »Seltsamerweise scheint es oft das Urteil über unsere Gefühle zu sein, das mehr schmerzt als die Gefühle selbst. Akzeptanz ist dabei nicht dasselbe wie Gleichgültigkeit oder Apathie. Wenn du deinen Herzstand akzeptierst, ihn annimmst, entscheidest du dich, ihn bewusst wahrzunehmen, ihn aber nicht zu verurteilen. Du betrachtest deinen eigenen Zustand, auch einen schmerzlichen, mit Wohlwollen und Neugier. Akzeptanz bedeutet, keine Energie auf das zu verschwenden, was ohnehin schon da ist; es ist die Entscheidung, das Leben, was gerade passiert, nicht zu bekämpfen, sondern es zu umarmen, indem man sich ihm hingibt. Wenn du aus dieser Haltung heraus schmerzhafte Gefühle akzeptierst, wirst du immuner werden gegen den Schmerz, den diese Gefühle auslösen.«

Marie: »Das ist paradox.«

Paul: »Eine liebe Freundin hat mir einmal den Anfang eines Gedichts von Fabienne Cuisinier vorgelesen. Es hilft mir bis heute, mir diese neugierige Akzeptanz zu bewahren, wenn ich mich selbst betrachte. Damit meine ich nicht etwa Gleichmütigkeit. Sie erinnerte mich daran, wie ich bin: ›Vollkommen unvollkommen mit all meinen Unvollkommenheiten.‹«

Marie: »Ich fange wirklich an, diese Paradoxe zu mögen. So gesehen sind wir keine Probleme, die es zu lösen gilt, sondern eher Mysterien, die entdeckt werden wollen. Ich kann ohne Selbstverurteilung wachsen. Und ich kann ohne Unvollkommenheiten nicht wachsen.«

Paul: »Was für eine befreiende Sichtweise. Stell dir für einen Moment vor, was diese Haltung, dieser Blickwinkel, ermöglichen kann – für dich und die Menschen, die du betrachtest.«

Marie: »Nun ja, es nährt Mitgefühl – für uns selbst und andere. Gleichzeitig mildert es die Zurückweisung von uns selbst und anderen. Es verbindet ... es heilt.«

Paul und Marie ließen ein paar Atemzüge verstreichen, um die Gedanken, die gerade entstanden waren, auf sich wirken zu lassen, und die friedliche Energie, die ihnen innezuwohnen schien.

Paul: »Eine andere Art, Akzeptanz zu praktizieren beziehungsweise geschlossene Herzstände anzunehmen, besteht darin, darauf zu vertrauen, dass wir mit der Fähigkeit geboren wurden, in unseren natürlichen Zustand zurückzukehren.«

Marie: »Natürlicher Zustand? Geboren?«

Paul: »Na ja, wir sind gesund geboren. Mir ist gerade aufgefallen, dass ich dir diese Frage nie gestellt habe: Wie alt sind deine Kinder?«

Marie: »Meine Tochter ist siebzehn und mein Sohn fünfzehn.«

Paul: »Wunderbar. Ich hoffe, ich kann sie eines Tages kennenlernen. Wenn du dich mal an sie zurückerinnerst, an die Zeit, als sie noch klein waren, hast du jemals erlebt, dass sie längere Zeit wütend waren?«

Marie: »Hm, da muss ich nachdenken. Nein, nicht wirklich. Sie konnten sich *schnell* aufregen. Aber eines Tages fiel mir auf, dass, wenn ich mich entschied, nicht einzugreifen, nichts zu unternehmen, wie ich es anfangs so oft gemacht hatte, sie sich früher oder später beruhigten und sich meist voller Freude wieder dem widmeten, was sie unterbrochen hatten.«

Paul: »Das ist ihr natürlicher Zustand. Und: Sie regulieren sich selbst. Natürlich wirkt sich auch deine eigene Ruhe auf sie aus und hilft ihnen, sich zu regulieren – und umgekehrt. Aber die Fähigkeit, genau das zu tun, ist in ihnen – in uns – bereits angelegt. Sie müssen es ja letztlich aus eigener Kraft tun; es gibt keinen Schalter, den du als Mutter umlegen kannst. Mit anderen Worten, die meiste Zeit brauchen sie keine Hilfe, um in einen offenen Herzstand zurückzukehren. Wir müssen erst erwachsen werden, um die einzigartig menschliche Fähigkeit zu erlernen, längere Zeit verärgert, gereizt oder traurig zu sein – stunden- oder sogar tagelang.«

Marie: »Oder sogar jahrelang.«

Paul lachte. »Ja, manche bauen an diesem Ort ein Haus. Wir haben gelernt, Gedanken, die uns quälen, zu wiederholen, auch wenn die Ereignisse, die sie verursacht haben, längst vergangen sind. Auf dem Weg kreieren wie unsere ›Realität‹, die wir so gerne ändern würden, immer wieder neu. Wir Erwachsene sind in der Lage, in unseren Gedanken zu leben statt in der Realität. Denn die Gefühle, die diese Gedanken hervorrufen, lassen sie so real erscheinen, dass sie zu Wahrheiten werden.«

Marie: »Was meinst du mit ›Wahrheiten‹?«

Paul: »Deine Gedanken werden sich, während sie weiter durch den Energiekreis wandern, entweder in physischen Handlungen oder Ergebnissen widerspiegeln. Die Dinge, über die du dir immer wieder Sorgen machst, passieren zum Beispiel tatsächlich, oder sie manifestieren sich in deinem Körper als Infektion oder Krankheit. Da unser Geist und unser Körper eins sind, kann unser Geist den Körper sowohl heilen als auch krank machen. Und während diese Beziehung in der Schulmedizin noch oft ignoriert wird – oder besser gesagt, vergessen wurde –, können wir diese Mechanismen heute wissenschaftlich erklären und beweisen.

Schau, es ist überhaupt nichts falsch daran, traurig zu sein, wenn etwas Trauriges passiert. Das gehört zum Leben, zum

Lebendigsein dazu: Fühlen ist leben. Und leben ist fühlen. Unsere Gefühle auszudrücken, ist wichtig und gesund. Es kann zum Beispiel besondere Fähigkeiten unseres Körpers aktivieren oder uns helfen, uns mit anderen zu verbinden. Normalerweise dienen unsere Gefühle also einem Zweck. Sonst gäbe es sie gar nicht. Und normalerweise kommen und gehen Gefühle. Wir können jedoch in Schwierigkeiten geraten, wenn unsere eher negativen Gefühle nicht mit dem übereinstimmen, was im Außen tatsächlich passiert. Dann kann unser Körper aufgrund der permanenten chemischen Reaktion, die unser Verstand erzeugt, krank werden. Die Soße brennt an.«

Marie: »Die Soße brennt an?«

Paul: »Na ja, um eine richtig gute Tomatensoße zu machen, benötige ich schon starke Hitze. Erst muss sie spritzen, dann köcheln, aber dann auch ruhen. Sonst geht's daneben. Ich brauche *verschiedene* Temperaturen.«

Marie: »Geistig gesund zu sein, bedeutet also nicht unbedingt, sich ständig glücklich zu fühlen, richtig? Es bedeutet, dass wir unseren Gefühlen erlauben zu schwanken. So wie es Kinder tun.«

Paul: »Ja. Und als Erwachsene haben wir gelernt, einige unserer instinktiven Reaktionen, wie Wut, Angst oder Lust auf Schokolade, besser zu kontrollieren. Und das ist wichtig und hilfreich.«

Marie: »Ich bin mir nicht sicher, ob ich schon gelernt habe, meine Lust auf Schokolade zu kontrollieren.«

Paul: »Und ich bin wahrscheinlich Koch geworden, um meine Willensstärke herauszufordern.«

Sie kicherten wie zwei Kinder, die sich über einen albernen Scherz amüsierten.

Paul: »Kindern zuzuschauen, kann uns schlicht daran erinnern, dass unsere Fähigkeit, in einem offenen Herzstand zu leben oder dorthin zurückzukehren, wenn er geschlossen ist, uns jederzeit zur Verfügung steht. Viele Menschen betrachten einen offenen Herzstand als eine Art Ziel, einen Ort, den sie erreichen müssen, als läge er außerhalb von ihnen. Das macht die Dinge für sie unnötig schwer, weil sie in die falsche Richtung schauen.«

Marie: »Und wo würdest du suchen?«

Paul: »Innen – weil ich weiß, dass er verfügbar ist, nur eben nicht immer zugänglich.«

Marie: »Weißt du, Paul, das habe ich so oder so ähnlich schon oft gehört, aber ehrlich gesagt, klingt es abstrakt und ein wenig realitätsfremd. Mir ist nicht klar, wie ich nach innen schauen soll. Schließlich gibt's ja kein Fenster.«

Paul: »Oh, das ist vollkommen okay. Ich weiß, was du meinst, und ich glaube, du bist nicht allein mit diesem Gefühl. Vielleicht gibt es ja doch ein Fenster. Darf ich dir ein paar zeigen, die ich für mich entdeckt habe? Vielleicht hilft es dir.«

Marie: »Klar, nur zu.«

Paul: »Für mich ist ein offener Herzstand ein bisschen wie ein Korken.«

Marie: »Korken? Warum?«

Paul: »Na ja, Kork schwimmt immer oben. Das ist seine Natur. Drücken wir einen Korken unter Wasser und lassen ihn los, dann kommt er wieder an die Oberfläche. Ganz von allein und mühelos. Wenn unser Korken unter Wasser ist – wenn also unser Herzstand geschlossen ist –, brauchen wir ihn nicht nach oben zu ziehen. Es gibt nichts zu tun. Er hat bereits alles in sich, was er braucht, um wieder aufzutauchen. Und sobald wir das loslassen, was ihn nach unten zieht – die Gedanken und Gefühle, die mit dem Korken verbunden sind ...«

Marie: »... die vier Bereiche des Urteilens?«

Paul: »Ja. Sobald wir das loslassen, treibt unser Korken gen Oberfläche. Er kann nicht anders.«

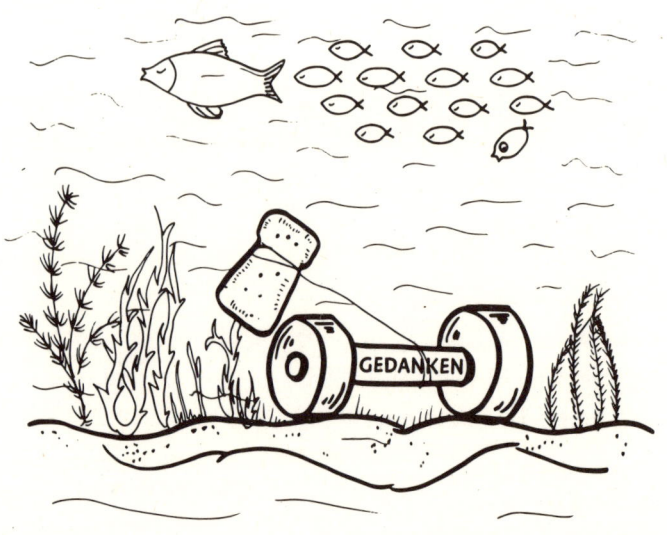

Marie: »Danke. Ich kann's mir jetzt bildlich vorstellen. Der Korken ist eine hilfreiche Analogie. Lass mich mal einen Schritt zurückgehen. Wir haben damit begonnen, uns selbst zu betrachten, also wie uns selbst anzunehmen und auf unsere angeborene Gesundheit zu vertrauen uns helfen kann, den Korken sozusagen loszulassen. Wie sieht es denn mit dem zweiten Bereich aus, unserem Blick auf andere?«

DAS URTEIL ÜBER ANDERE AUSSETZEN: DIE TÜR ZUM MITGEFÜHL

Paul: »Ja, das ist eines der stärksten Gewichte, das an unseren Korken hängt. Lass uns das zusammen vertiefen. Als wir uns das zweite Mal im Restaurant trafen, hast du ein paar Gefühle notiert, die dir signalisieren, dass du in einem geschlossenen Herzstand bist, richtig?«

Marie: »Stimmt.«

Paul: »Kannst du dich noch an ein paar von ihnen erinnern?«

Marie: »Na klar. Ich vermute, da werden besorgt, unsicher, wütend oder verärgert dabei gewesen sein.«

Paul: »Glaubst du, dass auch andere Menschen solche Gefühle erleben?«

Marie: »Ja, natürlich. Ich schätze, dass es vielen Menschen so geht – manchen öfter als anderen.«

Paul: »Würdest du mir also zustimmen, dass wir alle wahrscheinlich Emotionen dieser Art erlebt haben?«

Marie: »Ja.«

Paul: »Und wenn das so ist, welchen Wert mag es haben, in diesen Zuständen zu sein?«

Marie: »Ich bin nicht ganz sicher, ob ich verstehe, was du meinst.«

Paul: »Was wäre zum Beispiel anders in deinem Leben, wenn du dich niemals wütend, besorgt oder verärgert gefühlt hättest?«

Marie dachte einen Moment nach: »Also, ich würde mich wahrscheinlich ausgeglichen und zufrieden fühlen ... Gleichzeitig würde ich vielleicht gar nicht bemerken, dass ich mich so fühle, weil ich nie das Gegenteil erlebt habe.«

Paul: »Ich finde, das ist eine bemerkenswerte Beobachtung.«

Marie war sich nicht ganz klar, was Paul an ihrem Gedanken bemerkenswert fand. Sie entschloss sich, ihn nicht zu fragen.

Paul: »Und wie würdest du dann andere betrachten, die sich wütend, verärgert, besorgt oder gereizt fühlen?«

Marie: »Nun ja, vermutlich würden ihre Gefühle für mich keinen rechten Sinn ergeben. Ich könnte nicht so viel mit ihnen anfangen.«

Paul: »Das denke ich auch. Und obwohl wir geschlossene Herzstände nicht sonderlich mögen, können sie wertvoll und hilfreich sein.«

Marie: »Wenn das nicht der Fall wäre, gäbe es sie vermutlich gar nicht.«

Paul: »In der Tat. Die Evolution hätte sie mit der Zeit aus unserem menschlichen Betriebssystem gelöscht.«

Marie schmunzelte: »Mit jeder Geburt gibt es ein Upgrade?«

Paul: »Und geschlossene Herzstände sind mit dabei. Denn wie du gerade sagtest, ermöglichen sie uns unter anderem, Empathie und Mitgefühl für andere zu empfinden. Ein sehr lieber Freund hat es einmal so formuliert: ›Ein gebrochenes Herz ist ein offenes Herz.‹«

Marie: »Willst du damit etwa sagen, dass ein geschlossener Herzstand ein Weg zu einem offeneren Herzen sein kann?«

Paul: »Ja. Zweifelsohne sind wir in offenen Herzständen effektiver, und wir beide erforschen ja gerade, wie wir häufiger in diesem Zustand sein können. Gleichzeitig schaffen unsere eigenen Erfahrungen mit Schmerz Möglichkeiten, unsere Herzen weicher werden zu lassen. Und weiche Herzen öffnen sich erfahrungsgemäß leichter als harte.«

»Weiche Herzen öffnen sich leichter als harte.«

Marie lächelte: »Das leuchtet mir ein. Gleichzeitig frage ich mich, was das wohl in der Praxis bedeutet. Kommt dir ein Beispiel in den Sinn?«

Paul ließ seine Gedanken einen Moment lang schweifen: »Ist es dir – wie mir – schon mal passiert, dass auf dem Weg nach Hause ein Zug oder ein Flug gestrichen wurden, du dich darüber aufgeregt hast und dann ein bisschen herablassend mit dem Personal umgegangen bist, weil sie nicht gleich in der Lage waren, das Problem zu lösen?«

Marie rollte die Augen: »Ich habe *absolut* keine Ahnung, wovon du sprichst ...«

Paul: »Ich danke dir für deine Ehrlichkeit. Ich gebe zu, dass es ein eher triviales Beispiel ist, aber ich glaube, wenn wir uns darin üben, unseren Herzstand auch in alltäglichen Situationen bewusst wahrzunehmen, können wir diesen Muskel stärken, um auch die schwierigeren Situationen in der Arbeit und im Leben zu meistern.«

Marie: »Ja, da bin ich bei dir. Erzähl weiter.«

Paul: »Wenn du das nächste Mal einen anderen Menschen erlebst, der sich in einer ähnlich frustrierenden Situation genauso verhält, dann kannst du, anstatt zu sagen ›Wie kann er nur?!‹, dein Urteil zurückstellen und dir sagen: ›Ach ja. *Das* habe ich auch schon mal erlebt, gedacht, gefühlt und getan.‹«

Marie: »Wir hatten alle schon mal so einen Tag, nicht wahr?«

Paul: »Ich denke schon. Und: Das Verhalten des anderen so zu betrachten, ist nicht das Gleiche, wie es gutzuheißen, es zu billigen. Es bedeutet, uns zu entscheiden, es aus einer Haltung des Mitgefühls zu betrachten. Dieses Mindset kann helfen, unsere Herzen ein wenig länger offen zu halten.«

Nach einer kleinen Pause fügte Paul noch hinzu: »Was wir als real betrachten, bestimmt, wie wir reagieren. Nur wenige Menschen sind sich bewusst, dass sie eine Vielzahl an Möglichkeiten haben, wie sie die Wirklichkeit betrachten; noch weniger, dass sie ihre Gefühle und ihr Handeln wählen können.«

Marie wiederholte Pauls Satz in ihrem Kopf, als würde sie in einem Hörbuch noch mal zu einer Stelle zurückgehen, die sie überrascht hatte und zu schnell vorbeizog, um sie wirklich erfassen zu können: *Was wir als real betrachten, bestimmt, wie wir reagieren.*

Marie: »Das kann ich gut nachempfinden. Wenn ich mich daran erinnere, wie ich selbst in einem geschlossenen Herzstand bin, ermöglicht mir das auch, geduldiger mit denen zu sein, die gerade in einem geschlossenen Herzstand sind – die gerade nicht hören können, was ich sagen möchte, auch wenn es mir vernünftig erscheint.«

Paul: »Ja. Ihr Gehirn ist ja kurz davor, aus dem Fenster zu springen. War das nicht dein Bild?«

Marie lächelte: »Ja. Genau.«

Paul: »Empathie ist also der erste Schritt, und deine eigene Lebenserfahrung ist die Quelle deiner Empathie. Empathie ist eine kraftvolle Energie, die die Fähigkeit besitzt, dein Herz zu öffnen oder es offen zu halten.«

Marie: »Und wenn mein Herz offen bleibt, dann ist meine Fähigkeit, einen Menschen oder die Situation positiv zu beeinflussen, viel größer, denke ich.«

Paul: »Wenn die andere Person spürt, dass du friedlich oder ruhig bist, fühlt sie das auch. Sie spürt, dass keine Bedrohung von dir ausgeht. Zumindest tendenziell. Stell dir vor, du würdest Wut statt Ruhe empfinden ... Das würde die Situation wahrscheinlich verschlimmern.«

Marie: »Allerdings, das kann ich bestätigen.«

Paul: »Und sobald du Empathie empfindest, sobald du den Zustand des anderen nachempfinden kannst, öffnet sich deine Tür zum *Mitgefühl* – der großen Schwester der Empathie. Wenn du fühlen kannst, was der oder die andere im geschlossenen Herzstand fühlt, wie zum Beispiel Wut, weil du es selbst kennst, dann kannst du ein wenig leichter durch das Verhalten des anderen *hindurch*blicken – und Perspektive wahren.«

Marie: »Was genau meinst du mit ›durch das Verhalten hindurchblicken‹?«

Paul: »Na ja, würden wir die Situation als einen Energiekreis betrachten, was könntest du dann, außer dem Verhalten, sonst noch sehen?«

Marie: »Ich schätze, das Gefühl, das dieses Verhalten verursacht hat.«

Paul hörte zu und sah Marie an.

Marie: »Okay, nehmen wir noch einmal das Beispiel von jemandem, der sich gerade über den Mitarbeiter der Fluggesellschaft ärgert und droht, er würde Beschwerde einreichen und den Vorgesetzten oder die Vorgesetzte anrufen.«

Paul: »Würden wir nur das Verhalten dieser Person beobachten, wir würden wahrscheinlich den Kopf schütteln und verurteilen, was er tut. Na ja, es sei denn, wir sind auch so richtig sauer.«

Beide lachten darüber und miteinander. Sie liebten es, zusammen ein wenig albern zu sein.

Dann fuhr Paul fort: »Wenn wir das Gefühl sehen können, das dieses Verhalten auslöst, das hinter dem Verhalten agiert, würdest du sagen, dass wir eher in der Lage sind, unser Urteil ein wenig länger zurückzuhalten?«

Marie: »Bestimmt.«

Paul: »Warum, glaubst du, ist das so?«

Marie: »Weil wir seinen Schmerz sehen können.«

Paul: »Und was macht das mit dir?«

Marie: »Ich könnte buchstäblich *mit*fühlen. Mein Herzstand würde sich etwas öffnen.«

Sie hielt inne und blickte auf einen Punkt in der Ferne, bis der nächste Gedanke auftauchte.

Marie: »Wenn das geschieht, kann ich vielleicht sogar über Gefühle hinausblicken und erkennen, dass es hinter ihnen Gedanken geben muss, die zu seinem geschlossenen Herzstand geführt haben.«

Paul: »Was zum Beispiel?«

Marie: »Na, zum Beispiel Sorgen darüber, wie sich die Situation auf die Arbeit oder zu Hause auswirkt. Vielleicht kann ich erkennen, dass es im Grunde diese ängstlichen Gedanken sind, die das Verhalten, das ich verurteile, bewirkt haben.«

Paul: »Ja. Jetzt kannst du sehen, dass dieser Mensch leidet. Jetzt kannst du seine Unschuld sehen. Was Menschen wirklich brauchen, wenn sie wütend sind, ist nicht unser Urteil, sondern paradoxerweise unser Mitgefühl. Denn: Sie leiden. Das, was sie gerade tun, ist das Beste, was ihnen gerade zur Verfügung steht. Wenn sie es gerade besser könnten ...«

Marie: »... dann würden sie es tun.«

Paul: »Was wir ihnen stattdessen meist geben, wenn wir uns im Autopiloten befinden, ist eine Reaktion auf ihre Wut – unser Bedürfnis nach Verteidigung und Vergeltung, das wiederum durch unsere eigene Unsicherheit ausgelöst wird, sobald wir uns angegriffen fühlen.«

Marie: »Und so weiter – es ist ein Kreislauf.«

Marie reflektierte über ihr Gespräch und stellte sich dabei wieder die Situation mit dem wütenden Reisenden vor. »Und doch lässt mich die Frage nicht los: ›Ist es denn zu viel verlangt, ein bisschen freundlicher zu sein?‹«

Paul: »Du hast recht. Könnten Menschen jetzt anders denken, würden sie anders denken. Könnten sie jetzt anders fühlen, würden sie anders fühlen. Könnten sie jetzt anders handeln, würden sie anders handeln. Nur jetzt, in dem Moment, können sie es eben nicht. In dem Moment ist es alles, was sie sehen und fühlen können.«

Marie: »Hm. Wenn ich also andere mit Empathie betrachte, bedeutet das nicht, dass ich ihre Handlungen gutheiße, aber es hilft mir, selbst länger einen offenen Herzstand zu bewahren, unabhängig davon, was andere tun. Es macht mich freier.«

Paul: »Ja.«

Marie: »In gewissem Sinne ist also, sich darin zu üben, Unschuld zu sehen, wie du es gerade genannt hast, etwas, das ich für mich *selbst* tue, weniger für den anderen, stimmt's?«

Paul: »Ja, in einem ersten Schritt schon. Und dann magst du dich fragen: ›Wie kann ich ein wirksamer CEO sein, wenn mein Herzstand geschlossen ist?‹, und: ›Wie kann ich anderen helfen, in einem offeneren Herzstand zu sein, wenn mein eigener geschlossen ist?‹

Schau, ich glaube, dass das, was Menschen tun, ihnen immer sinnvoll erscheint. Es ist für uns immer entweder logisch oder *psycho*-logisch – je nachdem, in welchem Zustand wir uns befinden. Unser Urteil spielt hier also keine Rolle – unser Herzstand hingegen schon. Und unser Urteil verändert unseren eigenen Herzstand.«

Marie: »So hatte ich das noch gar nicht betrachtet. Wenn mein Mann wütend ist, vor allem wenn es um etwas geht, das mich betrifft, macht mich mein Autopilot normalerweise auch wütend, als Reaktion auf mein Urteil über seine Wut. Und der sicherste Weg, wie mein Mann mich noch wütender

»Was Menschen wirklich brauchen, wenn sie wütend sind, ist nicht unser Urteil, sondern unser Mitgefühl. Denn: Sie leiden.«

machen kann, ist, mir zu sagen, dass ich mich nicht aufregen soll, und so über meine Gefühle urteilt. Und so weiter.«

Paul: »Du weißt also aus eigener Erfahrung, wie sich das anfühlt: Du fühlst ihn, wie er dich fühlt. Das ist dein Urteilsautopilot in Aktion. Hast du jemals versucht, deinen Kindern die Angst vor etwas auszureden, indem du sagst: ›Du brauchst keine Angst zu haben‹?«

Marie: »Ja. Hat noch nie funktioniert.«

Paul: »Über negative Emotionen zu urteilen oder sie abzulehnen, verstärkt sie meist eher. Denn für denjenigen, der sie erlebt, sind sie schon eine körperliche Realität. Das Adrenalin *ist* bereits im Körper, oder wie ich gern sage: ›Das Salz ist schon in der Suppe.‹ Das Gefühl, nicht zu sehen, bedeutet, den Menschen nicht zu sehen. Wer das Gefühl zurückweist, weist den Menschen zurück.«

Marie: »So als würde man den Regen ablehnen.«

Paul: »Ja, genau. Damit sich Gefühle verändern können, bei uns selbst oder bei anderen, müssen wir sie zunächst akzeptieren. Paradoxerweise beginnt jede Veränderung mit Akzeptanz.«

Marie: »Also ganz praktisch könnte ich erst mal sagen: ›Du bist wütend, oder?‹ Oder ich könnte fragen: ›Bist du wütend?‹ Das ist etwas anderes, als zu sagen: ›Warum bist du denn so wütend?‹, was ja implizit bedeutet: ›Du solltest es nicht sein‹, richtig?«

Paul: »Wenn du wirklich *mitfühlst*, dann ist es wahrscheinlicher, dass deine Präsenz und deine Worte ebendieses Gefühl vermitteln und sich das Herz des anderen Menschen öffnet, weil es beginnt, sich in deiner Gegenwart sicherer zu fühlen. Weißt du, um andere verurteilen zu können, musst du dich erst überlegen fühlen.«

Marie: »Und *das* können andere spüren.«

Paul: »So ist es. Dein eigener Herzstand berührt den Herzstand des anderen mehr als alles andere, weil wir zu jedem Zeitpunkt verbunden sind. Das ist mächtiger als smarte Rhetorik.«

Marie: »In der Präsenz eines ruhigen liebevollen Menschen werden wir schneller ruhig und liebevoll.«

Paul: »Nun, es wird zumindest wahrscheinlicher. Aber es ist nicht immer und nicht zwangsläufig so. Vor allem, wenn wir es so wollen. Für einen Menschen in einem ängstlichen Zustand wirkt auch ein liebevoller Mensch manchmal bedrohlich.«

Marie: »Weil sie hinter dem vermeintlich Liebevollen eine Tarnung sehen, also eine Gefahr vermuten?«

Paul: »Ja. Und wenn wir Menschen, uns selbst und andere, seltener als Problem begreifen, das wir *lösen* müssten, und öfter als eine Art *Mysterium*, das wir immer besser *verstehen* möchten, dann fällt es etwas leichter, wirklich mitfühlend zu bleiben – neugierig statt urteilend. Andernfalls ziehst du den Korken weiter mit dir nach unten. Wenn dein Herz offen ist, werden sich die Worte, die du wählst, anders anfühlen. Wenn du konstruktive, gesunde Gespräche führen beziehungsweise den Korken losbinden und nach oben steigen lassen willst, musst du selbst gesund sein.«

> »Paradoxerweise beginnt jede Veränderung mit Akzeptanz.«

Marie: »Danke, Paul, genau darüber habe ich auch schon nachgedacht. Da mein Leben als Führungskraft ja im Wesentlichen aus Gesprächen besteht, würde ich dieses Thema gern noch ein wenig vertiefen. Wäre das in Ordnung?«

Paul: »Natürlich, Marie. Am besten, wir lassen uns von deinen Gedanken und Impulsen leiten.«

WAHRHAFTIGKEIT UND TON

Marie: »Also mal angenommen, ich habe es geschafft, in einem offenen Herzstand zu bleiben, obwohl ich zu einem bestimmten Thema eine ganz andere Meinung habe als einige meiner Teammitglieder. Irgendwann werde ich auf das Thema ja eingehen und reagieren müssen. Und da frage ich mich, welches Mindset hilft dir und deinem Team bei solchen Gesprächen?«

Paul: »Oh, das ist einfach: Wahrhaftigkeit und Ton.«

Pauls prompte Antwort überraschte Marie. Er schien genau zu wissen, worum es ihr ging.

Marie: »Erzähl mir ein bisschen mehr darüber.«

Paul: »Gerne. Fangen wir mit Wahrhaftigkeit an. In unserem Team sind wir bemüht, immer wieder eine Umgebung zu schaffen, in der wir Wahrhaftiges aussprechen können. Denn ob wir das tun oder nicht, wirkt sich letztlich sowohl auf die Qualität unserer Entscheidungen als auch auf unseren Herzstand aus.«

Marie: »Ihr habt euch also geschworen, nicht zu lügen? Ich meine, ist das nicht selbstverständlich? Ich bin mir nicht sicher, ob ich dir folgen kann.«

Paul: »Ah, ich verstehe. Ich meine Wahrhaftigkeit nicht als Gegenteil von Unwahrheit oder Lügen. Ich meine Wahrhaftigkeit in dem Sinne, dass wir einander mitteilen, was wir wirklich – was wir wahrhaftig – über ein Thema denken und dabei fühlen; vorausgesetzt natürlich, wir sind uns dessen schon bewusst. Kannst du dich an Momente erinnern, in denen du still geblieben bist und nichts gesagt hast?«

Marie: »Hm ... ja. Es gab tatsächlich viele Momente, in denen ich mich zurückgehalten habe.«

Paul: »Und in welchen Situationen passiert das üblicherweise?«

Marie: »Na, ich glaube meistens dann, wenn ich mir ... na ja, Sorgen darüber mache, dass meine Gedanken entweder nicht verstanden oder sehr wohl verstanden werden, aber dann beurteilt oder sogar gegen mich verwendet

»Um andere verurteilen zu können, musst du dich erst überlegen fühlen.«

werden. Wenn ich auch in mir selbst Unschuld sehen möchte, denke ich, dass ich dann vermutlich zwei Dinge gegeneinander abwäge – Wahrhaftigkeit und Schmerz.«

Paul: »Absolut, Menschen handeln immer logisch ...«

Marie: »... oder psycho-logisch.«

Paul: »Ja. Und als Führungskraft gibt es natürlich viele taktische oder rechtliche Gründe, bestimmte Gedanken zurückzuhalten. In den meisten Fällen aber, wie bei dir, ist es Angst, die uns zurückhält. Eigentlich ist es die Angst vor dem *Gefühl*, das wir antizipieren und am liebsten vermeiden würden. Du hattest es ›Sorgen‹ genannt.«

Marie: »Ach, es tut gut, zu wissen, dass ich nicht verrückt bin – nur menschlich. Und was bedeutet das für dein Team?«

> »Für einen Menschen in einem ängstlichen Zustand wirkt auch ein liebevoller Mensch manchmal bedrohlich.«

Paul: »Wenn es hauptsächlich Angst ist, die Wahrhaftigkeit einschränkt, dann sind wir als Chief Energy Officers mitverantwortlich für Wahrhaftigkeit.«

Marie: »Wie meinst du das?«

Paul: »Stell dir für einen Augenblick vor, die Menschen würden weder Angst noch Sorge spüren können. Wie häufig, glaubst du, würden sie aussprechen, was sie beschäftigt?«

Marie: »Na ja, die ganze Zeit, denke ich.«

Paul: »Nun ist das vermutlich nicht realistisch und vielleicht auch nicht erstrebenswert, denn nicht alles, was wir fühlen, muss unbedingt ausgedrückt werden.«

Marie: »Aber es wäre hilfreich, wenn das, was ausgedrückt wird, wahrhaftig sein kann.«

Paul: »Genau. Und: Eines der Dinge, die uns Menschen am meisten Angst bereiten, ist das Urteil der anderen. Allein die *Antizipation* des Urteils der anderen – allein der Gedanke – und die daraus resultierenden Gefühle etwa von Sorge oder Unzulänglichkeit, reichen aus, um das, was wir sehen, zu schmälern, wegzulassen oder zu übertreiben.

Wenn wir das sehen können, dann ist es unsere Aufgabe als Führungskraft, zu üben, die Menschen immer wieder eine Energie des Mitgefühls und der Sicherheit spüren zu lassen – durch unsere Worte, unseren Ton und unser Schweigen. Diese angeborene Fähigkeit ist wiederum darin verwurzelt, wie wir uns entscheiden, einander zu betrachten. Sehen wir uns gerade als Richter:innen oder Unterstützer:innen des anderen? Das ist eine innere Entscheidung. Zu üben, auf diese Weise zu sehen, ist unsere Verantwortung.«

Marie: »Und nach allem, was wir besprochen haben, würde ich sagen, dass die Fähigkeit, sich selbst als Unterstützer:in und nicht als Richter:in zu verstehen, wahrscheinlich in einem offenen Herzstand lebt. Und der verändert sich.«

Paul lächelte: »Das hoffe ich.«

Marie: »Ich frage mich, wie sich solch ein unterstützendes Mindset offenbart, wenn dein Team in Bestform ist? Woran würde ich merken, dass es im Hintergrund aktiv ist?«

Paul: »Das ist eine wunderschöne Frage. Meiner Erfahrung nach beginnt es ganz einfach damit, dass wir das, was jemand im Team mitteilt, aufrichtig wertschätzen, vor allem und gerade, wenn genau das vermutlich nicht leicht ist. Wertschätzung ist das Fundament. Dann erlebe ich, dass wir neugierig bleiben gegenüber Meinungen, die für uns zunächst keinen Sinn ergeben. Das ist für alle spürbar. Manchmal bleibt es dann einfach still, und einige denken nach. Es mag sein, dass jemand dann sagt: ›Ich glaube, ich versteh dich noch nicht so richtig. Erzähl mal mehr.‹

Jemand könnte auch eine Frage stellen, die Mut macht und allen hilft, ihr Denken zu erweitern, zum Beispiel: ›Welche Unterstützung bräuchte es?‹ Oder: ›Auf welche Fragen müssen wir eine Antwort finden, um hier zu einer Entscheidung zu kommen?‹

Und auch hier kommt es nicht so sehr darauf an, was wir sagen oder fragen, sondern auf die Energie, die wir transportieren.«

Marie: »Weil sie Einfluss hat auf den Herzstand und damit auf die Qualität des Meetings.«

Paul: »Ja, und es ist noch mehr als das. Es funktioniert auch andersherum: Wahrhaftigkeit kann eine transformative Wirkung haben. Sie kann in wenigen Augenblicken den Herzstand eines ganzen Teams ändern und die Fähigkeit zum gemeinsamen Denken und Handeln beeinflussen. Wahrhaftigkeit ist befreiend.«

Marie: »Paul, du weißt, wie sehr ich deine Denkweise schätze, aber das klingt jetzt ein bisschen abgehoben. Hast du ein Beispiel?«

Paul: »Da muss ich kurz nachdenken... Also, als ich hier anfing, gab es eine ganze Reihe von Änderungen, die vorgenommen werden mussten. Grundlegende Veränderungen. Wir brauchten zum Beispiel eine völlig neue IT-Infrastruktur, um unsere Prozesse zu beschleunigen, um bessere Daten zum Planen und Entscheiden zu haben, um Kosten zu senken und um das Kundenerlebnis insgesamt zu verbessern. Heute können uns unsere Kunden per App mitteilen, welche Gerichte sie am liebsten auf der Speisekarte haben wollen, und wir planen und kochen entsprechend. Sie können Sonderwünsche äußern und im Voraus oder vor Ort über die App bezahlen, sodass sie nicht mehr an der Kasse anstehen müssen.

Wir mussten die Speisekarte fast vollständig umstellen, um den Wünschen unserer Kunden besser gerecht zu werden und uns dabei zu helfen, ein gesünderes Unternehmen zu werden – einer der Grundpfeiler der Unternehmensstrategie. Das bedeutete auch neue Wege in der Beschaffung und der Zubereitung. Wir wollten

> »Allein die Antizipation des Urteils der anderen ist ausreichend, um das, was wir sehen, zu schmälern, wegzulassen oder zu übertreiben.«

auch die Art und Weise ändern, wie wir mit unseren Kunden und miteinander umgehen; wir wollten einen Geist im Restaurant schaffen, der jedem Einzelnen mehr Raum und Verantwortung gibt. Dann war da noch die Renovierung des Restaurants, die längst überfällig war, aber natürlich eine logistische Herausforderung darstellte. Es war wie eine Operation am offenen Herzen. Und wir mussten unbedingt besser darin werden, unsere Kunden darüber zu informieren, woran wir gerade arbeiteten.«

Marie: »Das klingt nach tief greifenden, aber wirklich hilfreichen und nützlichen Veränderungen.«

Paul: »Ja. Und in Summe auch erdrückend. Viele Teammitglieder fühlten sich überfordert. Aber das behielten sie anfangs für sich. Einige hatten Sorge, dass sie ihre Arbeit verlieren könnten, weil sie sich für das, was auf sie zukam, nicht bereit oder qualifiziert fühlten. Aber in Wahrheit brauchten wir sogar *mehr* Leute, nicht weniger. Viele verdrängten ihre Angst, und ihr Herzstand schloss sich langsam. Und um mit diesem unangenehmen Gefühl umzugehen, schauten viele in ihrem Kopf nach rationalen Gründen dafür, noch am Status quo festzuhalten oder warum es nicht zu schaffen war.

Einige beschuldigten das Managementteam, dass es sie nicht genug unterstützen würde, andere hielten die Kunden für schwierig oder zu anspruchsvoll. Andere wiederum fanden Wege, Fakten, wie beispielsweise seit Monaten sinkende Gästezahlen, so zu interpretieren, dass eine Veränderung doch gar nicht erforderlich wäre. Dinge dieser Art. Es gab einfach keine Energie, mit der wir irgendetwas anpacken konnten.«

Marie: »Das kenne ich. Klassischer Widerstand gegen Veränderung.«

Paul: »Ja, möglichweise. Die Frage ist für mich: Was möchte der Widerstand? Oder besser: Was genau ist es, das er schützen will? Damals habe ich das noch nicht so klar gesehen wie heute.

Doch alles änderte sich, als sich Joseph eines Tages bei unserem Team-Meeting zu Wort meldete. Du erinnerst dich, mein Kollege, der neulich marokkanisch gekocht hat?«

Marie: »Na klar. Was hat er gesagt?«

Paul: »Er sagte und wendete sich dabei an alle: ›Wisst ihr, ich lag letzte Nacht in meinem Bett und fragte mich, was das alles für mich bedeutet, was es mit mir macht. Ich meine, all diese Dinge, die wir ändern wollen, sind im Prinzip doch sinnvoll, oder nicht? Ich habe mich also gefragt, was mich dann eigentlich zurückhält. Schließlich wurde mir klar, dass ich mich überfordert fühle. Tatsache ist, dass ich es noch nie mit so vielen Veränderungen auf einmal zu tun hatte, geschweige denn, sie zu managen und mitzugestalten. Ich weiß nicht wirklich, wie ich es anstellen soll. Ich habe Angst, dass es schiefgeht. Ich habe Angst, zu versagen und dumm dazustehen. Hätte ich so was Ähnliches schon einmal gemacht, hätte ich vermutlich mehr Mut, so etwas wieder zu tun, aber das habe ich nicht. So fühle ich mich gerade. Und das wollte ich euch sagen.‹«

Paul machte eine kurze Pause und atmete ein paarmal tief durch.

Paul: »Es herrschte Stille im Raum. Die Leute sahen sich gegenseitig an, dann mich, dann ihn. Und dann sprach Roberta, die für unser Lager und die Buchhaltung zuständig ist: ›Danke, Joseph, dass du so offen aussprichst, wie du dich fühlst, dass du den Mut hast, so verletzlich zu sein. Genauso fühle ich mich auch. Und ich glaube, es wird mir erst jetzt so richtig bewusst.‹ Und es dauerte nicht lange, bis sich andere zu Wort meldeten. Die Stimmung änderte sich fast schlagartig: Widerstand verwandelte sich in Mitgefühl und Verbundenheit. Der Herzstand aller im Raum öffnete sich.

Du kannst dir vorstellen, wie sich das auf die Qualität unseres Gesprächs auswirkte, auf die Intention. Der Fokus ging weg von Widerstand und richtete sich zunehmend auf die Fragen, wie es funktionieren *könnte*, wie wir uns gegenseitig unterstützen könnten und wie vielleicht ein allererster nächster Schritt aussehen könte. Wir fragten uns, was wir wohl noch lernen müssten und wo wir bereits Erfahrung und Fähigkeiten hatten, auf die wir aufbauen konnten. Es war einfach magisch, was da passierte.«

Marie: »Joseph sagte allen, was er wahrhaftig fühlte, und wurde so zum Katalysator für Veränderung.«

Paul: »Ja. Genau das ist passiert. Er war ein Katalysator. Seine Präsenz, die Berührung mit seiner Energie, verwandelte die Energie aller. In einem ersten Schritt ist er sich bewusst geworden, was wahrhaftig in ihm vorgeht. Dann hat er sich erlaubt, genau das zu zeigen, was eigentlich geschützt und verborgen werden will: also im wahrsten Sinne *verwundbar* zu sein. In gewisser Hinsicht ist das eine höhere Wahrheit als die, die vorher im Raum war. Er zeigte mehr von seiner Menschlichkeit, was es anderen einfacher machte, das Gleiche zu tun. Angst ist Teil unserer Menschlichkeit. Sie kann uns trennen, und sie kann uns verbinden.

Erst später kamen wir wieder zusammen und sprachen gemeinsam über diesen Moment und darüber, was wir daraus für die Zukunft lernen könnten. Jemand knüpfte an ein altes Sprichwort an, was sich zu einer Art Mantra fürs Team entwickelte: ›Bevor du sprichst: ›Koste deine Worte.‹«

Marie: »Deine Gefühle verraten dir, was sich in deinem Herz und deinem Kopf abspielt – was für dich gerade *Wirklichkeit* ist. Und der Geschmack deiner Worte, dein Ton, bestimmt, was diese Energie bewirkt.«

Paul: »So ist es. Wenn wir etwas in den Mund nehmen, das schlecht geworden ist, das verdorben ist, spucken wir es automatisch aus – wir leeren unseren Mund. Das ist ein Reflex, der uns schützt. Mit ein wenig Übung können wir dasselbe mit unseren Gedanken tun, bevor wir sprechen: Wir können uns *selbst* leeren. Wenn wir merken, dass unsere Gedanken verurteilend, abwehrend oder selbstgerecht schmecken, können wir einen Atemzug lang oder länger warten, bis andere Gedanken auftauchen, bis sie etwas abkühlen oder weniger scharf gewürzt sind. Wenn sich unsere Worte mitfühlend oder beseelt anfühlen, ist es wahrscheinlicher, dass wir den Menschen, mit denen wir zusammenarbeiten, frische, bekömmliche Worte servieren. Worte, die nahrhaft sind – für unsere Menschlichkeit.«

Marie hielt einen Gedanken in ihrem Notizbuch fest.

Marie: »Paul, du bringst mich jedes Mal zum Schmunzeln, wie du alles Mögliche mit Essen und Kochen verbindest.«

Paul: »Ja, das macht mir tatsächlich Spaß. Und: Wenn wir etwas darüber nachdenken, wird sichtbar, dass es mehr als nur eine Analogie ist. Unsere Worte transportieren Energie, genau wie unser Essen. Worte *sind* Energie. Sie wird über Schallwellen transportiert, wenn wir sprechen, oder als Elektronen und dann als Lichtwellen, wenn wir sie in einer E-Mail ausdrücken und auf einem Bildschirm lesen. Wenn ich spreche, wenn ich dir schreibe, ist ein Teil meiner Energie in dir. Und einige Arten von Energie öffnen die Herzen, während andere sie eher schließen. Manche Worte setzen Energie frei, manche begrenzen sie. Als CEO ist es unsere Aufgabe, die hochfrequente Energie, die in unserem Teil der Organisation verfügbar ist, zu maximieren und sie in die gewünschte Richtung zu lenken. Das ist die Aufgabe. Keine leichte natürlich, aber eine einfache.«

Paul öffnete die kleine Tüte, die er mitgenommen hatte: »Ich habe uns etwas Tee und Gebäck mitgebracht, das unsere italienische Köchin Anna diese Woche gezaubert hat. Sie ist eine Göttin, und ich bin mir daher ziemlich sicher, dass du es ... göttlich finden wirst.«

Marie: »Und es ist ein Wunder, dass noch was übrig geblieben ist.«

Beide lächelten. Dann sah Paul auf seine Uhr und bot Marie das Gebäck an: »Wollen wir es hier bei dieser wunderbaren Aussicht genießen, bevor wir uns auf den Rückweg machen?«

Marie: »Das klingt nach einem perfekten Plan.«

DAS URTEIL ÜBER IDEEN AUSSETZEN: DIE TÜR ZU DIALOG UND NEUGIERDE

Paul schenkte Tee in die Tassen, die er aus dem Restaurant mitgebracht hatte. Sie saßen auf der Bank, ohne etwas zu sagen. Dann nahmen sie beide einen Bissen von dem Gebäck und nickten beifällig. Sie sahen sich an und rollten mit den Augen, als wollten sie sagen: ›Lecker‹ und ›Weißt du, ich bin dankbar für diesen Moment mit dir‹ und ›Danke, dass du hier bist‹. Es war ein glücklicher Moment.

Marie: »Wir haben darüber gesprochen, welche Rolle Urteilen dabei spielt, wie wir uns selbst und andere betrachten. Auf unserem Weg hierher hast du noch zwei weitere Dimensionen erwähnt – Ideen und Lebenssituationen. Können wir auch über diese beiden sprechen?«

Paul: »Natürlich. Sehr gern. Tatsächlich sind all diese Dimensionen eng miteinander verbunden. Wir sprechen nur deshalb getrennt darüber, weil wir es nicht gleichzeitig können. Und ich bin sicher, dass wir in unseren weiteren Gesprächen auf sie zurückkommen werden. Dinge dieser Art haben kein Ende ... ganz im Gegensatz zu den Plätzchen, die wir gerade genossen haben.«

> »Worte transportieren Energie, genau wie Essen. Worte sind Energie.«

Marie: »Nun, da ich jetzt ja weiß, wer das Rezept für diese Plätzchen hat, ist das Einzige, was grenzenlosem Genuss im Wege steht, vermutlich nur noch meine Gesundheit.«

Lächelnd nahm Paul einen weiteren Schluck seines Tees, während er auf die Wiese vor ihnen blickte, und wartete, bis ein neuer Gedanke erschien.

Paul: »Sieh dir die roten Blumen auf der Wiese an. Sind sie nicht wunderschön?«

Marie: »Ja, wunderschön.«

Paul: »Was siehst du?«

Marie: »Die meisten von ihnen sind rote Tulpen.«

Paul: »Siehst du noch andere rote Blumen?«

Marie: »Oh ja, du hast recht, da sind noch Stiefmütterchen, glaube ich. Und da drüben, am Rand, sind ein paar erste Rosenknospen zu sehen.«

Paul: »Was wir vor uns sehen, scheint viel Rotes zu beinhalten, nicht wahr?«

Marie: »Ja, tatsächlich. Um ehrlich zu sein, hatte ich gar nicht bemerkt, dass es hier so viele rote Blumen gibt. Jetzt, da du mich darauf aufmerksam gemacht hast, scheinen sie überall zu sein.«

Paul: »Nimm dir einen Moment, und schau dir an, was alles grün ist.«

Marie: »Da ist natürlich das Gras, die Blätter ...« Sie blickte konzentriert auf die Landschaft vor ihr. »Tatsächlich kann ich jetzt viele unterschiedliche Grüntöne sehen, angefangen mit dem frischen Grün einiger Blumen bis zu den dunkleren Tönen der Bäume. Die Wiese hat eine ganze Palette verschiedener Grüntöne. Ich könnte sie gar nicht alle beschreiben.«

Paul: »Es ist überall grün, richtig? Und was ist mit dem Rot passiert?«

Marie: »Hm, fast nicht mehr zu sehen. Ich meine, es ist natürlich da, aber für einen ganz kurzen Moment war es – wie soll ich sagen – nicht mehr in meinem Kopf.«

Paul: »Du siehst also unterschiedliche Dinge, je nachdem, worauf du deine Aufmerksamkeit richtest.«

Marie: »Ja, ich weiß, selektive Wahrnehmung nennt man das.«

Paul: »Genau. Du, na ja ... genau genommen dein Gehirn selektiert ständig. Das muss es auch, denn es gibt einfach viel zu viele Informationen da draußen. Alles aufzunehmen, was die Welt um uns herum zu bieten hat, ist ein bisschen so, als würden wir versuchen, aus einem Feuerwehrschlauch zu trinken. Und ich finde etwas anderes, das du gerade beschrieben hast, noch faszinierender.«

Marie: »Und das wäre?«

Paul: »Du hast gesagt, dass das Rot für einen klitzekleinen Moment nicht in deinem Kopf existierte.«

Marie: »Ja, das stimmt.«

Paul: »Damit du das *eine* tatsächlich sehen konntest, in diesem Fall das Grün, musstest du etwas *anderes*, das Rot, für einen

Moment *nicht* sehen. Du musstest aufhören, es zu sehen. Denn du kannst Rot nicht durch eine grüne Linse sehen.«

Marie: »Dann wären wir ja halb blind?«

Paul: »Ich möchte dich etwas fragen, wenn es dir nichts ausmacht.«

Marie: »Du kennst meine Antwort.«

Paul: »Denk mal an einen ganz normalen Tag, an dem viele Dinge passieren ... Zum Beispiel ein Meeting dauert länger als geplant, eine Zugverbindung fällt aus, es regnet, es regnet nicht, jemand genehmigt ein Budget, und jemand anderes genehmigt es nicht, ein Bewerber nimmt das Jobangebot an oder lehnt es ab, jemand präsentiert eine neue Idee. Ist dir schon einmal aufgefallen, dass dein Kopf, während all das und noch viel mehr geschieht, die Ereignisse kommentiert, dir also fortwährend Sätze sagt, wie: ›Das ist schön‹, ›Oh, das ist traurig‹, ›Hm, das ist richtig‹, ›Nein, das ist falsch‹, ›Ja, das mag ich‹ oder ›Das mag ich gar nicht‹?«

Marie: »Oh ja, sicher. Das hab ich alles schon mal gedacht.«

Paul: »Wie oft, würdest du sagen, macht das dein Kopf?«

Marie: »Wenn ich so darüber nachdenke, würde ich sagen, ziemlich regelmäßig. Okay, fast immer. Also, wenn du das so sagst, sieht es ja so aus, als ob ich ständig Selbstgespräche führen würde.«

Paul: »Ja, das könnte man so sagen. Das mache ich auch, und das ist in Ordnung. Und: Dieses innere Geplapper hat eine ganz besondere Eigenschaft. Es sortiert Ereignisse und Ideen in eine von zwei Kategorien: erwünscht und unerwünscht. Das eine ist willkommen, das andere nicht. Das eine macht dich vermutlich erfolgreich, das andere nicht; das eine macht dich glücklich, das andere unglücklich. Das eine ist oben, das andere unten.«

Marie: »Es ist richtig oder falsch. Schön oder hässlich. Besser oder schlechter ...«

Paul: »Wir trennen und machen das meist unbewusst, weil wir es gewohnt sind. Unsere Sprache trennt und suggeriert uns, dass es eine Trennung geben muss. Dabei ist es nur ein Filter: Wir wissen nur, was *warm* bedeutet, weil wir wissen, was *kalt* ist. In Wirklichkeit gibt es gar kein ›warm‹ oder ›kalt‹. Beides sind unterschiedliche Grade von Geschwindigkeiten, mit denen sich Moleküle bewegen.

Wir betrachten die Welt also durch eine Art *dualistische* Brille. Das ist eine unserer ausgeprägtesten Denkgewohnheiten, die unsere Sicht auf das Leben prägt. Es ist quasi die Denkgewohnheit der Denkgewohnheiten. Denn wenn du glaubst, dass die Welt zweigeteilt ist, du dir aber nicht bewusst bist, dass du selbst es bist, die da zweiteilt, dann wirst du die Welt genauso sehen. Es wird wahr sein.«

Marie: »Das ist interessant. Das ist mir noch nie aufgefallen; und ich habe ehrlich gesagt auch nicht darauf geachtet.«

Paul: »Kein Grund zur Sorge. Unsere Denkgewohnheiten können sich nicht einfach selbst beobachten. Wie unser Körper brauchen auch sie einen Spiegel.«

Marie konnte sich ein Lächeln nicht verkneifen, als sie sich vorstellte, wie sich ihre Gedanken im Spiegel betrachteten.

Paul: »Der Blick durch unsere dualistische Linse ist eine Gewohnheit, die wir seit Beginn unseres Lebens praktizieren.«

Marie: »Was meinst du mit praktizieren?«

Paul: »Na ja, könnte man sagen, dass du seit deiner Geburt versucht hast, die Welt um dich herum zu verstehen?«

Marie: »Ja, ich denke schon. Wir deuten Dinge, ordnen sie ein, um Entscheidungen treffen zu können.«

Paul: »Und nachdem wir diese Entscheidungen trafen, führten einige vermehrt zu dem, was wir uns erhofften: Wir fühlten uns geliebt und angenommen. Andere gaben uns nicht das, was wir uns erhofften, und wir erfuhren Schmerz in der einen oder anderen Form. Wenn das häufig passiert, entwickeln wir ein Muster.«

Marie: »Das würde ich Lernen nennen. Es hilft uns, durchs Leben zu navigieren.«

Paul: »In der Tat. Hinzu kommt, dass die Menschen, die uns beeinflussen, angefangen bei unseren Eltern, noch einige ihrer Glaubenssätze an uns weitergeben. Mit den besten Absichten sagen uns unsere Familien, Freunde und die Gesellschaft, wie wir bekommen, was wir wollen, und wie wir es vermeiden, zu verlieren, was wir haben, oder zu bekommen, was wir nicht wollen.«

Marie: »Ja klar. Wir geben unseren Kindern weiter, was wir gelernt haben.«

Paul: »Und wir sagen ihnen auch, unzählige Male, mit Worten oder ohne, wer oder was sie sind und was nicht, was von ihnen erwartet wird und was nicht. Sie hören: ›Du bist mutig, vorsichtig, bescheiden, einzigartig, anpassungsfähig, schön, intelligent, schnell, fordernd, geduldig ...‹«

Marie: »Auch das habe ich oft gehört oder gesagt.«

Paul: »Wenn wir so im Laufe des Lebens Erfahrungen und Glaubenssätze in Kategorien einordnen, teilen wir unser Leben in zwei Hälften. Die eine lehnen wir meist ab, denn es droht Gefahr. An die andere klammern wir uns mitunter, denn unser Wohlbefinden hängt vermeintlich davon ab. Mit dieser dualistischen Brille trennen wir, was miteinander verbunden ist, und teilen, was eins ist. Unsere Filter machen uns häufiger zu Richter:innen als zu Entdecker:innnen.«

Marie: »Ja, da hast du recht.«

Paul: »Vielleicht.«

Marie schüttelte den Kopf: »Oh ... dualistisches Denken live und in Farbe, richtig?«

Paul lächelte: »Schau, an unserer dualistischen Denkweise ist im Grunde nichts verkehrt – solange wir uns ihrer bewusst sind. Sie hilft uns, Entscheidungen zu treffen, uns also von einer Sache zu trennen und uns einer anderen zuzuwenden. Bis zu einem gewissen Grad hilft es uns auch, besser zu sehen. Wir können Freude noch mehr schätzen, wenn wir Traurigkeit erlebt haben. Wir können mitfühlender sein, wenn wir selbst Leid erfahren haben. Wir sehen Schönheit, weil wir das Hässliche kennen. Wir erkennen die Macht der Vergebung, wenn wir die Macht von Zorn erfahren haben. Damit wir sehen können, scheinen wir eine Art Bezugspunkt zu brauchen, einen Kontrast.«

Marie: »... kaltes Wasser.«

Paul: »Genau. Aber irgendwann beginnen wir zu glauben, dass wir zwischen den beiden Polen wählen müssten. Die Pole selbst, die Bezugspunkte, werden zur Realität.«

Marie: »Ich verstehe. Es ist so, als würden wir irgendwann im Leben eine Sonnenbrille aufsetzen, die Grün oder Rot oder eine andere Farbe hervorhebt und die wir gerne tragen, weil sie hilfreich ist, perfekt passt und wir gutes Feedback bekommen. Und obwohl Sonnenbrillen ein ziemlich hilfreiches Accessoire sind, bemerken wir nach einer Weile gar nicht mehr, dass wir eine tragen.«

Paul: »Mir gefällt deine Analogie. Unsere Lebenssonnenbrille besteht aus Glaubenssätzen, die auf Erfahrungen, unserer Erziehung, Rollen und Wissen, also unserer Vergangenheit beruhen. Es ist nichts verkehrt daran, diese Sonnenbrille zu tragen. Wir vergessen eben nur manchmal, dass wir sie tragen.«

Marie: »Okay. Und wie kann ich dann lernen, die Dinge von einem weniger dualistischen Standpunkt aus zu betrachten, wenn ich doch meine Sonnenbrille aufhabe?«

Paul: »Ach, da gibt's nicht viel, was du lernen musst. Hast du schon mal in einem Gespräch zu dir selbst so was gesagt wie: ›Also, einer von uns hat hier unrecht, und das bin bestimmt nicht ich‹?«

Marie grinste: »Oh ja. Oft gedacht, vielleicht sogar mehr oder weniger verschlüsselt gesagt.«

Paul: »Und hast du jemals irgendwann später festgestellt, dass du sowohl teilweise recht als auch teilweise unrecht hattest?«

Marie: »Ja, ich muss gestehen, auch das ist mehr als einmal passiert.«

Paul: »Und ist es vorgekommen, dass du das Gespräch dann in diesem Bewusstsein weitergeführt hast und dabei ein neuer – ein dritter – Weg entstanden ist? Kein Kompromiss – der ist auch im dualistischen Denken verwurzelt –, sondern etwas, das keiner von euch vorher wirklich sehen konnte?«

Marie: »Ja, das habe ich immer wieder mal erlebt.«

Paul: »Ich würde sagen, dass du genau in solchen Momenten deine angeborene Fähigkeit genutzt hast, die Situation aus einer weniger dualistischen Warte heraus zu betrachten.«

Marie: »Und das zu tun bedeutet also nicht, dass ich bei jedem Thema gleichgültig oder neutral bin?«

Paul: »Nein, sicher nicht. Ich persönlich finde es sogar relativ schwer, keinen Standpunkt zu haben. Um häufiger ein bisschen weniger dualistisch auf Dinge zu blicken, hilft es ganz einfach, wahrzunehmen, wenn unsere dualistischen Filter aktiv sind. Und mit Bewusstsein ...«

Marie: »... kommt Wahl. Also, worauf kann ich ganz praktisch gesehen achten? Woran erkenne ich diese Filter? Die Sonnenbrille sitzt ja weiterhin auf meiner Nase.«

Paul: »Tja, du hast recht. Vermutlich kannst du deine eigenen Filter nur schwer wahrnehmen. Aber du könntest auf deine Sprache achten. Denn deine Sprache ist ein Spiegelbild deiner inneren Welt. Wörter wie ›wir sollten‹ oder ›sollten nicht‹, ›wir müssen‹ oder ›wir dürfen nicht‹ sind oft das Echo unseres dualistischen Denkens. Sie machen eine Sache wahr und eine andere falsch. Wenn wir dualistisch denken, kann es daher auch sein, dass wir vermehrt *absolute* Wörter nutzen. Wörter, die trennen, die Gegensätze unterstreichen, ausblenden oder übertreiben. Wörter wie ›*immer*‹, ›*nie*‹, ›*nur*‹, ›*aber*‹, ›*am besten*‹, ›*unbedingt*‹.«

Marie: »Hm, ich höre mich selbst, wie ich diese Worte täglich benutze.«

Paul: »Vielleicht fallen dir auch Gefühle auf, die mit dualistischen Gedanken einhergehen können. Vielleicht fühlst du, dass sich deine Meinung, und damit auch dein Körper, verhärtet. Du magst auch eher Gefühle von Mangel statt Fülle empfinden, eher Sorge als Hoffnung, eher Wissen als Staunen, eher Bedauern als Akzeptanz.«

Marie: »Okay. Und mal angenommen, ich habe es bemerkt. Was tue ich dann?«

Paul: »Nichts.«

Marie: »Nichts?«

Paul: »Unsere dualistischen Gedanken sind eben genau das – Gedanken. Wenn ich sie wahrnehme, gibt mir das die Möglichkeit, die Spannung zwischen zwei scheinbar gegensätzlichen Ansichten oder Ideen ganz bewusst und ein klein wenig länger auszuhalten und nur ein klein wenig länger meinem Impuls zu widerstehen, sie aufzulösen, indem ich entscheide. Unser dualistischer Verstand mag diesen Schmerz der Unklarheit nicht. Er mag keine Vieldeutigkeit, weil er seine Existenz bedroht. Er suggeriert uns, dass uns eine Entscheidung Klarheit und damit Erleichterung vom Schmerz verschafft. Wenn wir uns aber auf dieses unangenehme Gefühl einlassen, das sich aus mangelnder Eindeutigkeit ergibt, sehen wir vielleicht neue Dinge. Vielleicht aber auch nicht, noch nicht.

Wir können uns allerdings sicher sein, dass Klarheit immer aus Unklarheit entsteht. Kompetenz braucht Inkompetenz. Und manchmal ist Wissen das größte Hindernis für Erkenntnis. All dies sind keine Gegensätze; sie sind eher wie elektrische Pole, in deren Spannung Energie fließen und Neues entstehen kann. Sie ergänzen sich nicht, sie sind voneinander abhängig.«

Marie: »Das leuchtet mir ein. Und ich frage mich gerade, wie ich, ganz konkret, in einem Meeting diesen Raum zwischen solchen Polen halten könnte.«

Paul: »Das ist eine schöne Frage. Und zu gut, um sie mit einer Antwort zu verderben, wie Robert Koch es mal sagte. Denn es ist die Frage selbst, die dich in solchen Momenten leiten kann.«

Marie: »Na ja, ein paar Ideen würden die Suppe bestimmt nicht verderben, oder?«

Paul: »Ganz bestimmt nicht. Ideen sind wie Hefe. Unter den richtigen Bedingungen verwandeln sie etwas ansonsten Ungenießbares in wunderbare Gerichte.«

Marie: »Die richtigen Bedingungen sind unser Herzstand.«

Paul: »Ja. Und die Hefe ... sind die Fragen, die wir stellen. Unsere Fragen transportieren Energie. Sie öffnen oder schließen Räume, in denen sich Gedanken entwickeln können. Denn alles, was entstehen will, braucht dazu einen Raum. Ein Hefekuchen braucht eine Form.

Marie, welche Fragen benutzt du häufig?«

Marie überlegte und scrollte gedanklich durch ihre letzten Besprechungen und E-Mails.

Marie: »›Was kostet das?‹; ›Was spricht dafür?‹; ›Was spricht dagegen?‹; ›Wie lange wird es dauern?‹; ›Was sollten wir tun?‹; ›Warum hat das nicht funktioniert?‹; ›Was brauchst du?‹; ›Wie kann ich dich unterstützen?‹; ›Was ist der nächste Schritt?‹«

Paul: »Danke. Das sind alles wertvolle Fragen. Wenn du magst, teile ich einige, die ich hilfreich finde, um den Raum offen zu halten.«

Marie: »Ja, bitte. Sehr gern.«

Paul: »Die erste ist eigentlich keine Frage, sondern eine Einladung. ›Erzähl mehr‹ oder ›Red weiter‹. Ich liebe diese zwei

Wörter. Es ist, als würde man an die Tür klopfen und um Einlass bitten – in das Wohnzimmer deiner Gedanken.«

Marie: »Red weiter.«

Paul: »Tja, und dann sind da ein paar Fragen, die mich immer wieder begleiten.

›Was denkst du?‹

›Und was noch?‹

›Was würde möglich, wenn wir es täten?‹

›Was würde möglich, wenn wir es nicht täten?‹

›Was würde unmöglich, wenn wir es täten?‹

›Was würde unmöglich, wenn wir es nicht täten?‹

›Was glauben wir gerade?‹

›Was ist genauso wahr?‹

›Was würde möglich, wenn wir diesen Gedanken nicht denken könnten?‹

›Was wäre ein etwas befreienderer Gedanke?‹

›Was müssten wir glauben, damit so zu handeln eine wirkliche Option für uns ist?‹

Und: ›Worüber sprechen wir nicht?‹«

Marie notierte einige der Fragen in ihr Logbuch.

Paul: »Ach so, und dann ist da natürlich noch meine Lieblingsfrage.«

Marie: »Jetzt bin ich gespannt.«

Paul: »Sie ist ganz einfach: ›Was ist die nächste Frage?‹«

Marie: »Ah, das ist eine magische Frage. Danke, Paul, ich glaube, unser Ausflug ins dualistische Denken, in die Denkgewohnheit der Denkgewohnheiten, hat meinen eigenen Raum vergrößert. Und ich habe tatsächlich eine nächste Frage.«

Paul: »Wunderbar!«

»Ideen sind wie Hefe. Unter den richtigen Bedingungen verwandeln sie etwas ansonsten Ungenießbares in wunderbare Gerichte.«

Marie: »Warum sagtest du, dass Wissen manchmal ein Hindernis ist? Wie kann es denn ein Problem sein?«

Paul: »Oh, es ist kein Problem. Wissen und Erfahrung sind natürlich wertvoll – und notwendig. Ohne Wissen, Know-how, Expertise, Kompetenz und Erfahrung können wir unsere Berufe, Aufgaben oder Rollen gar nicht ausführen. Erfahrung hilft uns auch, Fehler zu vermeiden, die wir in der Vergangenheit gemacht haben – das nennen wir Lernen. Mein Team und ich könnten unser Restaurant nicht ohne diesen großen Erfahrungsschatz führen. Gleichzeitig haben unsere Erfahrung und Kompetenz auch einen Preis.«

Marie: »Und was ist der Preis?«

Paul: »Sie können uns blind machen – für neue Möglichkeiten.«

Marie: »Und warum?«

Paul: »Weil du das, was vor dir liegt, immer durch die Linse dessen betrachten wirst, was du aus früheren Erfahrungen weißt. Wirklich neues Wissen entsteht aus Nicht-Wissen; Kompetenz aus Inkompetenz. Wenn wir also wachsen wollen, müssen wir uns in den Schmerz der Inkompetenz hineinlehnen. Ich geb dir ein Beispiel aus meinem Team.«

Marie: »Ja, danke. Das wäre gut.«

Paul: »Wir wollten die Wartezeiten für unsere Kunden verkürzen. Eigentlich wollten wir den gesamten Prozess verkürzen, von der Auswahl der Gerichte bis zur Abholung und dann natürlich auch die Zahlungsabwicklung. Denn uns war klar, dass es auch und vor allem die langen Wartezeiten waren, die die Gäste davon abhielten, uns zu besuchen. Sie holten sich lieber ein Sandwich von nebenan, nicht etwa, weil es ihnen besser schmeckte, sondern einfach, weil es schneller ging. Gleichzeitig wollten wir unserem Ziel treu bleiben ...«

Marie: »... Lebensfreude zu feiern und zu pflegen – durch richtig gutes Essen und Verbindung.«

Paul: »Ja. Das ist es, was wir an unserer Arbeit so lieben. Es ist das, was heute manchmal ›Purpose‹ genannt wird. Es ist unsere Energiequelle.«

Marie: »Ja, ich erinnere mich genau an unser erstes Gespräch.«

Paul: »Nun, wir hatten folgendes Dilemma: Einige aus dem Team argumentierten, dass wir, um die Geschwindigkeit zu erhöhen, eben Kompromisse bei der Qualität machen müssten. Entweder mehr vorkochen, was auf Kosten von Geschmack und Nährstoffen gehen würde, oder mehr Take-aways anbieten, also zum Beispiel fertige Salate oder eben Sandwiches zum Mitnehmen aus dem Kühlregal. Ich brauch dir nicht zu sagen, dass das nicht Ausdruck unseres Purpose war. Andere Teammitglieder argumentierten, dass wir unsere Mission erst recht nicht erfüllen könnten, wenn überhaupt keine Kunden mehr kämen. Sie meinten, dass, wenn die Leute im weitesten Sinne Fast Food wollten, wir es eben anbieten müssten. Angebot und Nachfrage.

Die ganze Idee, in unser Restaurant zu kommen, Gerichte auszusuchen, anzustehen, erst fürs Essen und dann noch mal fürs Zahlen, schien ein Hindernis zu sein, das die Leute davon abhielt, überhaupt zu kommen. Außerdem sahen wir uns mit der Konkurrenz durch qualitativ hochwertige Lieferdienste konfrontiert, und das ist auch heute noch so. Wir hätten versuchen können, über den Preis zu konkurrieren, aber das wäre auf lange Sicht nicht gut gegangen. Es hätte uns eingeschränkt und letztlich daran gehindert, das zu tun, was wir wirklich gerne tun.«

> »Wirklich neues Wissen entsteht aus Nicht-Wissen; Kompetenz aus Inkompetenz. Wenn wir wachsen wollen, müssen wir uns in den Schmerz der Inkompetenz hineinlehnen.«

Marie: »Ich sehe das Dilemma, in dem ihr wart. Habt ihr versucht, einen Kompromiss zu finden?«

Paul: »Ein Kompromiss war unser erster Versuch. Es war im Wesentlichen immer noch eine dualistische Denkweise. Wir hätten von allem ein bisschen machen können – ein bisschen zum Mitnehmen, ein bisschen Preise senken, ein bisschen von dem, was wir gerne machen, verstehst du? Wir wollten keine der Ideen loslassen. Und dann, während eines Team-Meetings, begannen wir uns zu fragen, wie wir den Menschen helfen könnten, ihre Arbeitszeit durch gutes Essen und Beisammensein zu genießen – und zwar auf bequeme und schnelle Weise. Das war unsere neue Herausforderung.

Und wir hatten nicht sofort eine Antwort darauf. Aber wir waren entschlossen, uns auf den Weg zu machen. Das Team fragte immer wieder: ›Was wäre, wenn ...?‹ oder ›Wie könnten wir trotz ...?‹ oder: ›Hätten wir eine Lösung, die es den Menschen ermöglichte, genau das zu tun, was würde sie können?‹ Ich habe keinen Zweifel daran, dass es dieses innere Mindset war, das den Boden für unseren Erfolg bereitet hat.«

Marie: »Du meinst die M-joy-App?«

Paul: »Ja, M-joy wurde aus diesem Dilemma heraus geboren. Heutzutage nutzen 90 Prozent unserer Kunden die App. Sie zeigt den Kund:innen die Tages- und Wochenkarten an, damit sie ihren Restaurantbesuch planen können. Aber das Beste daran ist, dass sie ihr Gericht für einen bestimmten Tag vorbestellen können. Dadurch können wir nicht nur besser planen und weniger Überschuss produzieren, sondern die Kund:innen können auch sicher sein, dass ihr Essen genau dann fertig sein wird, wenn sie es abholen. Die Leute bestellen und bezahlen direkt in der App. Folglich gibt es auch fast keine Kassen mehr. Anstatt den Prozess zu beschleunigen, haben wir also einfach einen ganzen Schritt weggelassen. Jede Bestellung ist mit dem Namen der

Kund:in auf einem Etikett versehen. Und wenn die Gäste ins Restaurant kommen, gehen sie direkt zu der Theke, wo ihr Name angezeigt wird. Das spart eine Menge Zeit.«

Marie: »Und mir ist aufgefallen, dass auf den Etiketten manchmal Zitate oder ein kleiner persönlicher Gruß stehen. Das finde ich so aufmerksam.«

Paul: »Ja, das war auch eine Idee von Anna. Ich liebe es. Und seitdem sammeln wir alle gemeinsam Zitate. Außerdem machen wir über die App kurze Umfragen zu möglichen neuen Gerichten und bitten unsere Kund:innen, sie zu bewerten von ›Wow, das wäre toll‹ bis zu ›Hm, ich bin mir nicht so sicher‹. Sie können auch Vorschläge in der Rubrik ›Das würde ich mir soooooo sehr wünschen‹ abgeben. All das hilft uns wirklich, unseren Purpose zu leben. Das hat alles verändert.«

Marie: »Das kann ich gut verstehen.«

Paul: »Wir hätten das nicht geschafft, wenn wir nicht wahrgenommen hätten, wie unser dualistisches Denken uns dazu verleitet, uns auf eine Seite zu schlagen. Wir hätten nicht sehen können, was uns jetzt offensichtlich erscheint.«

Marie: »Ihr habt nicht geurteilt, um besser zu urteilen.«

Paul: »Nun, zumindest haben wir es immer wieder versucht. Es ist eher ein Mindset, das wir mit der Zeit entwickelt haben, als etwas, das wir getan hätten. In unseren vielen Gesprächen wurde uns klar, dass wir, so hilfreich und notwendig unsere Erfahrung auch sein mochte, dazu neigen, neue Herausforderungen durch die Linse des Bekannten zu betrachten. Wie du bereits sagtest: Es ist so, als würde man durch eine gelbe Brille auf die Wiese schauen. Vermutlich wird durch den Gelbfilter alles etwas heller, aber es wird auch schwerer, Grün und Rot zu erkennen und vollends zu erfassen, was die Wiese zu bieten hat.«

Marie: »Unser Wissen kann uns also teilweise blind machen.«

Paul: »Ja, ganz bestimmt. Und noch wichtiger ist: Wir können blind für unsere eigene Blindheit sein.«

Paul: »Mir scheint, dass wir die Brille auf den Nasen anderer viel leichter erkennen. Und wir scheuen uns meist auch nicht, andere auf ihre verschmierten Gläser hinzuweisen. Dagegen scheinen wir uns schwerer zu tun, unsere eigenen Brillengläser und die blinden Flecken darauf zu erkennen.«

Marie: »Was hat dir denn geholfen, deine und eure Brillen bewusst zu sehen?«

Paul: »Im Grunde ist ja gar nichts falsch daran, dass wir alle verschiedene Filter haben. Manchmal können sie unseren Blick sogar schärfen. In einem gesunden Team sind unterschiedliche Filter und blinde Flecken weniger ein *Problem*, sondern ein *Geschenk*. Die Frage ist, ob wir anerkennen können, dass es sie *gibt* und dass sie gleichermaßen Chancen und Begrenzungen mit sich bringen.

Eines Tages sprachen wir im Team über Momente, in denen uns – meist zu spät – bewusst wurde, dass unsere Sonnenbrille uns teilweise blind gemacht oder uns etwas sehr Wichtiges hat übersehen lassen. Es war herrlich. Wir haben uns beölt vor Lachen – so viele lustige und teils absurde Geschichten gab es zu erzählen. Und das zusammen zu erleben, hat uns gutgetan. Es fiel uns einfach leichter, anzuerkennen, dass wir wahrscheinlich alle teilweise recht und teilweise unrecht haben. Wir konnten unsere eigene Menschlichkeit im anderen sehen.«

Marie: »Und dass wir alle zum Teil blind sind!«

Paul: »Du sagst es. Wir haben uns dann darüber ausgetauscht, welcher persönliche Filter und welcher Präferenzen wir uns schon bewusst sind und wie diese manchmal unsere Realität prägen.«

Marie: »Oh, das ist interessant. Und was hast du erzählt?«

Paul: »Ich glaube, ich habe davon erzählt, dass ich oft bevorzuge, Dinge erst mal auszuprobieren, um dann aus den Erfahrungen zu lernen, anstatt die Dinge vorher gründlich zu durchdenken und viel Zeit in die Planung zu investieren. Ich habe davon erzählt, wie mir diese Tendenz zwar schon oft geholfen hat, ich mir aber gleichzeitig bewusst bin, dass dadurch mitunter auch Probleme entstanden sind, die vermutlich vermeidbar gewesen wären, hätte ich auf die Stimmen in meinem Kopf und in meinem Team gehört, die ein paar Dinge einfach noch mal durchdenken wollten.

Ich habe mit dem Team auch geteilt, dass ich vor allem im geschlossenen Herzstand die Angewohnheit habe, solche Stimmen im Team dann schnell als ›risikoscheu‹ oder ›Bedenkenträger‹ abzustempeln. Ich mag es nicht unbedingt aussprechen, aber der Gedanke ist da und manchmal auch spürbar.«

Marie: »Das war mutig.«

Paul: »Ich glaube, dass es wenig Langweiligeres für Menschen gibt als perfekte Menschen. Denn: Wir können von ihnen nichts lernen. Und es kostet Energie.«

Marie: »Es kostet Energie?«

Paul: »Weil wir, bewusst oder unbewusst, viel Kraft aufbringen müssen, zu verbergen, was nicht gesehen werden soll: was *real* ist, aber nicht einem mit der Zeit entstandenen *Ideal* entspricht. Und: Wenn ich das tue, dann werden es andere vermutlich auch tun, bewusst oder unbewusst. Verletzlich zu sein, wird dann zu einem heroischen Akt, der dann *tatsächlich* Mut, also Energie braucht. Wir verschwenden Energie und lernen wenig.«

> »In einem gesunden Team sind unterschiedliche Filter und blinde Flecken weniger ein Problem, sondern ein Geschenk.«

Marie fragte sich, welche Teile sie wohl verbarg, bewusst oder unbewusst, weil sie so nicht gesehen werden wollte, weil sie diese Teile ausschloss.

Sie fragte sich, was sie wohl entdecken könnte, wenn sie diese Teile zuließe; wenn sie zuließe, von ihnen zu lernen, an ihnen zu wachsen.

Sie fragte sich, wie viel mehr Energie ihr zur Verfügung stünde, wenn sie nichts von ihr ausschlösse, wenn sie also *vollständig* wäre. Und weil ihr dieser Gedanke unrealistisch und naiv erschien, fragte sie sich: *Und wenn ich nur fünf Prozent mehr von dem, was ich ablehne, annähme, wie viel mehr Energie und Erkenntnis stünden mir dann zur Verfügung?* Und dann dachte sie: *Und wie viel Energie stünde jedem in meinem Team zur Verfügung?*

Sie hatte keine Antworten. Sie spürte, dass gerade eine neue Reise begann.

Marie: »Ihr scheint euch als Team viel zu unterhalten.«

Paul: »Ja. Das stimmt.«

Marie: »Ihr nehmt hier und da Abstand von den operativen Fragen, und doch scheint ihr ganz nah dran. Ihr spielt miteinander, und doch seid ihr keineswegs verspielt. Und oft scheint alles mit einer Frage zu beginnen. Wir sprachen ja gerade darüber.«

Paul: »Wir begannen mit der Zeit, andere Fragen zu stellen. Fragen sind auch ein bisschen wie Brillen. Und mit den gleichen Fragen würden wir vermutlich das Gleiche sehen.«

Marie: »Ja, das leuchtet mir ein. Unsere Fragen leiten unsere Aufmerksamkeit – wohin wir sehen.«

Paul: »Ja, ich glaube, du hast recht. Fragen sind wie Touristenführer:innen, die uns durch eine ungekannte oder auch bekannte Stadt begleiten. Wenn er oder sie fragt: ›Was siehst du auf den Dächern? Was fällt dir auf?‹, dann werden wir unsere Aufmerksamkeit vermutlich dorthin richten. Und erst wenn wir das tun, sehen und erkennen wir möglicherweise etwas, das wir ohne diese Frage nicht einmal wahrgenommen hätten. Wenn wir mit zwei Touristenführer:innen durch die gleiche Stadt gehen, können wir ganz unterschiedliche Erfahrungen machen.«

> »Fragen sind wie Touristenführer:innen.«

Marie: »Welche Fragen haben euch denn geleitet?«

Paul: »Ich glaube, wir begannen häufiger mit unserem *Traum* statt mit dem Problem, das wir sahen. Wir fragten uns: ›Was würde ein Team mit unserem Traum jetzt tun?‹ Und wir haben die Perspektive gewechselt. Joseph fragte mal: ›Wenn wir es so richtig versemmeln wollten, was von dem, das wir heute tun, müssten wir dann noch mehr machen?‹ oder: ›Was würde uns meine zehnjährige Tochter raten, wenn sie hier wäre?‹«

Marie: »Oh, ihr habt externe Berater?«

Paul lachte: »Oh ja, die besten der Welt. Unsere Kinder haben naturgemäß noch weniger und ganz andere Filter. Und: Sie sind neugierig. Sie sind gierig auf Neues. Und da die meisten Menschen mal ein Kind waren ...«

Marie bestätigte durch ein kurzes Nicken, dass das auch bei ihr der Fall ist.

Paul: »... steht uns diese Art zu sehen weiterhin zur Verfügung.«

Marie: »Manchmal finden wir nur die Tür nicht.«

Paul: »Ja, sie ist gelegentlich mit Lebenserfahrung verstellt. Und doch ist unsere Neugier immer nur eine Entscheidung entfernt. Als ein Teammitglied mal eine ungewöhnliche Idee einbrachte und wir reflexartig begannen, die Gründe aufzuzählen, warum das nicht gelingen konnte, fragte eine Kollegin in die Runde: ›Okay. Jetzt mal angenommen, diese Idee hätte bereits einen hochdotierten Preis gewonnen, wie würden wir sie dann betrachten?‹

Diese Linse half uns, die Möglichkeiten zu sehen und den guten Kern, der manchmal noch in einer ersten Idee versteckt ist. Irgendwann wurde uns bewusst, dass alle neuen Ideen auf diesem Planeten eines gemeinsam haben.«

Marie: »Und was wäre das?«

Paul: »Sie sind nicht perfekt – noch nicht.«

Marie: »Ha! Wie recht ihr habt. Und Hindernisse, die die Umsetzung der Idee mit sich bringen würden, können uns blind machen für das Potenzial, das in ihr steckt.«

Paul: »Ja, das kann passieren.«

Marie: »Welche Fragen halfen euch denn noch?«

Paul zögerte einen Moment. Er fragte sich, inwieweit es Marie wirklich helfen würde, weitere Fragen aufzuzählen.

Paul: »Ich vermute, dass die meisten Fragen aus der jeweiligen Situation heraus entstanden sind. Ich könnte dir also noch ein paar Fragen nennen, an die ich mich erinnere, aber vielleicht eher mit dem Ziel, das Mindset zu illustrieren, das diese Fragen ermöglicht. Ist das okay für dich?«

Marie: »Sehr gern, danke. Ich nehme alles, was ich kriegen kann.«

Paul: »Einige Fragen haben uns geholfen, uns etwas leichter auf das Unbehagen einzulassen, das wir spürten, wenn wir uns in Bereiche vorwagten, in denen wir noch wenig Erfahrung hatten, und uns daher sorgten, dass wir die Kontrolle verlieren könnten.«

Marie: »Der Schmerz der Inkompetenz, von dem du sprachst.«

Paul: »Genau der. Nimm zum Beispiel die App. Keiner von uns hatte wirklich Erfahrung mit dem Thema. Dann fragten wir uns: ›Was genau verstehen wir noch nicht ausreichend?‹, ›Was können wir hier lernen?‹ oder: ›Was wäre der kleinste erste Schritt?‹ Und oft gab es auch Dinge, die wir recht gut im Griff hatten. Dann fragten wir uns: ›Was könnten wir womöglich übersehen, weil wir uns so sicher fühlen?

Dabei haben wir begonnen, andere und uns selbst noch bewusster durch eine wertschätzende Linse zu betrachten. Wir fragten uns zum Beispiel: ›Wer hat schon einmal eine ähnliche Herausforderung erfolgreich gemeistert?‹ oder ›Wann haben wir so etwas schon mal versucht?‹ und: ›Was könnten wir davon lernen?‹ Oder wir fragten uns: ›Welche unserer Stärken könnten wir noch viel mehr nutzen?‹«

Marie machte sich ein paar Notizen. Dann legte sie den Stift ab und dachte nach.

Marie: »Es geht gar nicht um den Inhalt oder die Art der Fragen, richtig? Was sie so kraftvoll macht, sind vielmehr das Gefühl und das Mindset, aus denen heraus sie gestellt werden ... und die sie stärken.«

Paul: »Ja. Sie kommen alle von einem Ort des Wohlwollens. Und das hat uns geholfen, länger in einem offenen Herzstand zu bleiben oder dorthin zurückzukehren, wenn wir Dinge angehen mussten, die uns zunächst Angst gemacht oder im ersten Schritt ein wenig überfordert haben. Denn ironischerweise betrachten wir Fragen, für die wir am meisten Perspektive bräuchten, oft aus einem eher geschlossenen Herzstand, von wo aus wir am wenigsten Perspektive haben. Wenn wir Zwang und Druck ausüben, in der Hoffnung, dass wir dadurch bekommen, was wir wollen, tun wir letztlich nur eins: Wir machen uns blind und verschwenden Energie.«

Marie: »Das ist in der Tat ironisch.«

Paul: »Wie jede neue Idee war auch M-joy anfangs nur ein Gedanke, und glaub mir, er war nicht perfekt. Es gab viele Hindernisse und viele offene Fragen zu klären ...«

Marie: »Du meinst, wie ihr das Design, die Entwicklung, den Betrieb und die Wartung finanzieren würdet? Und wer aus dem Team diese Phasen begleiten kann? Und wer eines Tages die Inhalte aktualisiert? Und dann sind da ja noch rechtliche Fragen.«

Paul: »Sieht so aus, als hätten wir unsere Ziele viel schneller erreicht, wenn ich dich damals schon gekannt hätte.«

Marie: »Nun, das ist die Art von Kochen, die ich gut kann.«

Paul: »Wir arbeiten derzeit an einer neuen Version, um sowohl das Feedback aus unseren Umfragen als auch ein besseres Zahlungssystem zu integrieren. Ich wäre dir dankbar, wenn du mal einen Blick darauf werfen und uns sagen könntest, was du davon hältst. Wir sind zwar schon ganz gut darin geworden, aber wir könnten ja immer noch etwas übersehen.«

> »Ironischerweise betrachten wir Fragen, für die wir am meisten Perspektive bräuchten, oft aus einem eher geschlossenen Herzstand, von wo aus wir am wenigsten Perspektive haben.«

Marie: »Ach, Paul, das wäre mir ein Vergnügen und das Mindeste, was ich tun kann, um dir für unsere Gespräche zu danken.«

Paul: »Danke, Marie. Na, was meinst du? Wollen wir uns auf den Rückweg machen?«

Marie: »Ja, ich denke, es wird Zeit. Lass uns gehen und dabei noch etwas reden.«

Marie griff nach der leeren Gebäcktüte und blickte auf die Wiese vor ihr. Nie wieder würde sie sie mit den gleichen Augen sehen – sie würde untrennbar mit Paul und ihrem Gespräch verbunden sein. Dann gingen sie einen Moment lang still nebeneinanderher, Schulter an Schulter. Sie genossen das Gehen an sich und die Gesellschaft des anderen.

ZUHÖREN

Marie: »Paul, wenn ich dir zuhöre, habe ich immer wieder das Gefühl, dass es nicht nur die Mindsets waren – und insbesondere das urteilsfreie Urteilen –, die deinem Team geholfen haben, häufiger in Bestform zu sein. Es scheint auch die Art und Weise zu sein, wie ihr euch gegenseitig zuhört.«

Paul: »Ah, danke, dass du das ansprichst. Tatsächlich ist die Art und Weise, wie wir einander, wie wir unseren Kund:innen und Geschäftspartner:innen zuhören, ein großer Teil unseres Erfolgs. Auch unser Zuhören verändert Energie. Und auch das ist letztlich ein Mindset.«

Marie: »Erzähl mehr. Was meinst du?«

Paul: »Nun ja, hören findet letztlich in unserem Kopf statt – es geschieht *innen*.«

Marie: »Aber achten wir beim Hören nicht vielmehr auf andere? Und die sind ja draußen.«

Paul: »Lass uns das doch ein wenig vertiefen ... Hast du schon mal Tipps bekommen, wie du besser zuhörst, wie du *aktiv* zuhörst?«

Marie: »Ja. Immer wieder. In Seminaren, von Kolleg:innen.«

Paul: »Und was für Tipps und Hinweise hast du da gehört? Was ist dir in Erinnerung geblieben?«

Marie: »Also ... erst mal nicht unterbrechen. Dann das Gesagte *paraphrasieren*, also es noch mal mit den eigenen Worten zurückspiegeln, um sicherzustellen, dass ich alles richtig verstanden habe, und um dem anderen zu zeigen, dass ich zuhöre. Was noch ... Augenkontakt ... mit meiner Körpersprache Interesse bekunden, also zum Beispiel mich noch vorlehnen. Fragen stellen. Solche Dinge.«

Paul: »Danke. Das sind bestimmt alles wertvolle Ratschläge. Und ich habe eine Frage: Könntest du all diese Dinge tun ... schweigen, Augenkontakt halten, paraphrasieren ... und trotzdem gar nicht zuhören?«

Marie: »Tja, ich schätze, das ist vollkommen möglich.«

Paul: »Warum?«

Marie: »Weil meine Gedanken etwas anderes machen können.«

Paul: »Wir hören *immer*. Unsere Ohren sind *immer* geöffnet. Wir können nicht *nicht* hören.

Die Frage ist, *wem* wir zuhören: uns selbst oder dem anderen?

Die Frage ist, *wonach* wir hören: nach dem Inhalt oder dem Gefühl darunter?

Die Frage ist, *womit* wir hören: nur mit den Ohren oder unserem ganzen Körper?«

Marie: »Ich höre dich ...«

Marie hörte, was Paul sagen wollte, und sie spürte es. Sie erinnerte sich an die unzähligen Male, in denen sie spürte, wie der andere sich fühlte – unmittelbar. Momente, in denen sie mit ihrem Körper hörte, was gerade in Worten nicht gesagt werden konnte; was zwar leise, aber deutlich sprach. Doch erst jetzt wurde ihr klar, wie viel sie hören konnte, immer wenn sie sich erlaubte, nicht mit zwei kleinen, sondern einem großen Ohr zu hören.

Marie: »Das sind kraftvolle Fragen. Wonach hört ihr denn?«

Paul: »Das hängt vor allem von unserem Herzstand ab. In einem geschlossenen Herzstand sind wir mehr uns selbst zugewandt; wir hören unsere eigenen Gedanken, die uns vertraut sind und uns Sicherheit vermitteln. Ist unser Herzstand offener, sind wir eher in der Lage, den anderen hereinzulassen. Wir hören, um den anderen zu verstehen, wir hören, um uns beeinflussen zu lassen, wir hören, um Dinge zu entdecken, die uns überraschen.«

Marie: »Hm. Ich hatte die Qualität meines Zuhörens noch nie so recht mit meinem Herzstand in Verbindung gebracht.«

Paul: »Ich würde sogar sagen, dass *alles* – wie wir sehen, hören, sprechen, entscheiden und handeln – von unserem Herzstand beeinflusst wird. Unsere Fähigkeit zuzuhören, um zu verstehen, zum Beispiel ist uns angeboren. Wir kommen mit dieser Fähigkeit auf die Welt und lernen dadurch. Doch empfinden wir Angst, dann fällt es uns schwerer, so zu hören. Wir hören, um herauszufinden, wer recht hat, wir hören, um zu vergleichen, wir hören, um uns vorzubereiten auf das, was wir sagen wollen. Und manchmal hören wir, um Munition zu finden.«

Marie konnte sich ein scherzhaftes Grinsen nicht verkneifen: »Oh ja, das kann ich gut.«

Paul: »Keine Sorge. Du bist in bester Gesellschaft. Und das bedeutet für mich als CEO, dass ich mich dem Gefühl im Team widmen muss, wenn ich spüre, dass wenig Zuhören im Raum ist. Es mangelt nicht an der ›Fähigkeit zum Zuhören‹. Die ist immer da.«

Marie: »Wie der Ozean.«

Paul: »Wie der Ozean.«

Sie gingen ein paar Schritte, vorbei an Kindern, die gerade auf der Wiese neben ihnen Fußball spielten, und Menschen, die auf einer Decke ein Buch und die Sonnenstrahlen genossen.

Paul: »Zuhören wirkt auch in die andere Richtung. Denn Menschen spüren, wie du ihnen zuhörst. Wenn sie sich gehört *fühlen*, dann ist es wahrscheinlicher, dass sie selbst auch in einem offenen Herzstand bleiben oder dorthin gelangen. Wenn Menschen das Gefühl haben, dass du ihnen wohlwollend zuhörst, dann kann schon dein Zuhören selbst, deine Präsenz, Sorgen in Hoffnung, Angst in Mut und Unklarheit in Klarheit verwandeln. Wenn Teams, wie in unserem Fall, erhebliche Veränderungen bewältigen müssen, ist diese Art des Zuhörens meiner Erfahrung nach eines der wichtigsten Instrumente, die einem CEO zur Verfügung stehen.«

Marie: »Was du gerade beschreibst, habe ich oft mit einer Coachin erlebt, die mich lange Zeit begleitet hat. Bei einem unserer Treffen, das mir besonders in Erinnerung geblieben ist, hat sie fast nichts gesagt. Und doch hatte sie diese unglaubliche Fähigkeit, dass ich mich gehört fühlte, ohne jedes Urteil. Das half mir, freier zu reflektieren und Neues zu entdecken. Sie stellte keine Fragen, sie gab mir keinen Rat, und doch wurde mir vieles klarer. Ihre bloße Anwesenheit gab meinen Gedanken Raum.«

Paul: »Ja, genau. Sie war für dich tatsächlich Raum. So wie der Korpus einer Gitarre erforderlich ist, um die Schwingung der Saiten zu verstärken, konntest du dich selbst – deine eigene Melodie – in ihrer Gegenwart besser hören. Wenn wir zu zweit sind, ist unser Raum größer. Es ist eben doch ein großer Unterschied, ob wir mit einem Stuhl reden ... oder mit einem Menschen.«

Marie strahlte wie ein Kind, das zum ersten Mal an einen Strand kommt. Er war schon immer da. Sie konnte auch von ihm sprechen. Jetzt konnte sie ihn sehen, fühlen, schmecken. Jetzt war er in ihrem Körper.

Paul: »Zuhören ist nicht das Gegenteil von Reden. Ein lieber Freund hat eine ähnliche Wirkung auf mich wie deine Coachin. Sicherlich ist auch er ein guter Zuhörer. Er ist Raum. Und was ich besonders an ihm schätze, ist, dass er mehr mit dem Herzen als mit dem Kopf zu hören scheint. Er spürt Dinge, über die ich mir nicht im Klaren bin oder die ich zu vermeiden versuche. Und er lässt mich daran teilhaben. Einmal sprach ich ihn darauf an und fragte ihn, wie er es schafft, so gut zuzuhören. Ich fragte ihn, *wonach* er hörte.«

Marie: »Und was hat er gesagt?«

Paul blieb stehen und blickte Marie in die Augen.

Paul: »Er sagte: ›Es ist ganz einfach: Höre Menschen zu, als wären sie Musik.‹ Und er stellte sich die Frage, welche Musikrichtung er wohl gerade hörte – ein melancholischer Blues, ein harter Rock, eine seichte Jazzmelodie? Und wie würde das Stück wohl heißen? ›Es tut mir weh‹, ›Komm mit mir‹, ›Verzeih mir, ich hab nur Angst‹ oder: ›Ich bin bereit‹?«

Marie: »Was für ein schöner Gedanke.«

Sie setzten ihren Spaziergang fort, während die Sonne sich langsam dem Horizont näherte. Beide waren überrascht, wie schnell die Zeit vergangen war, seit sie das Restaurant verlassen hatten.

DAS URTEIL ÜBER LEBENSSITUATIONEN AUSSETZEN

Marie: »Paul, du hattest gesagt, es gäbe *vier* Dimensionen, in denen Akzeptanz oder das Pausieren unseres Urteils helfen kann, in einem eher offenen Herzstand zu bleiben und einen besseren Zugang zu unseren Energiequellen zu haben. Wir haben bisher über drei gesprochen. Haben wir noch Zeit, über die letzte Dimension zu sprechen?«

Paul: »Ganz bestimmt, es ist nicht kompliziert, nur nicht immer einfach.«

Marie: »Jetzt bin ich aber neugierig.«

Paul: »Warst du schon mal in einer Situation oder gab es Umstände, die du nicht beeinflussen, aber gleichzeitig auch nicht einfach ignorieren konntest, weil deine Arbeit davon betroffen war?«

Marie dachte nach: »Ja, da fallen mir eine ganze Menge Situationen ein.«

Paul: »Was zum Beispiel?«

Marie: »Also zum Beispiel – und bitte, behalte das für dich – habe ich festgestellt, dass zwei unserer Führungskräfte nicht miteinander zurechtkommen, und das verlangsamt die Entscheidungsprozesse erheblich. Was in Stunden erledigt werden könnte, dauert Wochen. Was noch? Einer unserer Zulieferer ist insolvent. Dass einige meines Teams über verschiedene Zeitzonen verteilt sind, macht uns zu schaffen. Ach ja, da ist noch das Embargo für einen unserer Schlüsselmärkte. Und es wird bald ein neues SAP-System eingeführt. Soll ich weitermachen?«

Paul: »Nein, danke, ich verstehe schon.«

Sie lachten beide, auch wenn Marie gerade gar nicht lustig zumute war. Doch ihr Lachen verschaffte ihr ein wenig Erleichterung.

Paul: »Zu den einzelnen Themen habe ich natürlich keine Meinung. Ich frage mich nur: Kommt es vor, dass ihr euch manchmal an diesen Themen, wie soll ich sagen, *festhakt*?«

Marie: »Ja, das passiert. Meine Leute regen sich darüber auf, dass unser Lieferant in Schwierigkeiten steckt – das ist ein ganz schöner Dämpfer und kam überraschend. Man hätte das doch vermeiden können. Ich kriege außerdem mit, dass die Meinungsverschiedenheiten der beiden Führungskräfte unter den Mitarbeiter:innen für reichlich Gesprächsstoff beim Mittagessen und im Flurfunk sorgen. Und das Embargo: Wir unterstützen es natürlich, aber vieles, was wir mit viel Mühe aufgebaut haben, ist wohl umsonst gewesen. Und das SAP-System: Das wird eine gewaltige Umstellung. Viele fragen sich, warum es gerade jetzt sein muss.«

> »Es ist eben doch ein großer Unterschied, ob wir mit einem Stuhl reden oder mit einem Menschen.«

Paul: »Was macht das mit der Energie der Menschen, wenn diese Gedanken eure Gespräche beherrschen? Was macht es mit deiner Energie, wenn sie deinen Kopf ausfüllen?«

Marie: »Ich würde sagen, sie ist eher niedrig. Es macht sich ein Gefühl von Machtlosigkeit breit.«

Paul: »Und ist dein Herzstand dann eher offen oder geschlossen?«

Marie: »Eher geschlossen, würde ich sagen.«

Paul: »Die Gedanken, denen du Aufmerksamkeit schenkst, werden zu deiner Realität. Und diese Realität bestimmt deinen Herzstand. Stell dir für einen Moment vor, du würdest diesen Teil der Realität, der dich stört, vollständig annehmen. Damit will ich nicht sagen, dass du ihn etwa mögen sollst – du akzeptierst nur, was ist. Wie würdest du dich fühlen?«

Marie nahm sich einen Moment, um den Gedanken zuzulassen. Dann spürte sie einen tiefen Atemzug.

Marie: »Hm ... leichter, weniger schwer.«

Paul: »In gewisser Weise schaffen wir uns täglich unseren eigenen Himmel und unsere eigene Hölle.«

Marie: »Du meinst, unser Schmerz rührt oft weniger von der Situation selbst her, sondern mehr von den Gedanken, die wir uns darüber machen.«

Paul: »Ja.«

Marie: »Ich versteh das, aber lass uns mal für einen Moment auf den Boden der Tatsachen zurückkehren, okay? Ich kann den Status quo doch nicht einfach akzeptieren. Von mir wird zu Recht erwartet, Dinge signifikant voranzubringen – ›*to push the envelope*‹, wie man so schön sagt. Wir sind ja hier, um Dinge zu verbessern. Letztlich muss ich auch meine persönlichen Ziele erreichen. Ich kann doch nicht einfach alles hinnehmen.«

Paul: »Ich verstehe deine Frustration. Darf ich dir noch eine Frage stellen?«

Marie: »Natürlich.«

Paul: »Wenn du noch mal an die Situationen denkst, mit denen du und ihr gerade umgehen müsst: Hast du in letzter Zeit jemals gedacht oder gesagt: ›Wir können XY nicht schaffen, weil ich einfach so – *Klammer auf ... negative* Eigenschaft ... *Klammer zu* – bin oder jemand anders oder die Organisation so – *denke an eine negative Eigenschaft* – ist‹? Oder hast du schon mal gedacht: ›Ich bin oder wir sind einfach nicht genug dies oder jenes‹?«

Marie dachte über Pauls Frage nach: »Ja, ich glaube, das passiert immer wieder.«

Paul: »Gut. Keine Sorge. Auch *das* gehört zum Menschsein dazu. Ich tue das auch. Diese zwei Gedanken haben jedoch eins gemeinsam – sie konzentrieren sich auf den Mangel, auf das, was fehlt. Und während das zum Teil wohl so sein mag, kann uns diese Sichtweise den Blick versperren für die Fülle, die in jedem von uns und den Menschen um uns herum vorhanden ist. Diese Gedanken sind Co-Autoren unseres täglichen Dramas und befeuern es.«

Marie: »Soll ich also aufhören, darüber nachzudenken, oder mich vom Gegenteil überzeugen?«

> »Wir schaffen uns täglich unseren eigenen Himmel und unsere eigene Hölle.«

Paul: »Ich spreche davon, deine Gedanken wahrzunehmen, sie zu sehen – nicht, sie schlechtzumachen. Dann betrachte sie als das, was sie sind: Gedanken, nicht die Wahrheit. Wenn du Gedanken bemerkst, die dir erzählen, dass Mangel herrscht, erinnere dich einfach daran, dass die ›Wahrheit‹ unendlich viel mehr ist als deine Gedanken – Wahrheit ist eine Fülle von Möglichkeiten. Vieles können wir nur nicht sehen.«

Paul unterbrach kurz, um nach seinem Handy zu suchen. Er entriegelte es und gab es Marie: »Würde es dir etwas ausmachen, einen Blick auf mein Telefon zu werfen?«

Marie: »Ganz und gar nicht.«

Paul: »Könntest du beschreiben, was du siehst?«

Marie: »Also, es ist schwarz, wie die meisten Handys. Es ist schon ein bisschen veraltet, würde ich sagen. Es hat eine braune Lederhülle und ein paar Kratzer auf der Rückseite.«

Paul: »Wie viele Icons zählst du?«

Marie: »Ungefähr zwanzig oder so.«

Paul: »Danke.«

Marie: »Kann ich es dir zurückgeben?«

Paul: »Ja. Kannst du mir jetzt sagen, wie spät es laut meinem Handy ist? Es ist auf US-Ortszeit eingestellt, wo meine Tochter gerade lebt.«

Marie: »Ich kann ungefähr sagen, wie spät es hier ist, aber ehrlich gesagt, habe ich nicht darauf geachtet.«

Paul: »Du hast gerade draufgeschaut.«

Marie: »Ja, das habe ich. Nur nicht auf die Uhrzeit.«

Paul: »Wir können nur sehen, worauf wir achten. Mit anderen Worten: Erst Aufmerksamkeit ermöglicht Wahrnehmung. Und es ist die Wahrnehmung, die deine sogenannte Realität kreiert – das Zeug, das deinen Kopf füllt.«

Marie reflektierte über die Erfahrung mit Pauls Telefon: »Wenn ich das annehme, dann kann ich wählen, ob ich meine Aufmerksamkeit dem Mangel oder der Fülle schenke. Ich kann entscheiden, was ich aus meiner Sicht kontrollieren oder zumindest beeinflussen kann und was nicht, wo die Grenze verläuft.«

Paul: »Das kannst du. Das ist deine Wahl. Und sobald du sie getroffen hast, kannst du deine ganze Energie und die des Teams auf das richten, was ihr zumindest beeinflussen könntet. Alles andere ist interessant, aber irrelevant.«

Marie: »*Interessant, aber irrelevant.* Ich glaube, ich mach uns allen ein T-Shirt mit der Aufschrift!«

Paul: »Wenn du also beeinflussen könntest, worauf die Menschen, die du führst, ihre Aufmerksamkeit richten, worauf würdest du dir wünschen, dass sie schauen?«

Marie: »Auf das, was sie beeinflussen können. Auf die Möglichkeiten. Auf die Fähigkeiten unseres Teams.«

Paul: »Kannst du dich an schwierige Situationen erinnern, in denen du und ihr so gedacht und reagiert habt?«

Marie: »Ja, schon. Besonders wenn ich die Dinge mit etwas Perspektive, mit etwas Abstand betrachten konnte. Ja.«

Paul: »Und das überrascht mich nicht. Denn wie alle Mindsets, über die wir gesprochen haben, ist auch dieses angeboren. Als wir Kinder waren und unser Lieblingsspielzeug kaputtging, haben wir – nach ein paar Tränen und etwas Jammern – weitergemacht und mit einem anderen Spielzeug weitergespielt, vielleicht mit einem, das wir beinahe vergessen hatten. Als CEO müssen wir uns, gerade wenn die Umstände schwierig sind, immer wieder die Frage stellen: ›Wie können wir systematisch den Zugang zu unseren Energiequellen erleichtern oder herstellen?‹ Wie Kinder.«

Marie: »Meine Kinder haben tatsächlich einen unerschöpflichen Zugang zu ihren Energiequellen.«

Paul: »Ganz genau.«

Gerade als sie diesen Gedanken zu Ende gedacht hatten, kamen sie wieder im Restaurant an.

Marie: »Ich denke, ich muss akzeptieren, dass wir am Ende unseres Gesprächs angelangt sind. Ich muss zugeben, dass ich nicht erwartet habe, dass wir so weit gehen würden, weder mit unseren Beinen noch mit unseren Gedanken. Es tat beiden gut. Ich fühle mich erfrischt und lebendig. So geht es mir immer nach unseren Gesprächen.«

Paul: »Angefangen hat alles mit deiner wunderbaren Frage, wie unsere Gedanken uns helfen können, öfter in einem offenen Herzstand zu sein. Danke, dass du das ausgesprochen hast und wir uns so zusammen auf die Reise machen konnten. Ich entdecke dabei auch neue Dinge, und ich werde einige Gedanken aus unserem Gespräch bestimmt mit meinem Team teilen.«

Marie: »Paul, ich habe mich gefragt, ob ich dich zum Essen bei uns zu Hause einladen darf, dann kannst du auch meine Kinder und meinen Mann kennenlernen.«

Paul: »Oh Marie, das wäre wunderbar. Es wäre mir eine Ehre.«

Marie: »Großartig. Ich spreche mit meiner Familie und geb dir nächste Woche Bescheid, in Ordnung?«

Paul: »In Ordnung.«

Sie umarmten sich wie gute Freunde.

Marie: »Komm gut nach Hause, Paul.«

Paul: »Du auch, Marie. Bis bald.«

> »Wir können nur sehen, worauf wir achten. Erst Aufmerksamkeit ermöglicht Wahrnehmung.«

LOGBUCH

Am darauffolgenden Tag regnete es. Während George früh aufstand, beschloss Marie, liegen zu bleiben, weiter zu dösen und die gemütliche Ruhe des Samstagmorgens ein wenig länger als sonst zu genießen. Sie lauschte dem Konzert der Regentropfen vor ihrem Fenster.

Irgendwann gingen ihre Gedanken zurück zum Spaziergang und zum Gespräch mit Paul. Sie spürte ein warmes Gefühl von Dankbarkeit für Pauls Großzügigkeit und Energie, für das Geschenk ihrer Begegnungen und Freundschaft. Auch das, dachte sie, ist wohl Teil der Fülle in meinem Leben.

Die ersten Erinnerungen an ihr Gespräch drangen allmählich in ihr Bewusstsein, und für einen kurzen Moment hatte Marie den Impuls, ihr Notizbuch herauszuholen, um diese Gedanken festzuhal-

ten. Doch dann spürte sie, dass sie gerade eigentlich etwas ganz anderes brauchte: Stille. Raum.

Sie fühlte sich etwas durcheinander. Dann lächelte sie. Sie beschloss, auf dieses leise Gefühl zu hören, seiner Weisheit zu folgen, darauf zu vertrauen, dass Klarheit, ihre eigene Klarheit, genau aus dieser Unklarheit entstehen würde und dass sie vorerst nichts tun müsste. Es würde zu ihr kommen. Marie entschied sich, den heutigen Tag zum »Faulenzertag« zu erklären. Sie stand auf, und als sie in die Küche kam, stand ein königliches Frühstück für sie bereit.

Am nächsten Morgen ging Marie noch vor dem Frühstück joggen. Sie lief eine große Runde, die sie durch den Park und dann durch ein kleines Waldstück in der Nähe ihres Hauses führte. Nach etwa der Hälfte der Strecke kamen ihr Worte und Sätze in den Sinn. Sie waren klar und kraftvoll, wie warmes Sonnenlicht am Strand. Sie musste nichts tun, die Gedanken waren einfach da, und sie wusste, dass sie bleiben würden.

Als sie wieder zu Hause ankam, wusste sie, dass jetzt der richtige Moment war. Direkt nach dem Duschen ging sie in ihr Arbeitszimmer, setzte sich, holte ihr Notizbuch heraus und begann zu schreiben. Mühelos, leichtherzig.

1. Meine Wirksamkeit:
   - Es ist weniger die Situation, die meine Energie kreiert, sondern vielmehr meine Energie, die die Situation kreiert.
   - Niemand kann mich verärgern – ohne meine Erlaubnis.
   - Die Ausübung von Zwang durch Druck sowie Gefühlen von Schuld, Scham oder Verpflichtung erzeugen eine Wirkung. Aber selbst wenn solche Zwänge auf vermeintlich subtile und verdeckte, ja sogar unbewusste Weise ausgeübt werden, ist der Preis dafür immer hoch: ein geschlossener Herzstand. Engagement, Inspiration, Initiative, Kreativität,

Vertrauen, Neugier stehen Menschen in diesem Zustand kaum oder gar nicht zur Verfügung. Im besten Fall werden Menschen folgsam. Mehr Energie ist erforderlich, um zu Ergebnissen zu kommen. Die Energiebilanz von Zwang ist immer negativ.

2. *Urteilen – eine ganz besondere Kategorie von Gedanken:*
   - *Die bloße Antizipation des Urteils durch andere erzeugt Angst und schließt damit die Tür zu Erkenntnis und Weisheit.*
   - *Wir sind in Bestform, wenn wir unser gewohnheitsmäßiges Urteilen über uns selbst, über andere, über Ideen und über Lebenssituationen aussetzen können.*
   - *Urteilsfreies Urteilen: Wir müssen urteilen, um Entscheidungen zu treffen. Offene Herzen beurteilen, geschlossene Herzen verurteilen. Offene Herzen entscheiden. Geschlossene Herzen richten.*
   - *Betrachte Gedanken als das, was sie wirklich sind: Gedanken.*
   - *Wir können starke Ansichten haben und sie locker halten, wie ein Blatt Papier.*
   - *Dualistische Sonnenbrille: Wir teilen unsere Welt durch Kontraste, Gegenteile und Vergleiche. Es hilft uns, zu sehen, und macht uns gleichzeitig halb blind.*
   - *Es ist nichts falsch daran, eine dualistische Brille zu tragen. Sie ist wie eine echte Brille, ein Werkzeug. Wenn wir aber vergessen, dass wir sie aufhaben, werfen wir die Hälfte des Lebens aus dem Fenster.*

3. *Das Urteil über uns selbst aussetzen – Akzeptanz:*
   - *Ich kann mich darauf verlassen, dass sich mein Herzstand ändern wird, mit oder ohne mein Zutun.*
   - *Gefühle kommen und gehen, ganz natürlich. Gesund zu sein bedeutet nicht, immer glücklich zu sein, sondern zu-*

zulassen, dass meine Gefühle sich andauernd verändern, dass sie kommen und gehen. Sie sind vergänglich.
- *Unangenehme Gefühle abzulehnen, ist das Gleiche, wie einen Teil von mir selbst abzulehnen.*
- *Ironischerweise ist der erste Schritt, um einen geschlossenen Herzstand zu ändern, ihn zu akzeptieren.*
- *Mein Herzstand ist wie ein Korken. Er wird unter die Wasseroberfläche gezogen, wenn schwere Gedanken an ihm hängen. Lassen wir diese Gedanken wieder los, kommt der Korken wieder an die Oberfläche, und zwar von selbst, ganz mühelos. Er kann gar nicht anders. Wie der Korken werden wir mit der Fähigkeit geboren, nach oben zu treiben.*
- *Ich bin immer vollkommen unvollkommen mit all meinen Unvollkommenheiten. Das sind andere auch.*

4. *Das Urteil über andere aussetzen – Mitgefühl:*
   - *Ein geschlossener Herzstand ist unsere Tür zu Mitgefühl: Unsere eigenen Erfahrungen von Wut oder Zorn ermöglichen uns, Mitgefühl für andere zu empfinden, die sich so fühlen.*
   - *Unsere Unschuld: Wir und andere tun immer das, was uns sinnvoll erscheint. Es ist entweder logisch (für den Verstand) oder psycho-logisch (für das Herz).*
   - *Wenn andere in einem geschlossenen Herzstand sind, wenn sie wütend sind, brauchen sie unser Mitgefühl, nicht unser Urteil. Sie leiden.*
   - *Die Unschuld in den Handlungen anderer Menschen zu sehen, ist in gewisser Weise ein »egoistischer« Akt. Es hilft mir, selbst in einem offenen Herzstand zu bleiben und nicht zu leiden.*
   - *Wahrhaftigkeit verwandelt Angst. Und Angst ist das größte Hindernis für die Wahrhaftigkeit.*

- Unsere Menschlichkeit, unsere eigene Wahrheit, verwandelt Angst fast augenblicklich.
- Wie Essen transportieren Worte Energie. Koste deine Worte.

5. Das Urteil über Ideen aussetzen – Neugierde:
   - Wir wachsen und lernen (nur), wenn wir uns auf den »Schmerz der Inkompetenz« einlassen.
   - Alles wahrzunehmen wäre, wie aus einem Feuerwehrschlauch zu trinken: Wir wählen immer aus, was wir hereinlassen.
   - Was wir sehen, ist per definitionem immer teilweise unvollständig. Es ist immer teilweise richtig und teilweise falsch. Auch das ist teilweise richtig.
   - Nicht nur sind wir teilweise blind, wir sind auch blind für unsere Blindheit.
   - Glücklicherweise haben unterschiedliche Menschen häufig unterschiedliche blinde Flecken. Zusammen sehen wir mehr.
   - Wir hören immer zu, die Frage ist nur: wem, wonach, womit?
   - Es ist wahrscheinlich, dass ich wirklich zuhöre, wenn der andere sich angehört fühlt.

6. Das Urteil über das Leben aussetzen – Fülle:
   - Aufmerksamkeit kommt vor Wahrnehmung. Wir sehen nur das, worauf wir unsere Aufmerksamkeit richten.
   - Unsere Gedanken erschaffen unseren eigenen Himmel und unsere eigene Hölle.
   - Wir haben mehr Energie und sind wirkungsvoller, wenn wir unsere Aufmerksamkeit auf das richten, was wir beeinflussen können, und akzeptieren, was wir nicht beeinflussen können.
   - Fülle ist ein Gedanke, Mangel ist ein Gedanke. Und Energie geht dorthin, wo unsere Gedanken hingehen.

KAPITEL 5

Seele: Vorm Denken

*»Ja, der Verstand ist gut im Denken.
So gut, dass die meisten Menschen, wie Descartes,
denken, dass sie ihr Denken sind.«*
RICHARD ROHR

*»Das Herz verfügt über eine Vernunft,
von der die Vernunft nichts weiß.«*
BLAISE PASCAL

*»Ein bewusster Verstand ist ein mächtiges Werkzeug,
aber er ist langsam und kann nur eine kleine Menge
an Informationen auf einmal verarbeiten.«*
STEVEN KOTLER UND JAMIE WHEAL

*»Was der Mensch eigentlich braucht, ist nicht ein
spannungsfreier Zustand, sondern das Streben nach und
Ringen um ein lohnendes Ziel.«*
VIKTOR E. FRANKL

Einen Monat später, an einem Sonntagmittag, empfing Marie Paul zum Essen in ihrem Zuhause. Pauls Frau war mit ihren Kindern zu Besuch bei ihrer Mutter, und in einer Woche würde Paul nachkommen. Er brachte ein wenig von dem Gebäck mit, das Marie bei ihrem letzten Gespräch auf der Parkbank so gut geschmeckt hatte, zusammen mit dem Rezept und ein paar liebevollen Zeilen von Anna, was ein großes Lächeln auf Maries Gesicht zauberte.

Marie führte Paul durch ihr Haus. Es fühlte sich warm an und war voll von Erinnerungsstücken und Bildern, die an besondere Menschen, Orte und Momente im Leben ihrer Familie erinnerten.

Sie genossen ein köstliches Essen, das Marie und George gemeinsam zubereitet hatten. Es stellte sich heraus, dass Desserts seine Spezialität waren. Während sie von ihren Familien sprachen, freute sich vor allem Paul über die Geselligkeit des Moments, die ihn die Abwesenheit seiner Familie ein wenig vergessen ließ.

Nach dem Mittagessen ging George mit den Kindern ins Kino, sodass Paul und Marie Zeit hatten, ihr Gespräch fortzusetzen. Paul saß auf der Terrasse und genoss den Blick und die Ruhe in Maries Garten. Nachdem sie George und die Kinder umarmt hatte, gesellte Marie sich zu Paul, mit zwei Tassen, einer Espressokanne und ein paar Stücken von dem Gebäck, das er mitgebracht hatte.

Paul: »Ich fühle mich so wohl bei dir und deiner Familie. Es ist ein Geschenk, hier sein zu dürfen.«

Marie: »Oh, die Freude ist ganz auf unserer Seite, Paul.«

Paul: »Und das Mittagessen war ausgezeichnet. Ich liebte den Spritzer Walnussöl in der Suppe, der gab ihr einen besonderen, feinen Geschmack. Wenn ich es nicht besser wüsste, würde ich dich fragen, ob du nicht Teil meines Teams werden möchtest.«

Marie: »Ah, danke für dein Kompliment. Um ehrlich zu sein, war das Georges Idee. Wir kochen beide sehr gern. Er hat oft gute Ideen, nur ich kann sie meist besser umsetzen als er. Aber sag ihm das bloß nicht.«

Paul lächelte Marie zu: »Natürlich nicht. Es klingt, als wärt ihr beide ein gutes Team. Leider kann ich euch *beide* nicht einstellen.«

Marie schenkte Paul und sich selbst einen Espresso ein.

LIEBE: DER ANKER

Marie: »Ich habe unser letztes Gespräch sehr genossen.«
Paul: »Ich auch. Über einiges habe ich übrigens auch mit meinem Team gesprochen. Und ich bin neugierig, was du für dich mit auf den Weg genommen hast und was dich seither beschäftigt.«
Marie: »Weißt du, tatsächlich habe ich mir die gleiche Frage gestellt. Ich habe viel darüber nachgedacht, wie unsere Fähigkeit zu urteilen ein wahrhaft universelles Geschenk ist und wie sie gleichzeitig, wenn wir im Autopiloten sind, die Wurzel für exakt die Probleme ist, die wir zu lösen versuchen. Und diese ganz einfache Erkenntnis macht etwas mit mir. Sie ist wie eine sanfte und doch kraftvolle Welle. Überall umgibt mich dieses Bewusstsein und verändert meine Realität, ohne dass ich irgendjemanden verändern wollte.

Ich bin mir nicht sicher, ob das, was ich sage, Sinn ergibt ... Die Welt um mich herum hat sich nicht verändert, aber wie ich sie betrachte. Mein Blick hat sich geändert, worauf ich achte und worauf ich *nicht* oder weniger achte. Ich betrachte mich selbst anders, und was noch wichtiger ist, ich betrachte andere anders.«

Marie schenkte beiden noch etwas Espresso ein.

Marie: »Irgendwie fühle ich mich ruhiger, friedlicher. Versteh mich nicht falsch, der Druck und die Arbeitsbelastung haben sich nicht geändert. Aber es gibt – wie soll ich es sagen – mehr Raum zwischen den Dingen, die passieren, den Menschen, die etwas tun oder sagen, und meiner Reaktion darauf. Ich habe das Gefühl, dass ich häufiger agiere, statt zu reagieren. Ich empfinde auch mehr Freude. Und die Menschen um mich herum scheinen das auch zu spüren.«

Paul hörte zu. Er liebte es, Marie so zuzuhören, dass sie ganz bei sich selbst sein konnte. Er liebte es, den Raum für sie zu halten.

Marie: »Letzte Woche kam eine Kollegin aus meinem Team auf mich zu und sagte, sie habe das Gefühl, dass ich mich verändert hätte. Sie konnte nicht so recht sagen, was es war, aber es war ihr einfach wichtig, mir zu sagen, wie gern sie in letzter Zeit mit mir zusammengearbeitet hat und dass sie in meinem Team bleiben möchte.

Das hat mich überrascht, denn als ich damals ankam, hatte ich das Gefühl, dass sie sich nicht als Teil des Teams fühlte, und über den Flurfunk wusste ich, dass sie sich nach anderen Rollen umsah. In den Wochen seit Beginn unserer Gespräche hat sie sich viel stärker engagiert und in den Projekten, für die sie verantwortlich ist, große Fortschritte gemacht. Anfangs hatte ich fast das Gefühl, ich würde sie belästigen, wenn ich sie um ein kurzes Update bat. Ich glaube, sie versuchte einfach, die Zeit, die wir miteinander verbrachten, auf ein Minimum zu reduzieren. Im letzten Monat aber ließ sie fast keine Gelegenheit aus, mit mir zu sprechen, wenn du weißt, was ich meine.«

Paul: »Hast du ihr gesagt, was du beobachtet hast? Hast du sie gefragt, warum es ihr so geht?«

Marie: »Ja, das habe ich. Und ich war überrascht, wie offen sie über ihre Gefühle sprach. Sie meinte, dass meine *Energie* und meine Art zu denken das Beste in ihr zum Vorschein brächten. Sie sagte, es fiele ihr leicht, mir ihre Gedanken und Meinungen mitzuteilen.

Und sie hat recht ... Ich spüre mehr Energie in mir, in ihr und im Team insgesamt. Die Qualität unserer Gespräche hat sich verbessert. Und mir ist aufgefallen, dass wir öfter lachen, einfach um des Lachens willen. Und es kommt auch vor, dass irgendjemand einfach Blödsinn macht und wir herumalbern. Und gleichzeitig fällt es uns leichter, Dinge umzusetzen. Wir sind wirksamer geworden und effizienter.«

Paul: »Was beobachtest du? In dir?«

Marie hielt ihre Tasse in der Hand und blickte auf die Blumen und Bäume in ihrem Garten. Dann antwortete sie: »Ich glaube, es ist ganz einfach, Paul. Mein Herzstand ist häufiger offen. Nicht immer; er öffnet sich nur schneller. Es ist, als ob mein Herz weicher, beweglicher geworden ist. Fließender – ich glaube, das trifft es am besten. Und ich wehre mich nicht dagegen. Ich mache mir weniger Sorgen darüber, dass ein offenes Herz womöglich gefährlich sein könnte.«

Sie hielt inne, und Paul sah sie ruhig an.

Marie: »Und mein Fokus, der Fokus meiner Gedanken, hat sich verändert. Als ich dich zum ersten Mal traf, war ich oft frustriert. Meine Aufmerksamkeit richtete sich darauf, wie ich mich fühlte, wie andere mich dazu brachten, mich so zu fühlen, und wie sie sich ändern müssten, damit ich und die Menschen um mich herum sich besser fühlen und gute Ergebnisse erzielen könnten. Und um ehrlich zu sein, bediente ich mich mehr oder weniger bewusst aus der Trickkiste meiner alten ›Führungsschule‹: überzeugen und beeinflussen durch Gefühle von Verpflichtung, Schuld oder Scham, durch Zuckerbrot und Peitsche ... all diese Dinge.

Diese Methoden führten zwar durchaus zu Ergebnissen, aber sie waren *gleichzeitig* auch die Ursache dafür, wie ich mich fühlte. Und wichtiger noch: Sie waren auch Ursprung der Probleme, die ich so ja insgeheim lösen wollte. Ich schien blind für die Dimension von Energie – Energie, die ich entweder erzeugte oder blockierte.

Als ich mir bewusster wurde über die Beziehung zwischen Mindsets und Herzstand, lenkte ich meine Aufmerksamkeit zunehmend darauf, wie ich meinen Herzstand und den Herzstand anderer verändern kann. Und – um es ganz klar zu sagen – das gelingt mir nicht immer. Ich bin immer noch ›Work in Progress‹. Nur wende ich jetzt weniger Kraft auf und fühle mich gleichzeitig wirksamer. Und *das* ... überrascht mich.«

Paul: »Und wie fühlst du dich damit?«

Marie: »Nun, noch etwas unsicher, denke ich. Es ist so, als würde ich in einen wunderschönen, aber trüben See steigen – ich fühle den Seeboden unter meinen Füßen und weiß, dass er mich trägt. Aber ich sehe meine Füße nicht, so wie an Land, und gehe daher vorsichtig. Denn all das, worüber wir beide sprechen, passt eben nicht so recht zu dem, was ich bisher geglaubt und erlebt habe, was meine eigene Führung und Führung im Allgemeinen angeht: meine Rolle, wofür ich hier bin, was ich über mich und die anderen glaube, was funktioniert und was nicht. Ich fühle mich, als hätte ich viele Jahre lang in einem Zimmer gelebt – einem Zimmer, das ich inzwischen sehr gut kenne. Ich kenne jeden Winkel, jedes Möbelstück. Und andere, mit denen ich spreche, kennen es auch. Beides gibt mir Sicherheit.

Aber ich habe gerade eine neue Tür im hinteren Teil dieses Zimmers entdeckt, die ich noch nie zuvor gesehen, geschweige denn geöffnet habe. Sie war offensichtlich schon immer da, aber nicht für mich. Jetzt habe ich sie erkannt, geöffnet und ihre Schwelle überschritten. Vorsichtig erkunde ich jetzt dieses neue Zimmer, ergründe allmählich meinen neuen Raum. Es fühlt sich gut an. Aufregend. Mir geht es besser, und ich möchte noch den Rest des Hauses entdecken.«

Paul: »Marie, du hast die Essenz von Führung gespürt.«

Marie: »Was genau meinst du?«

Paul: »Liebe. Das ist dein neuer Raum. Du bist eine liebevollere Führungskraft geworden.«

Marie: »Na ja, Paul, ich bin mir nicht sicher, ob ich es gleich Liebe nennen will. Geht das nicht ein bisschen zu weit?«

Paul: »Wie würdest du es denn nennen?«

Marie: »Ich weiß nicht. Liebe ist einfach kein Wort, das wir im Geschäftsleben benutzen.«

Paul: »Ich weiß. Das ist vollkommen in Ordnung, und du musst es auch nicht. Ich nutze das Wort Liebe nicht leichtfertig, weil ich die hochgezogenen Augenbrauen und rollenden Augen vermeiden möchte. Denn viele haben den Glauben – das Mindset – akzeptiert, dass Liebe im besten Fall eine private Angelegenheit ist und im Business keinen Platz hat. Und ihre Erfahrungen haben ihnen recht gegeben. Dieses Mindset hat die Realität, in der sie leben, co-kreiert. Dieses Thema hat uns begleitet, seit wir uns das erste Mal getroffen haben, und du scheinst deinen *Orientierungspunkt* geändert zu haben.«

Marie: »Mein *Orientierungspunkt*?«

Paul: »Um uns orientieren zu können, brauchen wir einen *Orientierungspunkt*, einen Bezugspunkt. Für Seefahrer waren es meist Landmarken oder, wenn es die nicht gab, die Sterne. Ohne einen Orientierungspunkt können wir uns, unsere Energie, nicht ausrichten – vor allem dann nicht, wenn es *tatsächlich* wenig Orientierung gibt. Das gilt für äußere sowie für innere Reisen, und das gilt auch für Führung.

Ein CEO macht das Glück, das Wohlergehen und das Wachstum der anderen – und weniger das eigene – zu seinem *Orientierungspunkt*. Ist das nicht Liebe? Und als wir uns auf der Parkbank unterhielten, sprachen wir darüber, wie wir uns als CEO dafür entscheiden können, uns selbst, Menschen und Lebenssituationen anzunehmen und von dort weiterzugehen. Ist das nicht Liebe?

Menschen erblühen in der Gegenwart von Menschen, die aus einem Gefühl tief empfundener Menschlichkeit handeln und anderen durchgehend mit Sanftmut begegnen – unabhängig von Rollen und der jeweiligen Situation. Menschlichkeit. Sanftmut. Ist das denn nicht Liebe?

Und – überraschenderweise oder vielleicht eben wenig überraschend – ist es auf diesem Weg wahrscheinlicher, dass Führungskräfte und die, die sie führen, gleichzeitig erfüllter, gesünder *und* erfolgreicher sind. Es steht allen mehr menschliche Energie zur Verfügung. Unsere Energie verbindet oder trennt uns. Sie bewegt uns selbst und andere oder lähmt uns selbst und andere. Liebe ist klug: Sie verbindet und bewegt. Immer. Menschen verbinden, um Dinge zu bewegen: Ist das nicht Führung? Immer wenn Liebe unser *Orientierungspunkt* ist, erleben Menschen in unserer Gegenwart weniger oder keine Angst. Sie sind dann bereit und fähig, über sich selbst hinauszuwachsen, weil sie auf ihre ureigene Energie zugreifen können. Und in ihrer höchsten und reinsten Form ist diese Energie: Liebe.«

Marie saß einen Moment lang still: »Ich verstehe. Du meinst, Liebe ist der Startpunkt, richtig?«

Paul: »Ja, das könntest du so sagen – eine innere Haltung, von der du kommst, ein Gefühl, eine Entscheidung. Ich glaube, dass wirksame Führung aus den gleichen Eigenschaften heraus entsteht und die gleichen Eigenschaften nährt wie wahre Liebe. Dazu gehören Verständnis, Freundlichkeit, Freude, Mitgefühl, Vergebung und Demut. Diese Art von *sanftmütiger Führung*, wie ich sie gerne nenne, erzeugt hochfrequente Energie und entsteht aus ihr heraus, während Angst, Schuld oder Wut sich aus niederfrequenter Energie entwickeln und sie erzeugen. Und diese Energiefrequenz spiegelt sich in unseren Herzständen wider. Denn unser Herz ist ein höchst sensibles Messgerät für diese Frequenz. Je näher wir liebevollen Zuständen sind, desto leichter werden die Menschen, die wir führen, denen wir dienen, arbeiten können ... *wirken* können. Ganz natürlich.«

Paul nahm einen Schluck von seinem Kaffee und genoss dessen Duft.

Paul: »Du könntest sagen, dass alles, worüber wir gesprochen haben, verschiedene Wege sind, um niederfrequente Energien, die vornehmlich aus Angst, Wut oder Scham entstehen, in hochfrequentere Energien zu verwandeln, die eher mit Liebe,

Hoffnung, Mitgefühl oder Inspiration verbunden sind, und um diese starke kreative Energie dann in Richtung unserer Ziele zu lenken. Das ist es eigentlich, was CEOs wirklich tun.«

Marie: »Warum hast du es dann nicht gleich Liebe genannt?«

Paul: »Nun, nehmen wir an, ich hätte es getan ... Wie hättest du reagiert?«

Marie: »Hm, ehrlich gesagt, ich hätte es vermutlich als naiv und sozialromantisch abgetan. Und selbst jetzt muss ich gestehen, es klingt zu einfach, um wahr zu sein.«

Paul: »Das ist die Antwort auf deine Frage. Weißt du, Marie, es gibt im Grunde nichts, was ich dir zeigen kann, oder um es mit den Worten Galileo Galileis zu sagen: ›Man kann einen Menschen nichts lehren; man kann ihm nur helfen, es in sich selbst zu finden.‹ Ich kann dir nur helfen, es selbst zu entdecken, oder dich auf deiner Reise dahin begleiten. Ich persönlich glaube, dass die größten Wahrheiten, die universellen Wahrheiten, ganz einfach sind. Aber meist können wir sie nur *erfahren* und nicht *erklären*. Und weil uns die Welt so komplex erscheint, beginnen wir manchmal zu glauben, dass Wahrheit auch komplex sein muss.«

> »Ein CEO macht das Glück, das Wohlergehen und das Wachstum der anderen – und weniger das eigene – zu seinem Orientierungspunkt.«

Marie: »Da bin ich aber froh, dass wir uns zusammen auf die Reise gemacht haben. Ich frage mich, wo wir wohl heute noch hingehen werden?«

Sie lachten zusammen.

Paul: »Schau, ich glaube, eine liebevolle Führungskraft – oder CEO – zu sein, ist keine Technik, keine Methode, keine Lösung und kein Ziel. Es ist nicht, was du tust, es ist, worauf du achtest. Es ist nicht etwas, das du bist, sondern was du jeden Tag wirst. Es ist eine nie endende Entdeckungsreise von sich selbst und des Lebens. Es ist die Entdeckung des neuen Raums, von dem du gesprochen hattest. Es ist eine Entscheidung, eine Wahl. Liebe ist nichts, was du predigst, sondern die Art und Weise, wie du entscheidest zu sehen.«

Marie: »Ich spüre, was du meinst. Und, glaub mir, es bewegt etwas in mir. Ein Teil von mir bewegt sich. Es ist nur so, dass ›Liebe‹ oder Sanftmut, wie du es gerade nanntest, einfach nicht in meine tägliche Erfahrung von Business zu passen scheint. Ich bin mir nicht so sicher, ob ich die ganze Zeit ›liebevoll‹ sein kann. Ganz ehrlich, ich bin es nicht, ganz zu schweigen von anderen, mit denen ich umgehen muss. Das klingt für mich alles ein bisschen nach Weichspülgang: kuschelig weich.«

Paul: »Ja, das tut es. Und das liegt daran, dass Menschen genau das sind: kuschelig weich. So werden wir geboren. Und dann, wenn wir aufwachsen, wird manchmal die Waschanleitung vergessen oder missachtet, und das Gewebe verhärtet.«

Marie: »Dann kratzt der Pullover, der einmal so flauschig war.«

Paul: »Ja. Wenn du genauer darüber nachdenkst, würde ich sagen, dass es im Grunde nur zwei wesentliche Antriebe für menschliches Verhalten gibt.«

Marie: »Und die wären?«

Paul: »Schau doch mal, ob das Folgende auf dich zutrifft: Letztlich möchten alle Menschen sich geliebt und sicher fühlen. Sie möchten sich angenommen oder zugehörig fühlen. Und gleichzeitig möchten alle Menschen körperlichen oder emotionalen Schmerz vermeiden. Wenn Menschen Dinge tun, die andere schmerzen – wenn sie kratzen –, dann nur, weil sie sich entweder nicht geliebt oder nicht sicher fühlen. Bewusst oder unbewusst.

Wenn ich andere und mich selbst auf diese Weise betrachten kann, wenn ich mich daran *erinnere*, dass Menschen eigentlich weich und flauschig sind, wie du sagtest, dann fällt es mir oft leichter, in ihrem Handeln Unschuld zu sehen und mir und anderen gegenüber versöhnlich ... also weich ... zu bleiben. Letztlich kannst nur du entscheiden, ob du durch die Erfahrung des Lebens härter oder weicher wirst. Es ist deine Entscheidung.«

Marie dachte einen Moment lang nach. Sie fragte sich, ob ihr eigenes Verhalten, das ihrer Familie und Kolleg:innen, das der Lehrer:innen und Politiker:innen tatsächlich auch aus dem Bedürfnis nach Liebe und Geborgenheit oder dem Schutz vor Schmerz heraus verstanden werden könnte.

Marie: »Hm ... es ist verblüffend einfach. Das ergibt für mich sehr viel Sinn. Wir haben letztes Mal darüber ja schon gesprochen, nicht wahr? Wenn ich meine Mitmenschen auf diese Weise betrachte, kann ich durch ihr Verhalten quasi ›hindurchblicken‹, auch wenn ich nicht unbedingt einverstanden bin oder es mögen muss. Ich habe immer die Wahl, wie ich mich fühle. Na ja, zumindest nachdem sich meine allererste Aufregung gelegt hat.«

Paul: »In der Tat. Und wenn du akzeptierst, dass *Energie* die eigentliche Währung eines jeden CEO und jeder menschlichen Organisation ist, dass diese Energie, wie jede andere, von Naturgesetzen bestimmt wird und dass schließlich unser Bedürfnis, sich geliebt zu fühlen, eines dieser grundlegenden Naturgesetze ist, dann kannst du entscheiden, ob du der Natur folgst oder gegen sie handelst. Es ist wirklich deine eigene Wahl.

Schmerz oder die Angst vor Schmerz schließen unseren Herzstand und machen unsere Energiequellen schwerer zugänglich. Gefühle, die mit Liebe und Zugehörigkeit verbunden sind, öffnen unseren Herzstand und machen unsere Energiequellen zugänglicher. Wenn du nun versuchst, menschliche

Energie durch Druck und Zwang zu erzeugen, dann wirst du letzten Endes meist genau das ernten, was du eigentlich ändern wolltest – zum Beispiel mangelndes Engagement oder gar Gleichgültigkeit. Es ist eine einfache Rechnung: Die Investition ist höher als der Nutzen. Die Energie, die du investieren musst, wird dann immer höher sein als die Energie, die du herausbekommst, weil du buchstäblich *gegen* die Natur arbeitest. Und die Natur ist stärker als du.

> »Letztlich kannst nur du entscheiden, ob du durch die Erfahrung des Lebens härter oder weicher wirst.«

Ich habe in Fragen der Führung – und des Kochens – daher gute Erfahrungen damit gemacht, dem Energiefluss zu folgen und ihn zu nutzen, statt gegen ihn zu arbeiten. Und umgekehrt.«

BEWUSSTSEIN: KÄPT'N UNSERER SEELE

Marie: »Naturgesetze lassen sich bekanntlich ja auf alles anwenden. Und wenn es dir nichts ausmacht, dann lass uns doch meiner Energie folgen und gemeinsam meinen neuen Raum noch ein wenig mehr erkunden. Ich würde mich gerne ein wenig umsehen und herausfinden, was es sonst noch gibt, das mir helfen kann, liebevoll zu führen und noch häufiger offene Herzstände zu schaffen. Ich bin mir ziemlich sicher, dass es einiges gibt, das ich noch gar nicht bemerkt habe.«

Paul: »Das wäre ganz wunderbar. Vielleicht hat dieser Raum ja auch schöne Fenster, und wir können die Jalousien hochziehen und etwas Licht hereinlassen, um besser zu sehen. Aber warum machen wir nicht erst einmal eine kurze Bestandsaufnahme von deinem Zimmer?«

Marie: »In Ordnung. Sehr gern.«

Paul: »In deinen eigenen Worten ... Wenn dich morgen eine gute Freundin fragen würde, worüber wir beide gesprochen haben, was würdest du antworten?«

Marie legte eine Hand in die andere und blickte in die Ferne. Es half ihr dabei, ihre Gedanken schweifen zu lassen.

Marie: »Ich würde sagen, wir haben Führung durch die Linse menschlicher Energie betrachtet – durch die Linse von Energiequellen und -frequenzen. Dann haben wir darüber gesprochen, wie der Energiekreis, wie du ihn nennst, in gewisser Weise die Tür zu unserer Energie bildet. Alle Menschen können auf mehr oder weniger Energie zugreifen, je nachdem, wie ihr Herzstand gerade ist. Wir haben uns daran erinnert, dass wir mit einem offenen Herzstand geboren wurden, uns dieser also jederzeit zur Verfügung steht, aber eben nicht immer zugänglich ist.

Unser Herzstand wiederum prägt unsere Gedanken und Denkgewohnheiten und umgekehrt. Denkgewohnheiten, die fester Bestandteil der Innenarchitektur geworden sind, haben wir Mindset genannt. In unserem letzten Gespräch haben wir vier Mindsets betrachtet, die uns helfen können, angesichts von Herausforderungen einen offeneren Herzstand zu entwickeln, ihn länger offen zu halten oder dorthin zurückzukehren. Und alle vier haben mit dem temporären Aufheben oder Pausieren unseres Urteilens zu tun.

Im Wesentlichen würde ich sagen, haben wir uns also mit der Rolle von Gefühlen und Gedanken befasst. Wäre das eine passable Zusammenfassung unserer Gespräche?«

Paul: »Ach, Marie, ich wünschte, ich könnte die Dinge so auf den Punkt bringen wie du. Ja, ich halte das für eine sehr treffende Zusammenfassung. Und, ja, unsere Denkgewohnheiten und Mindsets sind einer der wirkungsvollsten Hebel eines CEO. Unsere Gedanken kreieren und verändern unsere eigene Realität.

Nun möchte ich dich Folgendes fragen: Wir haben über Verhalten, Gefühle und Gedanken gesprochen. Was kommt eigentlich *vor* den Gedanken, *vorm* Denken?«

Marie: »*Vorm* Denken? Ich bin mir nicht sicher, ob ich verstehe, was du meinst.«

Paul: »Ich meine, wer oder was ist sich bewusst, dass du denkst?«

Marie: »Nun ja, *ich*.«

Paul: »Ganz genau. Und wer ist *ich*?«

Marie: »Puh, das ist eine große Frage. Ich schätze, ich bin vieles: Ich bin Managerin, Mutter, Ehefrau, Tochter, Kollegin, Schwester, Freundin ...«

Paul: »Ich wusste noch gar nicht, dass du eine Schwester hast ... Wir alle haben Rollen. Sie beschreiben lediglich, *was* wir tun, sie beschreiben unsere Beziehung zueinander und unsere Verantwortung. Aber können sie definieren, wer wir wirklich sind? Zum Beispiel als du noch nicht verheiratet warst, warst du dann *nicht* du? Und als du noch keine Managerin oder Mutter warst, warst du dann *nicht* du? Und verändert sich nicht mit der Zeit das, was es dir bedeutet, eine Mutter oder Tochter zu sein?«

Marie: »Na ja, also so betrachtet, würde ich sagen, ich bin meine *Erinnerungen* – die Erinnerungen an mein Leben, die wiederum von all den Dingen herrühren, die ich getan und erlebt habe und die vermutlich mein Denken geprägt haben.«

Paul: »Diese Erinnerungen sind ganz bestimmt ein Teil von dir, und sie haben sicherlich Einfluss auf die Art und Weise, wie du denkst. Und: Deine Erinnerungen verändern sich. Sie sind lediglich ein kleiner Ausschnitt deines Lebens, den dein Gehirn jedes Mal rekonstruiert, wenn du die Erinnerung abrufst. Sie sind wie ein Video. Stell dir einen Moment lang vor, du hättest durch einen Unfall all deine Erinnerungen, deine Videos, verloren. Würde deine Familie dich im Stich lassen, weil du nicht mehr *du* wärst?

Marie: »Nein, natürlich nicht.«

Paul: »Warum nicht?«

Marie: »Na ja, weil ... ich mehr bin als das. Ich bin viel mehr als meine Erinnerungen.«

Paul: »Ich glaube, du bist *unendlich* viel mehr. Und wie es scheint, wissen und spüren wir das alle ganz intuitiv. Also wenn es nicht deine Erinnerungen sind, was bist du dann?«

Marie: »Also gut, dann muss es mein Gehirn sein, richtig? Es ist mein Gehirn, das meine Erinnerungen speichert und kreiert. Und solange es funktioniert, gelte ich – ganz offiziell – als lebendig ... und umgekehrt.«

Paul: »Du brauchst dein Gehirn tatsächlich, damit dein Körper funktioniert und du dich im Leben zurechtfinden kannst. Es ist ein außergewöhnlich raffiniertes und leistungsfähiges Organ, mit dem du ganz erstaunliche Dinge tun kannst. Aber genau wie du nicht deine Lunge bist, ein anderes geradezu unglaubliches Organ, so bist du auch nicht dein Gehirn. Wir würden hier nicht sitzen und uns an der Gesellschaft des anderen und eurem köstlichen Mittagessen erfreuen, wenn das alles wäre, was du bist. Wir sind heute nicht für ein Treffen unserer Gehirne zusammengekommen. Dein Gehirn hat sich seit deinem fünften Lebensjahr enorm verändert. Es ist nicht mehr dasselbe wie damals. Aber warst du etwa nicht ›du‹, als du fünf warst?«

Marie: »Ach so, ich verstehe. Du spielst auf die Zellen an, aus denen mein ganzer Körper besteht, einschließlich meines Gehirns. Ich bin also meine Zellen.«

Paul: »Auch das ist ziemlich unwahrscheinlich. Viele deiner Zellen, die jetzt hier vor mir sitzen, sind nicht dieselben, die noch vor einem Jahr hier waren. Durchschnittlich sterben jeden Tag etwa 50 bis 70 Milliarden Zellen in deinem Körper. In sieben Jahren wurden so fast alle Zellen ersetzt. Hätten wir hier also vor sieben Jahren zusammengesessen, wärst du dann nicht ›du‹ gewesen? Wem wäre ich dann begegnet?«

Marie: »In Ordnung, dann lass uns weitergehen. Zellen bestehen aus Molekülen und die wiederum aus Atomen. Aber die werden meinen Körper auch verlassen haben, als sich meine Zellen erneuert haben.«

Paul: »Das haben sie, mit jedem Atemzug tauschst du Moleküle aus. Jetzt sind sie ganz woanders. Wer weiß, einige sind vielleicht Teil dieses Baums hier geworden. Dann lass uns weitergehen. Woraus bestehen deine, sagen wir mal, gegenwärtigen Atome?«

Marie: »Ich bin jetzt keine Physikerin, aber ich meine aus Protonen, Elektronen und Neutronen, richtig?«

Paul: »Das stimmt, und wenn wir noch weitergingen, würden wir Quarks und andere Teilchen entdecken. Und im Grunde sind das, ganz laienhaft ausgedrückt, alles Formen von Energie. Und zwischen ihnen gibt es ...«

Marie: »... eine Menge Platz.«

Paul: »Eine Menge Platz. Oder aus Sicht der Quantentheorie: eine Menge Möglichkeiten.«

Marie: »Ich hatte ja keine Ahnung, dass du dich so sehr für Physik interessierst.«

Paul lachte: »Nun ja, Kochen ist mein Beruf. Das ist doch angewandte Physik, oder? Letztlich verwandeln und übertragen wir Energie – physische und emotionale Energie – durch die Zubereitung von Speisen und das Verwöhnen unserer Gäste.«

Marie lächelte: »Also gut, zurück zu deiner Frage. Ich bin also nicht meine Erinnerungen, auch wenn sie hilfreich sind. Ich bin auch nicht mein Gehirn, obwohl das ein supercooles Organ ist. Ich bin nicht mein Körper, obwohl der auch super wertvoll ist und ich viel Zeit und Energie darauf verwende, ihn in Form zu halten. Ich scheine aus vielen Dingen zu bestehen, die nicht ›ich‹

sind ... Was irgendwie seltsam ist, wenn ich so darüber nachdenke. Also, wer bin ich?«

Paul: »Ich würde sagen, du bist auch all diese Dinge, nur nicht dauerhaft. Deine Gedanken, deine Gefühle und dein Körper verändern sich ständig. Dein ›wahres Selbst‹ muss etwas sein, das immer da ist. Du bist nicht deine Gedanken. Du bist nicht dein Körper. Du bist nicht deine Emotionen. Du bist unendlich viel mehr. Du bist das, was sich *bewusst* ist, dass du Gedanken, Emotionen und einen Körper hast. Ich bezeichne mein wahres Selbst gerne als meine Seele oder mein Bewusstsein. Die Wörter sind nicht so wichtig.«

Als Paul für einen Augenblick innehielt, dachte Marie nach.

Marie: »Bist du dir da sicher?«

Paul: »Nein. Für mich ergibt das Sinn. Und obwohl es viele spirituelle, philosophische, religiöse und sogar wissenschaftliche Organisationen, Strömungen und Traditionen gibt, für die die Frage ›Wer bin ich?‹ im Zentrum steht, kann es keine Gewissheit geben. Es ist auch nicht entscheidend, Gewissheit zu haben ... die Frage ist ...«

Marie: »... zu gut, um sie mit einer Antwort zu verderben.«

Paul: »Viel zu gut. Denn sie ist ... eine Einladung. Und jetzt sind wir schon mit einem Fuß im Bereich des Glaubens. Und Glaube erfordert *Un*gewissheit, die Bereitschaft zu Ungewissheit. Mein Intellekt allein wird es nicht erfassen können, weil er selbst nur ein Teil dessen ist, was ich bin, ein Teil des Ganzen. Um also deine Frage zu beantworten: Ich kann es erst genau wissen, wenn ich gestorben bin; oder besser gesagt, wenn mein Körper gestorben ist. Dann werden wir sehen ...«

Marie: »Oh, versprich mir, dass wir dann unser Gespräch fortsetzen.«

Paul sah Marie mit einem leisen Lächeln an, das Ausdruck tief empfundener Dankbarkeit, Verbundenheit und Demut war.

Paul: »Das wäre mir ein großes Vergnügen. Und wir brauchen damit nicht zu warten. Ich mach dir einen Vorschlag: Da wir es ja nicht wissen können, lass uns doch, nur für einen Moment, die Möglichkeit akzeptieren, dass wir *immaterielle* Wesen sind – nennen wir sie Seelen oder Bewusstsein –, die *materielle* Erfahrungen machen, und zwar indem sie diese materielle Welt durch die Sinne, Gedanken und Gefühle erleben, die uns unser Körper ermöglicht. Und dann schauen wir, was diese Betrachtungsweise in unserem Leben, einschließlich unserer Arbeit, bewirken oder ermöglichen kann. Wäre das okay für dich?«

Marie: »In Ordnung. Probieren wir's aus. Ich habe ja nichts zu verlieren, richtig?«

Paul: »Nun, ich möchte dir nichts geben und nichts nehmen. Weil weder das eine noch das andere nicht erforderlich ist. Und doch magst du Dinge annehmen und loslassen, die du unterwegs entdeckst. Das bleibt immer deine Wahl.«

Marie lächelte: »Also gut, wo fangen wir an?«

Paul: »Was würdest du sagen, auf welche Weise nimmst du die alltäglichen Ereignisse meistens wahr?«

Marie: »Na ja, zunächst sehe, höre, rieche oder berühre ich etwas.«

Paul: »Also mit deinen Sinnen, richtig?«

Marie: »Ja.«

Paul: »Und wenn diese Sinneseindrücke, diese Informationen, dann in deinen Körper eingedrungen sind, was lässt dich dann – innen – etwas *erleben*?«

Marie: »Ich denke, es sind im Wesentlichen meine Gedanken, Überzeugungen, Erinnerungen und Gefühle.«

Paul: »All diese Fähigkeiten helfen dir, diese Informationen einzuordnen, ihnen eine Bedeutung beizumessen.«

Marie: »Ich folge dir.«

Paul: »Ohne deine Gedanken, ohne deine Gefühle, würdest du also nichts erleben. So wie es aussieht, existieren wir also durch unsere Gedanken und die Gefühle, die sie erzeugen. Sie lassen uns lebendig ... fühlen.«

Marie: »Das ist der Energiekreislauf.«

Paul: »Ja. Genau. ›Ich denke, also bin ich‹, wie Descartes sagte, ist eine Art Grundannahme über das Leben. So kommt das Leben rüber, denn meine Gefühle und Gedanken sind für mich sehr real.«

Marie: »Und heutzutage kann man ihnen sogar mittels bildgebender Verfahren und Magnetresonanztomografie quasi in Echtzeit zuschauen und sie messen. Verzeih – das ist mein Fachbereich. Wir entwickeln Zubehör für diese Maschinen.«

Paul: »Das kann man in der Tat. Gedanken und Gefühle sind Formen von Energie, deren Auswirkungen messbar sind. Wenn du dich nun aus dieser Perspektive heraus betrachtest, wie wohl würdest du dich fühlen, wenn du eine persönliche Meinung oder eine Überzeugung loslassen müsstest?«

Marie: »Irgendwie ... unangenehm. Meine Überzeugungen und Meinungen sind ja nicht nur Gedanken, die kommen und gehen. Sie sagen etwas darüber aus, wie ich mich selbst sehe, wie ich die Welt sehe, wie ich gesehen werden möchte. Sie spiegeln alles wider, was ich bis jetzt gelernt habe. Einen Gedanken oder eine Überzeugung, selbst eine Sorge loszulassen, würde also bedeuten, einen Teil von mir selbst loszulassen. Es wäre fast so ... als müsste ich, als müsste ein Teil von mir *sterben*.«

Paul hörte sich Maries Überlegungen sehr aufmerksam an.

Marie: »Wir scheinen an einigen unserer Gedanken zu hängen, selbst wenn sie unangenehm sind, oder?«

Paul: »Das scheint so zu sein. Wir alle hängen an einigen Dingen und einigen Gedanken. Das ist weder gut noch schlecht. Es ist eben so. Wie du es gerade beschrieben hast, ist dieses Festhalten, diese Bindung, ein fester Bestandteil unserer menschlichen Erfahrung. Gedanken sind der Stoff, das Baumaterial, aus dem unsere sogenannte *Identität* – was wir glauben zu sein, unser Bild von uns selbst – gemacht ist.«

Marie: »Das würde ja bedeuten, dass ich mich umso lebendiger fühle, je stärker meine Gedanken, meine Urteile, meine Überzeugungen sind. Und Stille … Leere … wäre fast ein wenig beklemmend.«

Paul: »Und wenn du mit dir allein bist und nichts zu tun hast, kann es sein, dass du, statt endlich die Stille zu genießen, den Impuls verspürst, deinen Geist bis spät in die Nacht mit Fernsehen, Problemen oder anderen Aktivitäten zu beschäftigen, in der Hoffnung, dich lebendig zu fühlen … und um die Leere zu vermeiden.«

Marie: »Und ich mag mir noch nicht einmal bewusst sein, dass ich gerade in gewisser Weise … *un*bewusst bin.«

Paul: »Ja, ich würde sagen, in solchen Momenten sind wir unbewusst. Wir fliegen mit Autopilot, haben aber vergessen, dass er eingeschaltet ist.«

Marie: »Oje, das klingt nach einem Rezept für eine Bruchlandung.«

Paul: »Wir sind vermutlich alle mehr oder weniger Juniorpiloten, die noch Flugstunden sammeln. Wenn man es so betrachtet, dann bedeutet Achtsamkeit, uns daran zu erinnern, dass wir Pilot:innen sind, nicht das Flugzeug.«

Marie: »Das heißt also, dass ich mich von meinen Gedanken und Gefühlen trennen muss?«

Paul: »Ich glaube nicht, dass wir das können oder müssen. Das Flugzeug, in dem wir sitzen, besteht aus Überzeugungen und

Mindsets, die wir kreiert haben. Es ist normal, dass wir an ihnen festhalten – wir haben Jahre damit zugebracht, sie aufzubauen. Und so ein Flugzeug ist ja auch eine tolle Maschine. Immerhin kann man damit fliegen.

Aber wenn wir anfangen, das Flugzeug als das zu sehen, was es wirklich ist – ein mächtiges, komplexes Werkzeug mit einigen intakten und einigen abgenutzten Teilen, die hier und da ausgetauscht werden müssen –, können wir entscheiden, für welche Zwecke wir es einsetzen wollen.

Wir entscheiden über das Ziel, denn wir sind am Steuer – nicht das Flugzeug. Wir können die Maschine so *bewusster* nutzen. Wir können entscheiden, welchen Gedanken wir Energie geben und welchen weniger. Und unser Herzstand ist das wichtigste Instrument im Cockpit. Es gibt uns Auskunft über den Zustand des Flugzeugs und ob es gerade stabil fliegt.«

Marie dachte an eine Zeile aus einem Gedicht, das ihr immer wieder begegnet war. Sie konnte sich nie erklären, warum es sie jedes Mal berührte, wenn sie es las – ganz unverhofft. In diesem Moment sah sie eine Verbindung.

Marie: »Ich bin der Käpt'n meiner Seel?«

Paul: »Das *bist* du.«

Marie: »Paul, ich muss zugeben, dass du mich jedes Mal überraschst, wenn wir uns treffen; ich hatte nicht erwartet, dass wir heute Nachmittag ein Gespräch über Physik, Seele und Bewusstsein führen würden. Es gibt nicht viele Gelegenheiten, über diese Dinge zu sprechen – ich schätze das sehr. Es ist wertvoll. Gleichzeitig fühle ich mich ein wenig angespannt, vermutlich weil ich noch nicht ganz erkennen kann, inwiefern all dies für unser Gespräch über Führung relevant ist.

Ich meine, wie kommen wir denn jetzt von der subatomaren und seelischen Ebene zurück zu Gewinn- und Verlustrechnungen, KPIs, Kunden- und Projektbesprechungen? Weißt du, das letzte Mal, als ich darauf geachtet habe, saßen in unseren Meetings ja immer noch sichtbare Körper – einige mit festen, unüberhörbaren Überzeugungen –, die ganz materielle Entscheidungen mit ganz spürbaren Auswirkungen trafen. Ich möchte auf keinen Fall abschätzig klingen; ich habe nur Schwierigkeiten, dieses Thema *Seele* und ›*wahres Selbst*‹ mit dem Büroalltag unter einen Hut zu bringen. Verstehst du? Wie kann mir diese Perspektive dabei helfen, öfter in einem offenen Herzstand zu sein und ein besserer Chief Energy Officer zu werden?«

Paul: »Ach, Marie, danke, dass du so offen und ehrlich aussprichst, was dich irritiert. Ich verstehe deine Frage und deine Bedenken voll und ganz – ich habe mir die gleiche Frage immer wieder gestellt und tue das immer noch. Alles, was wir gerade tun, ist, unser Verständnis von dem, was wir Wahrheit oder Realität nennen, zu erweitern. Denn alles, was wir erleben – einschließlich der Arbeit –, wird zwangsläufig und meist unbewusst durch diese Brille betrachtet. Wenn wir die Linse nicht austauschen, sehen wir nicht mehr, selbst wenn wir genauer hinschauen. Das beantwortet nicht deine Frage, und ich habe keine Antwort. Aber vielleicht wäre es hilfreicher, wenn wir uns zusammen einige Situationen aus dem echten Leben anschauen. Was denkst du?«

Marie: »Ja, gern. Ich *liebe* praktische Dinge.«

PRÄSENZ: DEINEN IPOD BEDIENEN

Paul: »Marie, kannst du dich an Situationen erinnern, in denen jemand etwas gesagt oder getan hat, das dich wütend gemacht oder verärgert hat, du aber erst nach einer Weile wieder mit diesem Menschen sprechen konntest? Vielleicht hast du das Gespräch hinausgezögert, weil du dich noch nicht bereit gefühlt hast, es zu führen.«

Marie: »Oh ja, ganz bestimmt. Ich kann mich an viele solcher Momente erinnern.«

Paul: »Ich auch. Und gab es Zeiten, in denen deine Irritation oder deine Verärgerung über die Situation in den darauffolgenden Tagen zugenommen hat?«

Marie: »Natürlich.«

Paul: »Wie würdest du diese Erfahrung beschreiben? Wie zeigt sich das bei dir?«

Marie: »Es schwirrt mir ständig im Kopf herum. Ich denke gleich nach dem Aufwachen daran, beim Zähneputzen, unter der Dusche, beim Frühstück oder spätestens im Auto. Es kommt wieder hoch in Meetings und in den Pausen, und es kann mich sogar vom Schlafen abhalten. Die Gedanken können mich buchstäblich aufzehren.«

Paul: »Was denkst du dann so typischerweise? Welche Gespräche finden in deinem Kopf statt?«

Marie: »Ich glaube, in gewisser Weise probe ich die Auseinandersetzung, von der ich glaube, dass sie eines Tages stattfinden wird, oder die ich mir erhoffe. Ich denke darüber nach, wie ich mein eigenes Handeln plausibel rechtfertige und wie ich deutlich mache, warum das, was die andere Person gesagt oder getan hat, falsch war und welche Auswirkungen es auf andere und auf mich hatte. Ich stelle mir dann die Reaktionen des anderen und meine Verteidigungslinie vor und so weiter und so fort. Ich spiele verschiedene Szenarien durch. Manchmal spreche ich sogar mit mir selbst, als wäre ich in diesem Moment im Gespräch. Und manchmal fällt das sogar George auf. ›Marie, führst du etwa Selbstgespräche?‹, fragt er dann. Das ist mir dann meist etwas peinlich, weil ich dachte, ich wäre allein.«

Paul: »Okay. Dein Kopf ist dann also voll mit Dingen, richtig? Die Gedanken über die Situation oder die Person füllen das Apartment hier oben.«

Paul zeichnete mit seinem Finger ein unsichtbares Quadrat auf seine Stirn, während er das sagte.

Marie: »Ja, das könnte man so sagen.«

Paul: »Nur so aus Neugier: Wenn du in diesem Zustand bist, wie bewusst ist dir dann die Tatsache, dass du diese ›Gespräche‹ führst?«

Marie: »Ich bin mir nicht sicher. Ich meine, ich erinnere mich recht gut an diese Phasen, es ist also nicht so, als wäre ich in einem Traum oder so. Andererseits habe ich dann oft das Gefühl, dass ich mich in einer Art Denkblase befinde. Ich erinnere mich an einige Situationen, in denen ich morgens das Haus ohne meine Jacke oder meinen Laptop verlassen habe – Dinge, die ich ganz offensichtlich brauchen würde. Einmal bin ich sogar zum falschen Flughafen gefahren. Ein anderes Mal hätte ich fast einen Unfall gebaut. Auf der Autobahn war Stop-and-Go, und ich hatte für einen kurzen Augenblick nicht bemerkt, dass der

Verkehr wieder zum Halten kam. Ich trat erst auf die Bremse, als ich das Hupen der Autos vor und hinter mir hörte; es war so, als wäre ich gerade aufgewacht. Ich geb's nicht gerne zu, aber für einen Moment war ich mir wohl nicht bewusst, dass ich am Steuer saß.«

Paul: »Dein Autopilot ist also gefahren, richtig?«

Marie lächelte und zog ihre rechte Augenbraue hoch. »Tja, ich schätze, irgendjemand muss das Auto ja bis zu diesem Punkt gefahren haben.«

Paul: »Vermutlich. Und wie würdest du rückblickend das Gefühl beschreiben, während dein Autopilot am Lenkrad saß? Was macht deine Energie? Wie ist dein Herzstand?«

Marie: »Ich würde sagen, ich bin ... angespannt. Mein Herz klopft und mein Brustkorb zieht sich zusammen, fast als wäre ich dort – in dem Gespräch –, und es fällt mir schwer, mich auf andere Dinge zu konzentrieren. Irgendwann fühle ich mich auch erschöpft. Und das scheint sich in meinem Gesicht und meinem Auftreten zu zeigen. Manchmal kommen meine Kinder oder Kolleg:innen auf mich zu und fragen mich, ob es mir gut ginge, worauf ich meistens reflexartig erwidere, dass alles gut wäre. In Wahrheit, würde ich sagen, bin ich in einem geschlossenen Herzstand.«

Paul: »Okay. Und wenn du im Autopilot-Modus solch intensive Gefühle spürst, hast du dich schon mal dabei ertappt, wie du über dich selbst, das Leben oder andere schimpfst? Nicht unbedingt böswillig, sondern indem du dich verleiten lässt, alle um dich herum wissen zu lassen, wie schlecht es dir wegen der Unzulänglichkeiten anderer geht ... und dir dadurch insgeheim ein wenig mehr Mitgefühl oder Unterstützung erhoffst? Oder indem du die Leidensgeschichten anderer mit deinen eigenen persönlichen Beispielen bestätigst oder einfach nur nickst, mit den Augen rollst und diese Geschichten mit ›Herzlich willkommen in meiner Welt‹ quittierst? Ist das schon mal passiert?«

Marie: »Herzlich willkommen in meiner Welt. Vor dir kann ich es mir ja eingestehen. Ich kenne das, was du beschreibst. Manchmal wirkt es wie eine Art Probelauf für das eigentliche Gespräch, das noch nicht stattgefunden hat. Vorher war es nur in meinem Kopf, aber jetzt spreche ich es in der Gegenwart anderer aus. Ich tue das zwar selten, aber es gibt Momente, in denen es mir vermutlich ein wenig Sicherheit gibt ... und Erleichterung verschafft.«

Paul: »Ich glaube nicht, dass du damit allein bist. Und: Ist es eine Erleichterung?«

Marie: »Für einen Augenblick jedenfalls. Dann scheint sich das Gefühl noch zu verstärken. Ich fühle mich dann noch mehr im Recht, noch verletzter, noch streitlustiger als zuvor. Ein wenig wie ein Opfer, das verteidigt werden muss oder Gerechtigkeit erfahren will.«

Paul: »Marie, ich schätze deine Ehrlichkeit so sehr. Es ist jedes Mal erfrischend. Lass uns dieses Szenario für einen Moment beiseitestellen. Stell dir vor, du schreibst es auf ein großes Blatt Papier und legst es neben dich.«

Marie: »Okay. Hab ich gemacht.«

Paul: »Denk mal an eine Situation, in der etwas Ähnliches passiert ist. Auch hier hast du – aus welchen Gründen auch immer – nicht mit der Person gesprochen, deren Handlungen oder Worte deine Gefühle ausgelöst haben. Aber in diesem Fall hat die Intensität deiner Gefühle mit der Zeit nachgelassen. Und als du dich dann mit dieser Person getroffen hast, hattest du entweder kein starkes Bedürfnis mehr, über das zu sprechen, was dich zuvor gestört hatte, oder du warst in der Lage, dich mit ihr oder ihm aus einer ruhigen und mitfühlenden Perspektive heraus zu unterhalten.«

Marie durchsuchte die Bibliothek ihrer Erinnerungen.

Marie: »Ja, auch das kommt manchmal vor. Aber nicht oft. Manchmal kann ich mich nach einer Zeit gar nicht mehr so recht daran erinnern, was mich überhaupt aufgeregt hat. Ich kann mich zum Beispiel an Situationen erinnern, in denen mein Mann und ich uns gestritten haben und ziemlich wütend aufeinander waren. Und am nächsten Morgen, nach ausreichend Schlaf und dem ersten Kaffee, haben wir uns vorsichtig angesehen, uns umarmt und uns zugeflüstert: ›Es tut mir leid‹ oder ›Ist schon gut, mein Schatz‹. Wir haben uns spontan, fast ohne Worte, vergeben, und unsere Herzen haben sich weit geöffnet. Tief in uns drin wussten wir, dass es nichts mehr zu besprechen gibt, denn unser Ärger *existierte* eigentlich nicht mehr. Und so haben wir uns darum nicht mehr gekümmert und weitergemacht. In anderen Fällen aber konnten wir uns tagelang nicht mehr in die Augen sehen, so sauer waren wir aufeinander.«

Paul: »Ich finde mich selbst in deinen Beispielen wieder und vermute, es gibt viele Menschen, die ähnliche Erfahrungen schildern könnten. In beiden Fällen hattest du nicht mehr mit dem jeweiligen Menschen gesprochen – um das Thema, sagen wir mal, aus der Welt zu schaffen. Worin also unterscheiden sich diese beiden Erfahrungen voneinander?«

Marie: »Das ist eine gute Frage. Aus irgendeinem Grund sind meine Gedanken im ersten Szenario – wenn ich tagelang aufgebracht bin – ziemlich *laut*. Sie sind intensiv, voller Energie. Vielleicht so wie bei einem lauten Rockkonzert, bei dem ich nichts anderes hören konnte als die Musik, selbst wenn ich wollte. Im anderen Fall scheinen meine Gedanken *leiser* zu werden – eher wie die Hintergrundmusik in einem Supermarkt, die ich nur dann wirklich wahrnehme, wenn ich ihr bewusst Aufmerksamkeit schenke.«

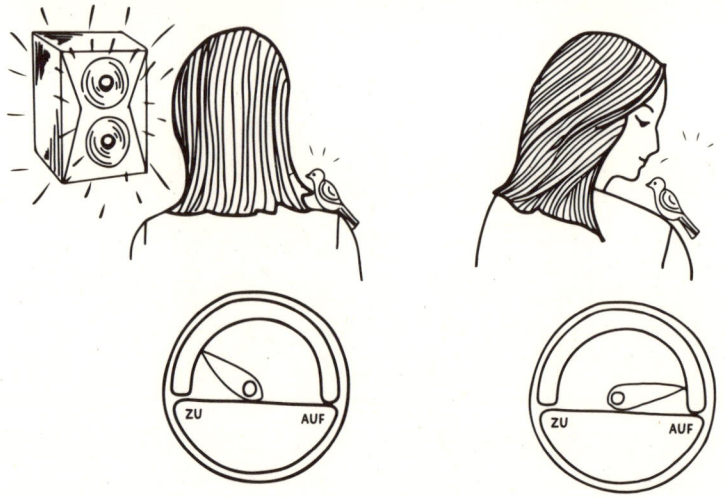

Paul: »Ah, mir gefällt deine Metapher. Gedanken sind ja, genau wie Musik, letztlich Formen von Energie.«

Marie: »Das bedeutet auch, dass ihnen, um zu existieren, Energie zugeführt werden muss. Sonst würden sie irgendwann verpuffen.«

Paul: »So ist es. Die Energie verschwindet nicht, sondern verwandelt sich – buchstäblich – in Gefühle, Worte, Handlungen und körperliche Zustände. Und wenn wir Gedanken häufig denken, verstärken sie die Verbindungen zwischen unseren Synapsen und unseren Nervenbahnen. Mit der Zeit werden sie zu Gewohnheiten, Mindsets, Glaubenssätzen oder ... einem stetigen Gefühl.«

Marie: »Wir geben also unseren Gedanken Energie, indem wir ihnen Aufmerksamkeit schenken. Jedes Mal, wenn wir wieder an sie denken, bewusst oder unbewusst, jedes Mal, wenn wir über sie sprechen, werden sie stärker, richtig?«

Paul: »Genau. Aufmerksamkeit ist der Stoff, aus dem wir unsere Welt bauen. So lernen wir neue Fähigkeiten. So beeinflussen wir auch unsere Energie, unseren Herzstand und letztlich unsere Realität.«

Marie: »Hm, das ist interessant. Letzten Monat im Park haben wir uns mit dem *Inhalt* unseres Denkens beschäftigt. Jetzt schauen wir uns gerade den *Prozess* unseres Denkens an und werden zu Beobachtern.«

Paul: »Du sagst es! Du bist achtsam, wenn du anfängst, die Musik in deinem Kopf zu beobachten.

Schau, wenn wir uns in einem geschlossenen Herzstand befinden, können wir ein bisschen wie Menschen mit kabellosen Kopfhörern sein, die in Dauerschleife eine Playlist mit dem Titel ›Best of: Bewertung & Beurteilung‹ hören, ohne dass wir uns überhaupt bewusst sind, dass wir gerade aufgezeichnete Musik hören. Wir hören sie zwar jetzt, in der Gegenwart, aber sie wurde in der Vergangenheit komponiert und aufgezeichnet. Wenn wir erkennen, dass es die *Musik* ist, die unseren Herzstand schließt, und nicht die Ereignisse oder Menschen, von denen die Musik handelt, können wir unsere Optionen überdenken. Wir können die Lautstärke verringern, die Playlist wechseln oder sogar die Kopfhörer abnehmen und erkennen, dass wir nicht die Musik sind, sondern diejenigen, die sich entschlossen haben, sie zu hören.«

Marie: »Ah, das gefällt mir. Die Playlist zu wechseln ist so, als würden wir uns entscheiden, den Inhalt unserer Gedanken oder unseren Fokus zu ändern. Wir könnten zum Beispiel unseren Impuls, über jemanden zu urteilen, also die aktuelle innere Playlist, erst wahrnehmen und sie dann quasi austauschen, indem wir die negativen Annahmen über die Motive einer Person nicht weiter wiederholen, sondern neugierig werden – zum Beispiel, warum er oder sie sich wohl so verhält oder wie er oder sie sich gerade fühlt.«

Paul. »Ja, genau.«

Marie: »Das ist eine bewusste Entscheidung, ähnlich bewusst wie das Wechseln meiner Playlist.«

Paul: »Ja, ähnlich. Und wenn dein Herzstand recht fest geschlossen und die Energie, die von deinen Gedanken ausgeht, noch zu stark ist, könnte es dir schwerfallen oder noch nicht möglich sein, dich selbst – deine Playlist – auf diese Weise zu betrachten. Etwas realistischer mag es dann sein, in einem ersten Schritt nur die Lautstärke zu senken.«

Marie: »Klar, das macht Sinn. Die Lautstärke zu senken, würde vermutlich bedeuten, die Energiezufuhr zu unterbrechen, die unsere Gedanken zum Leben brauchen, und sie nicht mehr mit zu kalorienreicher Nahrung zu versorgen, richtig? Jedes Mal, wenn ich mich wieder mit einem Gedanken oder einer Geschichte beschäftige oder mich auf Selbstgespräche mit meiner Opferstimme einlasse, in der Hoffnung, ihren Schmerz so ein wenig zu lindern, wird der Gedanke mächtiger statt schwächer.«

Paul: »Genauso ist es. Wie könntest du die Lautstärke denn runterdrehen? Was hat sich in deiner eigenen Erfahrung bewährt?«

Marie überlegte: »Nun, ich könnte schlicht und einfach unterbrechen, was ich gerade tue. Ich könnte aufstehen und spazieren gehen oder ein paarmal tief durchatmen. Ich könnte mit jemandem sprechen, der mir guttut.«

Paul: »Ja. Zum Beispiel. Alles, was deine Denkgewohnheit für einen Moment unterbricht, wird dir helfen. Denn: Deine Gedanken haben eine gewisse Trägheit – wie eine schwere Kugel, die ohne ein Eingreifen einfach weiterrollt. Es könnten auch Sätze sein oder ein Bild.«

Marie: »Was für ein Satz? Was für ein Bild?«

Paul: »Ich spreche gerne mit meinen Gedanken. Sie wohnen ja in meinem Haus, und manche schon lange. Wir kennen uns gut. Ich bin der Hausherr, und meine Gedanken sind meine Mieter. Wir laufen uns öfter über den Weg, vor allem dann, wenn draußen etwas Aufregendes passiert.«

Marie: »Und was sagst du deinem Mieter so?«

Paul: »Ich lade ihn ein, sich auf den Stuhl neben mich zu setzen, und biete ihm einen meiner besten Tees an. Und ein bisschen von Annas Gebäck.«

Marie: »Natürlich. Und dann?«

Paul: »Dann sage ich meinen Gedanken zwei Dinge: Erstens: ›Du bist hier herzlich willkommen. Du darfst bleiben. Genieße den Tee und das Gebäck.‹«

Marie: »Und zweitens?«

Paul: »›Ich danke dir. Du hast mir in der Vergangenheit oft geholfen. Und: Jetzt brauche ich etwas anderes.‹«

Marie: »Du bist sehr nett zu deinen Gedanken. Also, zu deinen Mietern.«

Paul: »Natürlich. Ich selbst habe den Mietvertrag unterschrieben. Zu irgendeinem Zeitpunkt waren diese Gedanken das Beste, was mir zur Verfügung stand. Zu jedem Zeitpunkt wollten sie mir helfen oder den Teil schützen, der glaubt, noch geschützt werden zu müssen.«

Marie: »Aber warum schickst du ihn nicht einfach weg? Warum gibst du ihm nun *doch* Aufmerksamkeit und Energie? Und gleich so leckere?«

Paul: »Weil ich mich dann selbst wegschicken würde. Und das funktioniert nicht. Alles, was wir verdrängen, kehrt zurück, bis wir es endlich zur Kenntnis nehmen und womöglich sogar annehmen. Dieser Teil möchte auch gesehen werden. Weißt du, er ist etwas jünger als ich, und wenn ich ihn zurückweise, hat er diese Angewohnheit, die Musik in seinem Zimmer etwas lauter zu stellen.«

Marie: »Pubertät. Ein schwieriges Alter.«

Paul zwinkerte Marie zu.

Marie: »Und so wären wir wieder bei der Lautstärke und der Frage, wie wir sie verringern oder, wie ich jetzt entdecke, dafür Sorge tragen können, dass sie nicht etwa noch zunimmt. Und dann – könnte ich meine Kopfhörer auch abnehmen.«

Paul: »Ja. Auch das kannst du. Und wenn du deine Kopfhörer abnimmst, dann änderst du deinen Standpunkt, den Ort, von dem du schaust. In dem Moment erinnerst du dich daran, dass du ein Werkzeug in der Hand hältst, wenn auch ein recht ausgefeiltes, leistungsfähiges. Du erinnerst dich daran, dass du nicht deine Gedanken bist, genauso wenig wie du dein Sehvermögen oder dein Gehör bist. Allesamt sind sie wunderbare Werkzeuge, aber dein wahres Selbst, deine Seele, ist die Künstlerin, die sie benutzt.

Von diesem Standpunkt aus betrachtet, bist du diejenige, die ihren iPod bedient und damit für ihn verantwortlich ist. Andernfalls ist es der iPod – oder deine Gedanken und Gefühle –, die dein Leben bestimmen.«

Marie stellte sich vor, wie sie ihre Kopfhörer abnahm und sie betrachtete.

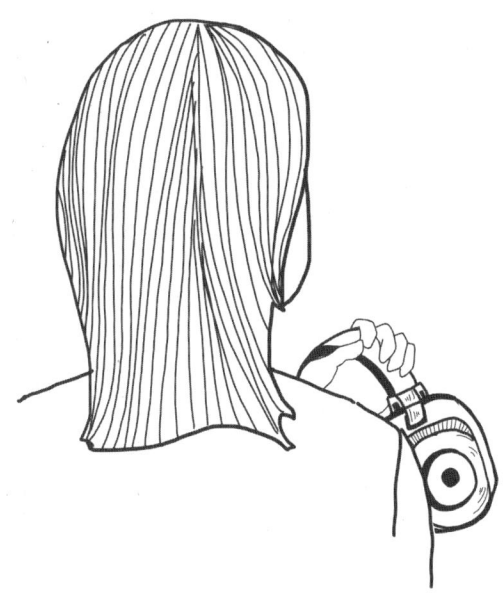

PRÄSENZ: BEOBACHTER:IN WERDEN

Marie: »Also, wenn es unser Denken, unser innerer iPod ist, der unseren Herzstand beeinflusst, dann gibt es im Kern drei Wege, unser Herz zu öffnen, wenn es in einem geschlossenen Zustand ist. Wir können den Lautstärkeregler betätigen. Wir können eine andere Playlist auswählen, zum Beispiel ›Wohlwollen annehmen‹. Und ich kann Beobachterin meiner Gedanken werden – also meinen iPod samt Kopfhörer betrachten.«

Paul nickte. Langsam, behutsam. Er konnte Maries emporkommende Freude spüren, die daraus erwuchs, dass sie etwas klar vor sich sah, etwas Wunderschönes, das schon immer da war und geduldig darauf wartete, entdeckt zu werden. Doch dann begann ein Zweifel, ihr die Aussicht zu verstellen.

Marie: »Ich war mir meines inneren, geistigen iPods noch nie wirklich bewusst. Wie kann das sein? Und wie hätte ich mir dessen bewusst werden können? Und könnte ich die Kopfhörer wirklich abnehmen? Ich meine, denken wir nicht ständig?«

Paul: »Ich möchte dir eine Frage stellen. Als du diesen Streit mit deinem Mann hattest und ihr euch am nächsten Morgen entschieden habt, einander zu vergeben und einfach weiterzumachen ... Was ist da geschehen ... zwischen dem Streit und dem Moment, in dem ihr euch umarmt habt? Was hat euch aus deiner Sicht geholfen, eine eher niederfrequente Energie in eine hochfrequentere umzuwandeln?«

Marie: »Ich ... ich weiß nicht genau, was ich getan habe, wenn ich überhaupt etwas *getan* habe. Irgendwie muss ich es aber geschafft haben, die Lautstärke runterzudrehen und dann die aggressive Musik ganz abzuschalten. Am Morgen sah ich ihn und er mich so, wie wir uns meistens sehen – mit liebevollen, wertschätzenden Augen.«

Paul: »Würdest du mir also zustimmen, dass du, obwohl du nichts bewusst getan hast, schon damals die Fähigkeit besessen haben musst, Energie umzuwandeln? Du hattest an jenem Abend keinen Ratgeber zu dem Thema gelesen. Du hast auch nicht mit einer weisen Freundin telefoniert.«

Marie: »Nein, das habe ich tatsächlich nicht. Und so betrachtet, würde ich sagen, dass George und ich schon unzählige Male Energie umgewandelt haben. Wir sind Experten.«

Paul: »Schau, wann immer *das* geschieht, ist deine natürliche Weisheit am Werk und lenkt dich. Diese Weisheit ist nicht außerhalb von dir, du trägst sie schon immer in dir. Die einzige Frage, über die wir beide reden, ist, wie wir diese natürliche Fähigkeit ein wenig öfter oder bewusster nutzen können. Und wie können wir sie vielleicht stärken, damit wir uns von vornherein seltener in geschlossenen Herzständen wiederfinden?«

Beide saßen schweigend da. Marie genoss den Klang der Stille. Sie empfand Frieden und Aufregung zugleich. Sie spürte, wie sich vor ihr eine neue Landschaft entfaltete. Sie konnte sie fühlen, aber nicht beschreiben. Und sie wollte sie auch nicht beschreiben.

Paul: »Wärst du bereit, etwas auszuprobieren?«

Marie: »Aber sicher.«

Paul: »Hast du jemals meditiert oder etwas Ähnliches praktiziert?«

Marie: »Nicht wirklich. Ich habe hier und da darüber gelesen und so etwas mal im Rahmen eines Workshops gemacht, aber es ist keine Gewohnheit.«

Paul: »Oh, das ist völlig in Ordnung. Und lass mich dich noch etwas fragen: Hast du schon mal Fußballspieler:innen kurz vor einem entscheidenden Elfmeter beobachtet, während ihnen dabei Millionen zuschauten, live im Stadion und an den Bildschirmen?«

Marie: »Ja. Das hab ich oft. Ich liebe Sport.«

Paul: »Was ist dir aufgefallen? Wie bereiten sich Profis auf diesen entscheidenden Moment vor? Ich meine, abgesehen davon, dass sie womöglich ein Stoßgebet abschicken oder ihre Eltern anflehen, ihnen beizustehen.«

Marie lachte: »Mir fällt auf, dass sie häufig die Augen schließen oder sich auf einen Punkt konzentrieren. Und dann scheinen sie ein paarmal ganz tief und bewusst durchzuatmen.«

Paul: »Stimmt, das tun sie. Tiefes, also langsames Atmen beruhigt die Herzfrequenz, und es ist ein wirksames Mittel, um körperliche Spannungen abzubauen, die ihren bestmöglichen Schuss im Wege stehen könnten. Und der Fokus auf ihre Atmung, die ihnen ja immer zur Verfügung steht, hilft ihnen, nichts anderes zu denken ...«

Marie: »... wie zum Beispiel: ›Was, wenn ich versage?‹ oder: ›Was, wenn wir gewinnen?‹«

Paul: »Zum Beispiel. Und wenn sie auf diese Weise still werden, können sie dem Moment alles geben, was sie haben, alles, was erforderlich ist. Das ist viel wichtiger als das, was sie über das Spiel wissen. Ihr Körper weiß schon lange, was zu tun ist.«

Marie: »Sie drehen also die Lautstärke ihres iPods runter, indem sie ihre Aufmerksamkeit auf ihren Atem richten. Die Gedanken bleiben zwar, stehen aber nicht im Weg.«

Paul: »Ja, genau.«

Marie: »Aufmerksamkeit kommt vor Wahrnehmung.«

Paul: »Ja.

Marie, wärst du bereit, mit mir eine kleine geführte Meditation zu machen? Danach können wir darüber sprechen, was du erlebt hast?«

Marie: »Sehr gerne. Ich bin neugierig. Aber ich glaube, wir haben nicht viel Zeit – George und die Kinder werden bald vom Kino zurück sein.«

Paul: »Keine Sorge. Das dauert nur ein paar Minuten.«
Marie: »In Ordnung.«
Paul: »Ich nehme dich mit auf eine kleine Reise ...«
Marie: »Wie ein Reiseführer ...«
Paul: »Ja, genau. Und für diese Reise müssen wir noch nicht mal aufstehen. Diesmal machen wir sie im Sitzen ...«
Marie: »Wir sitzen ja schon. Sehr praktisch.«
Paul: »Das ist wunderbar so. Deine Füße berühren den Boden, sodass du ihn spüren kannst, und richte dich ein wenig auf – erlaube dir, aufrecht und bequem zu sitzen. Du kannst leichter atmen, wenn dein Bauch Raum hat und weniger eingezwängt ist. Das ist alles.«
Marie: »Alles klar.«

Marie und Paul rückten bis zur Kante ihrer Stühle vor und richteten ihre Oberkörper auf. Paul sprach mit ruhiger und friedlicher und doch ganz natürlicher, unverstellter Stimme.

Paul: »Wunderbar. Genieße es einfach, dazusitzen. Es gibt nichts, was wir erreichen müssen. Es ist einfach ein Moment für dich allein ...

Leg deine Hände in deinen Schoß ... und lass deine Schultern fallen ...

Gut ...

Und jetzt ... finde deinen Atem ... Nimm einfach wahr, dass du atmest ...

... schon passiert ...

... Atme durch die Nase ...

...

Und jetzt, da du dir bewusst bist, dass du atmest, erlaube dir einfach, ein wenig tiefer *ein-* und ein wenig langsamer *aus*zuatmen, als du es üblicherweise tust ...

…

Wunderbar … Genieße das … Es ist vielleicht das letzte Mal an diesem Tag, dass du einfach nur sitzt und atmest.«

Marie und Paul atmeten zusammen. Marie schloss ihre Augen, ohne darüber nachzudenken.

…

Paul: »Wunderbar … Genieße die Energie von *Stille* …

…

Und jetzt, da du noch ein wenig stiller geworden bist, fällt es dir vermutlich leichter, noch ein wenig tiefer ein- und noch ein wenig langsamer auszuatmen …

…

Du musst nichts tun. Dein Körper weiß, wie das geht …

…

Bei deinem nächsten Einatmen möchte ich, dass du dich still daran erinnerst: ›Ich bin mir bewusst, dass ich einatme‹, und beim Ausatmen: ›Ich bin mir bewusst, dass ich ausatme‹ …

…

Einatmen: *bewusst* … Ausatmen: *bewusst* …

…

Und sollten Gedanken vorbeischauen … wie: ›Warum machen wir das?‹ oder ›Wann sind die Kinder zurück?‹, dann ist das völlig in Ordnung. Nimm sie liebevoll zur Kenntnis, lächele sie an, lass sie weiterziehen und richte deine Aufmerksamkeit wieder auf deinen Atem …

…

Einatmen: *bewusst* … Ausatmen: *bewusst* …

…

Erforsche dein Atmen ein wenig … Nimm wahr, wie die Luft, die du einatmest, deine Nase von innen kühlt … und deinen

Brustkorb hebt ... Jeder Atemzug ist einzigartig ... kein weiterer wird wie dieser sein ...

Nimm wahr, was du wahrnimmst ...

...

Dein Atem ist wie ein Fahrstuhl, der dich in deinen Körper hineinbringt ... etwas tiefer mit jedem Atemzug. Dein *Körper* atmet ...

...

Während du so atmest, nimm einen Teil deiner Aufmerksamkeit und richte sie auf deinen Körper ...

und nimm wahr, was du wahrnimmst ... Pulsieren, Strömen, Kribbeln, Druck, Wärme ... Überall dort, wo Strom fließt, kannst du etwas wahrnehmen ... neugierig ... wie ein Kind ...

...

Mach einen kleinen Scan deines Körpers ... beginne oben am Kopf, am Scheitel ... und gehe dann ganz langsam nach unten ... in deinem Rhythmus ... Stirn ... Nase ... Mund ... Hals ... Schultern ... Brustkorb ...

...

Und jetzt, da du deinen Körper etwas vollständiger spürst, kannst du vielleicht auch die Teile wahrnehmen ..., die du etwas weniger spürst ... oder die angespannt sind ... auch das ist okay ...

...

Nimm dir noch einen Moment und spüre die ganze Länge deines Rückens ... vom Steiß ... bis zu deinem Kopf ...«

Während Marie auf ihren Rücken achtete, spürte sie, wie sie sich weiter aufrichtete. Mühelos. Es war, als würde sich ihr Rücken ... entfalten.

Paul: »Einige sagen: ›Unsere Länge ist unsere Würde.‹

...

Und nun richte einen Teil deiner Aufmerksamkeit auf dein Herz … Nimm einfach seine Bewegung wahr … erst sein Pulsieren … dann etwas feinere Bewegungen …

…

Und nimm wahr, was du wahrnimmst …

…

Dein Körper ist wie ein Haus, das deine Gefühle beherbergt. Ohne deinen Körper kannst du nicht fühlen …

…

Während du so dasitzt und atmest, richte deine Aufmerksamkeit auf die Gefühle, die dein Körper gerade beherbergt … ohne Urteil … ganz behutsam … Einige sind vielleicht klar und deutlich … andere etwas leiser … Einige kannst du benennen … andere nicht … Das ist okay …

…

Es gibt keinen Grund, sie zu verändern … nimm einfach wahr, was du wahrnimmst …

…

Deine Gefühle sind der körperliche Ausdruck deiner Gedanken … Richte deine Aufmerksamkeit jetzt ganz langsam auf deine Gedanken … deinen Geist … und nimm wahr, in welchem Zustand er gerade ist … Ruhig oder eher beschäftigt … inspiriert … besorgt … neugierig … Alles davon … oder nichts davon …

…

Und nun bitte ich dich, auch wenn dir das wie eine abstrakte Idee erscheinen mag, deine Aufmerksamkeit auf das zu richten, was dir ermöglicht hat, all das wahrzunehmen … deinen Körper … deine Gefühle … deinen Geist … Erlaub dir, dich damit zu verbinden …

…

Und während du in diesem ruhigen, stillen Zustand bist, richte deine Aufmerksamkeit auf deine Stirn … auf den Punkt zwischen deinen Augen. Ganz behutsam. Vielleicht spürst du dort ein Kribbeln ...

...

Stell dir vor, du atmest *durch* diesen Ort ... wie durch ein wunderschönes Fenster ... mit einem herrlichen Ausblick ...

...

Zwischen deinen Atemzügen gibt es eine kleine Lücke ... eine Pause ... in der du weder ein- noch ausatmest ... nimm sie einfach wahr ...

...

In diesem Moment ist alles still, alles ruht ... Während du dort bist, stelle eine Frage, auf die du gerne eine Antwort finden möchtest ... und dann ... lass sie los ... vertraue darauf, dass die Antwort zu dir kommen wird ...

...

Beim nächsten Atemzug bringe deine Aufmerksamkeit langsam wieder zurück in deinen Körper ...

...

Einatmen: *bewusst* ... Ausatmen: *bewusst* ...

...

Und bitte deinen Körper, bei jedem Ausatmen alle Spannungen, alle Ängste oder Sorgen ... alles, was nicht *du* bist ... loszulassen. Dein Körper weiß, wie das geht ...

...

Einatmen: *bewusst* ... Ausatmen: *loslassen* ...

...

Und bevor wir von unserer kleinen Reise zurückkehren, bitte ich dich, noch einmal auf deinen Herzbereich zu achten ... Zoome von deinem Körper in dein Herz hinein ... Atme durch dein Herz ...

...

Und während du dort bist, stelle dir einen Ort vor, an dem du tiefen Frieden spürst ... Leichtigkeit ... Glück ...

…

Mein Ort ist eine hohe Düne … mit Blick übers Meer … Spüre deinen Ort … seinen Duft … das Licht … die Luft … Spüre den Frieden an diesem Ort … und erlaube diesem Gefühl von Frieden … jede Zelle deines Herzens auszufüllen … jede Zelle … und von dort aus … jede Zelle deines Körpers …jede Zelle …

…

Einatmen: Frieden … Ausatmen: Frieden …

…

Nimm den friedlichen Zustand wahr, in dem du jetzt bist … Er steht dir *immer* zur Verfügung …

…

Nimm dir vor, mit diesem Zustand heute in Verbindung zu bleiben …

…

Wenn du bereit bist, öffne deine Augen und komme langsam wieder hier an … in deinem Rhythmus.«

Paul und Marie saßen eine Weile still da.

Paul: »Und wie fühlst du dich?«

Marie: »… dankbar … lebendig. Es ist, als würde ich nach einem sehr erholsamen Schlaf die Augen aufmachen. Oder wie das gesunde Gefühl nach dem Sport. Ich fühle mich … wach und gleichzeitig ruhig. Friedlich. Zentriert. Eigentlich kann ich es gar nicht richtig in Worte fassen. Das sind nur Namen und Beschreibungen, die es nicht so ganz erfassen können.«

Paul: »Das ist in Ordnung. Ich spüre deine Energie. Was würdest du sagen: In welchem Herzstand bist du?«

Marie: »Er ist ruhig. Wie ein stiller See. Da ist eine Art stille Energie in meinem Herzen. Ich genieße sie gerade. Ich bin glücklich.«

Paul: »Was passiert in deinem Kopf? Was passiert da gerade?«

Marie: »Jetzt ist er ruhig. Aber ich muss zugeben, am Anfang konnte ich nicht anders, als über alles Mögliche nachzudenken. Anfangs habe ich mich auf meinen Atem konzentriert, ich hab ihn wahrgenommen. Dann fragte ich mich, ob ich dich richtig verstanden habe und ob ich das wohl richtig mache. Das ist mir aber erst aufgefallen, nachdem ich das gedacht hatte. Irgendwann habe ich mich dabei ertappt, wie ich Probleme gelöst habe. ›Was ist, wenn George jetzt zurückkommt und wir das nicht zu Ende bringen können?‹ und: ›Sollten wir nicht bald ein Taxi für Paul bestellen?‹

»Dieser friedliche Zustand steht dir immer zur Verfügung.«

Als ich das bemerkte, war ich etwas verärgert und sagte zu mir: ›Ach, das ist nicht der richtige Moment dafür. Du kannst dich noch nicht einmal auf ein paar Atemzüge konzentrieren. Komm schon, du willst doch Paul nicht enttäuschen.‹«

Paul: »Wie wunderbar.«

Marie: »Was ist daran bitte schön wunderbar?«

Paul: »Ich hatte gehofft, dass du das erleben würdest.«

Marie: »Ich dachte, du wolltest, dass ich erfahre, wie wir unseren Kopf zur Ruhe bringen, indem wir uns auf unseren Atem konzentrieren.«

Paul: »Vielleicht. Das ist schön. Aber wir denken fast immer etwas. Und du hast gerade bewusst deine Gedanken wahrgenommen, den Fluss deiner Gedanken, die kommen, gehen, kommen. Du hast gerade die Kopfhörer abgenommen und beschrieben, was auf der Playlist steht. Hast sogar wahrgenommen, wie dich die Playlist fühlen ließ.

Wenn wir still sind, können wir unseren Gedankenfluss und die daraus entstehenden Gefühle wahrnehmen. Auf einer leeren Leinwand können wir die Pinselstriche unserer Gedanken beobachten.«

Marie: »Ich wurde Zeugin meines eigenen Energiekreises.«

Paul: »Du warst das, was viele als achtsam oder präsent bezeichnen. Du dachtest nicht nur, sondern warst dir deines Denkens bewusst. Du fühltest nicht nur, du warst dir deiner Gefühle bewusst.«

Marie: »Und mit Bewusstsein ...«

Paul: »... kommt Wahl. Wir können üben, präsenter zu sein, indem wir wahrnehmen, wann wir *nicht* präsent sind. Wir können also nur schwer nicht präsent sein. Entweder wir sind es, oder wir nehmen wahr, dass wir es nicht sind.«

Marie: »Es gibt nichts zu *tun*. Ich muss keinen Präsenz-Kurs buchen, bevor es losgehen kann?«

Paul: »Du wurdest als Expertin geboren. Vielleicht bist du manchmal etwas aus der Übung. Du merkst, dass du nicht mehr im Hier und Jetzt bist, wenn du an einem *anderen* Ort bist – in einer *besseren Version* von Jetzt, wenn du so willst.«

Marie: »... die Version, in der das Taxi schon bestellt ist ...«

Paul: »Genau *die* Version. Und wenn du das wahrnimmst, kannst du dich entscheiden, den Gedanken als das zu sehen, was er wirklich ist ...«

Marie: »Ein Gedanke.«

Paul: »Du kannst dich dann entscheiden, den Gedanken loszulassen, indem du deine Aufmerksamkeit dorthin bringst, wo du sie gerade brauchst und haben willst. Hier war es zufällig dein Atem. Dein Bewusstsein kann hingehen, wo es will.«

Marie: »Oder ich verfolge den Gedanken weiter, weil er mir wichtig ist. Oder ich schreibe ihn auf, um mich ihm später zu widmen. So oder so: Ich mache es bewusst.«

Paul nickte ihr zu und schloss dabei für einen kurzen Moment die Augen, als würde er ganz leise flüstern: »Ja«.

Marie: »Bewusst sein heißt also einfach, dass ich mir meiner Playlist bewusst bin.«

Paul: »Bewusst sein heißt, sich erinnern. Es ist das stetige Erinnern, dass du nicht der iPod bist, sondern unendlich viel mehr. Dein Bewusstsein ist dein Beobachter, der Zeuge deines Denkprozesses. Es ist immer da. Deine mentale Gesundheit ist der *Abstand* zwischen dir und deinen Gedanken.«

ACHTSAMKEIT: EINE IMPFUNG FÜR UNSER HERZ

Alles war ruhig für einen Moment.

Noch nie hatte Marie die Frage mentaler Gesundheit, über die sie in letzter Zeit viel gelesen hatte, so betrachtet. Sie wollte unbedingt noch einmal darauf zurückkommen. Nach einem kurzen Blick auf die Uhr wusste sie, dass ihre Frage würde warten müssen.

Marie: »Paul, George und die Kinder kommen bald zurück, und ich wollte ihnen eine Kleinigkeit zu essen vorbereiten. Würde es dir etwas ausmachen, mit mir in die Küche zu kommen und unser Gespräch dort fortzusetzen?«

Paul: »Ganz und gar nicht. Es wird jetzt auch schon ein bisschen kühl, findest du nicht?«

Marie: »Ja, das finde ich auch. Kann ich dir etwas anbieten?«

Paul: »Ein Tee wäre toll, danke, Marie. Und wo finde ich eine Toilette?«

Marie beschrieb Paul den Weg, brachte dann die Tassen und den Teller von der Terrasse in die Küche und begann, Beeren und anderes frisches Obst zu waschen und aufzuschneiden.

Als Paul zurück in die Küche kam, fragte Marie: »Möchtest du was davon?«

Paul: »Da musst du mich nicht zweimal fragen, danke. Ich liebe frische Beeren. Und sie haben jetzt Saison. Im Restaurant wirst du auch bald mehr Beeren auf der Karte finden.«

Marie: »Sollte ich nicht auf Reisen sein, werde ich sicher vorbeikommen.«

Marie gab einige der Früchte in eine kleine Schale und reichte sie Paul zusammen mit einer Tasse Tee.

Marie: »Am Anfang unseres Gesprächs ging es ja um meinen neuen Raum. Ein Raum, in dem der Herzstand und das Wachstum anderer zum wesentlichen *Orientierungspunkt* werden. Achtsamkeit und Präsenz sind die Türen, die zu diesem Raum führen. Ich spüre jetzt, was du meintest, als du zum ersten Mal unsere Rolle als Chief Energy Officer beschrieben hast. Anfangs konnte ich es verstehen. Jetzt kann ich es fühlen.«

Paul: »Dann ist die Chief Energy Officer in dir lebendig und wach.«

Marie: »Und vielleicht frage ich mich deshalb, jetzt mehr als zuvor: Wie kann mir Achtsamkeit ganz praktisch helfen, eine noch effektivere Chief Energy Officer zu werden?«

»Wir können üben, präsenter zu sein, indem wir wahrnehmen, wann wir nicht präsent sind.«

Paul: »Das ist eine großartige Frage.« Er dachte nach und fuhr fort: »Stell dir doch mal vor, du wärst in einem, sagen wir mal, schwierigen Meeting.«

Marie: »Okay.«

Paul: »Stell es dir vor, als wärst du jetzt da. Stell dir den Raum vor, die Menschen im Raum.

Um welches Thema geht es ... und auch ... welche Energie spürst du im Raum?«

Marie legte das Obst in ihrer Hand beiseite und blickte aus dem Küchenfenster. Dann schloss sie für einen Moment die Augen und erinnerte sich daran, dass ihr Bewusstsein überall hingehen kann.

Paul: »Stell dir das Gefühl im Raum vor. Spürst du es?«

Marie: »Oh ja, auf jeden Fall. Ich kann die Spannung spüren. Ich kann spüren, wie jetzt gerade mein Herz klopft. Ich spüre den Drang, etwas sagen zu müssen. Und zwar sehr deutlich.«

Paul: »Ist dein Herzstand eher geschlossen oder offen?«

Marie: »Eher geschlossen. Ich merke sogar, wie sich mein Herz verhärtet.«

Paul: »Was passiert jetzt gerade mit deiner Meinung zu dem Thema? Was nimmst du wahr?«

Marie: »Meine Meinung ... ist recht fest. Irgendwie laut. Ich konzentriere mich darauf, wie ich standhaft bleiben kann.«

> »Deine mentale Gesundheit ist der Abstand zwischen dir und deinen Gedanken.«

Paul: »Und deine Gedanken: Sind sie eher neu ... frisch ... oder sind es eher gespeicherte Erinnerungen, die du abrufst? Dinge, die du schon mal gedacht hast?«

Marie: »Überwiegend meine Gedanken aus der Vergangenheit. Untermauert durch klarere, na gut ... schärfere ... Argumente.«

Paul: »Wie groß ist die Chance, dass du auf die Dinge mit Perspektive blicken kannst, mit Abstand? Wie wahrscheinlich ist es, dass andere es schaffen werden?«

Marie: »Ich verstehe, was du meinst.«

Paul: »Na ja, und komplizierter wird's nicht. Dir geht es gerade nicht gut. Damit du anderen dienen kannst, musst du gesund sein. Damit du dich um andere kümmern kannst, musst du dich um dich selbst kümmern. Um helfen zu können, muss die Helferin gesund sein. Und wenn es vor allem Gedanken – also die Playlists – sind, die die Gesundheit deines Herzens beeinträchtigen, dann ist Achtsamkeit wie eine Impfung fürs Herz. Sie hilft deinem Herzen, gesund zu bleiben. Im Hier und Jetzt ist dein Herz immun.«

Marie: »Ein Impfstoff fürs Herz?«

Paul: »Ja, unsere Gedanken sind ein fantastisches Werkzeug. Sie können sich zum Beispiel die Zukunft vorstellen, sie kreieren.«

Marie: »Ohne unsere Gedanken wären wir nicht in der Lage, irgendetwas zu erschaffen oder zu erfinden.«

Paul: »So ist es. Absolut alles, was wir als Menschen in die Welt gebracht haben, selbst diese Küche, begann als ein Gedanke. Gleichzeitig können unsere Gedanken auch in der Zukunft hängen bleiben, wenn wir in einem Zustand der Sorge und Angst vor der Zukunft sind. Dann lähmt uns diese Fähigkeit.«

Marie: »Ich vermute, das machen wir alle manchmal.«

Paul: »Natürlich. Ich mach das ganz bestimmt. Und unsere Gedanken können sich an die Vergangenheit erinnern …«

Marie: »So lernen wir und vermeiden es, denselben Fehler mehr als fünfmal zu machen.«

Paul lachte. »Ja, manchmal braucht es mehrere Anläufe, bis man eine Lektion gelernt hat. Wir würden also auch ohne diese Fähigkeit unseres Geistes nirgendwo hinkommen. Ohne die Fähigkeit, uns zu erinnern, könnten wir nicht lernen und wiederum recht wenig kreieren. Auch keine neuen Gerichte.«

Marie: »Und das wäre wirklich bedauerlich.«

Paul: »Äußerst bedauerlich. Und: Diese Fähigkeit des Erinnerns kann uns einschränken, denn sie schafft auch die Filter, von denen wir neulich sprachen. Sie speichert unsere Überzeugungen von dem, was richtig und falsch ist, von dem, was funktioniert und was nicht, unsere Bilder von uns selbst und anderen. Unser Geist kann an diesen teils einschränkenden Gedanken hängen, und das führt oft zu Spannungen.«

»Achtsamkeit ist wie eine Impfung fürs Herz. Sie hilft deinem Herzen, gesund zu bleiben.«

Marie: »Meine Gedanken können das Hier und Jetzt also auf zwei Wegen verlassen. Sie können in die Zukunft gehen oder in die Vergangenheit. Diese menschliche Fähigkeit ist wundervoll und hilfreich. Nur verirren sich unsere Gedanken manchmal und finden nicht den Weg zurück.«

Paul: »Das ist ein schönes Bild. Sie brauchen etwas Richtung. Dann können wir auf den Balkon steigen – von dort sehen wir mehr, weil wir mehr Abstand haben.«

Marie: »Meine mentale Gesundheit ist der Abstand – der Raum – zwischen mir und meinen Gedanken.«

Paul: »Und ich habe oft erlebt, dass sich Menschen zu diesem Raum in uns hingezogen fühlen. Menschen spüren und folgen dem Raum, der du bist. Mehr als deinen Meinungen, Entscheidungen, Handlungen oder Rollen. Deckt sich das mit deiner eigenen Erfahrung?«

Marie: »Ja, ich kenne Menschen, die einen solchen Raum – diese Gelassenheit und Ruhe – in schwierige Situationen hineinbringen. Und diese Energie beeinflusst die anderen um sie herum.«

Paul: »Weil wir die Energie der anderen spüren können, werden wir fast unweigerlich von einer sanftmütigen Energie beeinflusst. Ich fühle dich, wie du mich fühlst. Mein Frieden, meine Präsenz hilft anderen, sich wieder mit ihrer eigenen angeborenen Friedfertigkeit zu verbinden. Dafür braucht es keine Worte. Aber wohl Vertrauen in die Kraft, in die stille Kraft unserer eigenen Präsenz. Wir können dort beginnen ...«

Marie: »Ich spüre jetzt, was du mit *Impfung fürs Herz* sagen wolltest. Die Arbeit eines CEO findet vor allem und zuerst innen statt.«

Paul: »Oh ja.«

Marie: »Du schlägst jetzt aber nicht vor, dass ich vor und während Vorstandssitzungen meditiere, oder?«

Paul lächelte: »Nun, es wäre interessant, zu sehen, was passieren würde, wenn wir das öfter täten. Ich glaube, es würde unsere Organisationen tief greifend verändern und stärken. Bis wir dort sind, könnten wir die Meditation eher als eine Art kleines Workout betrachten. Wenn wir morgens laufen gehen, fühlen wir uns während des Tages belebter und frischer, auch wenn wir den Rest des Tages im Büro sitzen.«

Marie: »Das stimmt. Nach einem 30-Minuten-Lauf profitiere ich fast den ganzen Tag davon. Und je regelmäßiger ich laufe, desto länger bleibt mir dieses gute Gefühl auch danach noch erhalten.«

> »Menschen spüren und folgen dem Raum, der du bist. Mehr als deinen Meinungen, Entscheidungen, Handlungen oder Rollen.«

Paul: »Und genauso ist die regelmäßige Meditation ein wirksames Mittel, achtsamer für deinen Herzstand und deine Gedanken zu werden. Als du während unserer kurzen Meditation deine Aufmerksamkeit auf deinen Atem gelenkt hast und du dir dessen bewusst geworden bist, hast du das ganz von selbst getan. Genauso wie du mit Muskeln geboren wurdest, bist du auch mit der Fähigkeit auf die Welt gekommen, deine Aufmerksamkeit und den Fokus deines Geistes steuern zu können. Die Wahl, die du hast, ist, ob du deine Muskeln dann regelmäßig benutzt und trainierst. Kleine

Kinder sind Meister im Loslassen von Gedanken. Wir müssen erst erwachsen werden, um zu lernen, an ihnen zu hängen und dauerhaft frustriert zu sein.«

Marie lachte: »Na, das ist ja ein merkwürdiger Lehrplan, den die *Schule des Lebens* da anbietet.

Du hast recht. Kinder haben auch mal Kummer und Sorgen, aber nur für einen Moment. Und sie können sich aufregen, aber nur für einen Moment. Wenn wir Erwachsene dann nicht eingreifen, spielen sie irgendwann fröhlich weiter. Und wenn Kinder so sind, geht von ihnen eine magische Energie aus, die wir am liebsten in Flaschen abfüllen möchten, um später hier und da einen Schluck davon nehmen zu können. Kinder sind wirklich Profis darin, im Hier und Jetzt zu sein.«

Paul: »Und da wir beide ja selbst einmal Kinder waren, können wir darauf vertrauen, dass wir diese Fähigkeit immer noch in uns haben – jedes Alter, das wir erlebt haben, steckt noch in uns. Wir sind sozusagen jedes Alter. Wenn wir meditieren, verbinden wir uns einfach mit dieser Fähigkeit. Und eine regelmäßige Praxis stärkt deine Achtsamkeitsmuskeln und -reflexe. Wie alles, was wir regelmäßig tun, verändert es buchstäblich deinen Körper, deine Kamera. Du wirst die gleichen Situationen anders sehen und häufiger in einem offenen Herzstand bleiben, ohne bewusst etwas dafür zu tun.«

Marie: »Weil meine Realität eine andere ist.«

Paul: »Genau. Es ist gar nichts passiert. Du bist unbewusst bewusst.«

Marie: »Schon wieder paradox.«

Paul: »Und wenn du mal bewusst unbewusst bist, wenn sich dein Herzstand schließt, kannst du mit der Zeit häufiger und müheloser in einen achtsamen Zustand zurückkehren. Wenn du zum Beispiel merkst, dass deine Playlist am Steuer ist, wenn du Selbstgespräche führst, kannst du das anerkennen. Vielleicht sogar leichtherzig sagen: ›Ach, guck mal, meine Playlist. Da hat wohl jemand die Lautstärke hochgedreht.‹ Dann können ein paar bewusste Atemzüge helfen, dich wieder mit deinem stillen Zustand zu verbinden. Der Frieden, den du vor ein paar Momenten erlebt hast, ist immer für dich da. Du kannst dort immer hingehen. Jederzeit. Denn er lebt im Jetzt.«

Marie: »Und ich schätze, das beinhaltet auch Vorstands- und Projektsitzungen.«

Sie lachten und sahen sich liebevoll an, als wollten sie sich sagen: *Danke, dass du da bist.*

DIE BRILLE PUTZEN: MITFÜHLENDE KONFRONTATION

Marie nahm einen Teller aus dem Hängeschrank, legte das Obst darauf und mischte ein paar Nüsse darunter.

Marie: »Weißt du, Paul, immer wenn wir beide solche Gespräche führen, gibt mir das Kraft und Inspiration. Du hilfst mir, mich mit ein paar Wahrheiten, von denen ich schon immer wusste, und Energiequellen, die schon immer da waren, zu verbinden. Und die Reflexion mit dir, deine bloße Anwesenheit, wirkt sich auf meinen Herzstand aus. Aber dann wird da immer wieder eine Stimme in mir laut, die sagt: ›Ja, alles schön und gut. Aber jetzt mal Hand aufs Herz: Das ist doch weltfremd. Esoterisches Tralala.‹

Weißt du, Paul, wenn ich morgen ins Büro gehe, dann holt mich die Realität wieder ein. Da warten Probleme auf mich – in Form von anstrengenden Beziehungen und Konflikten, die sich auf unsere Arbeit auswirken; da gibt es auch alten Ballast und Politik und, ja, ein paar Individuen mit einer, sagen wir mal, schwierigen Bedienoberfläche.«

Paul hörte aufmerksam zu.

Marie: »Ich weiß, ich urteile hier gerade recht scharf, und gerade vor dem Hintergrund all unserer Gespräche könnte das fast so klingen, als hätten sie mir nichts bedeutet, obwohl das Gegenteil der Fall ist. Glaube mir, unsere Dialoge haben mich verändert. Ich versuche hier nur, realistisch zu sein, also die Realität anzuerkennen. Ich glaube nicht, dass es jemals eine Organisation geben wird, in der es keine Frustration oder Irritation gibt, ganz gleich, wie achtsam wir sind. Ergibt das überhaupt Sinn, was ich sage?«

Paul: »Vollkommen. Tatsächlich stellt sich mir da folgende Frage: Hast du schon einmal irgendeine menschliche Organisation erlebt, sei es ein Unternehmen, eine Familie oder eine Schule, in der es keine Spannungen oder Konflikte gab?«

Marie: »Wenn du mich so fragst ... nein.«

Paul: »Spannungen und Konflikte scheinen also ein Teil unserer menschlichen Natur zu sein.«

Marie: »Es sieht so aus, ja.«

Paul: »Immer wenn Menschen zusammentreffen, werden sie sich auf die Füße treten. Unweigerlich. Irgendwann. Konfrontation passiert. Das ist im wahrsten Sinne des Wortes *menschlich*. Wenn du das akzeptierst, dann ist die *Abwesenheit* von Konflikten oder Spannungen letztlich keine Eigenschaft gesunder Teams oder Organisationen. Die meiste Zeit leiden Menschen und Organisationen nicht unter Spannungen, es sei denn, es handelt sich um einen Dauerzustand. *Sie leiden darunter, sich ihnen nicht zu stellen*, solange sie es noch könnten.

Wir haben nicht die Wahl zwischen Organisationen mit oder ohne Spannungen, mit oder ohne Konflikt. Wir haben die Wahl, ob wir uns Auseinandersetzungen stellen und ob wir uns ihnen *so* stellen, dass unser Herzstand dabei gesunden und niedrige in höhere Energiefrequenzen umwandeln kann. Das ist unsere Wahl.«

Während Marie Paul zuhörte, dachte sie an persönliche Beispiele, bei denen sie Spannungen erlebte und klärende Gespräche für längere Zeit mied, aus Angst vor dem Schmerz, den sie vorherzusehen meinte.

Marie: »Da fallen mir einige Beispiele ein. Ich denke gerade an einen besonderen Fall mit einer unserer Führungskräfte. Dieses Gespräch schiebe ich schon eine ganze Zeit vor mir her.«

Paul: »Okay. Wenn du davon ausgehst, dass unser Herz sich meist für das entscheidet, was ihm hilft, sich sicher zu fühlen, warum könnte es dann für dein Herz vollkommen logisch sein, dieses Gespräch zu vermeiden?«

Marie überlegte. »Im Grunde, denke ich, möchte ich den Frieden wahren. Und bestimmt auch möglichen Schmerz vermeiden. Ein solches Gespräch zu führen, würde sich wahrscheinlich unangenehm anfühlen. Und es fühlt sich alles andere als sicher an.«

Paul: »Ich verstehe. Und was ist dir in den letzten E-Mails oder Gesprächen mit dieser Person aufgefallen?«

Marie: »Zunächst einmal werden es immer weniger. Wir gehen uns aus dem Weg, sicher auch weil es sich unangenehm anfühlt und wegen des Risikos, das ich gerade erwähnt habe. Und wenn wir doch mal miteinander sprechen müssen, ist das irgendwie umständlich, unbeholfen, kompliziert. Ich möchte auf keinen Fall missverstanden werden und stelle deshalb fast allem, was ich zu sagen habe, eine Präambel voran: ›Versteh mich jetzt bitte nicht falsch ...‹, ›Lass mich eines noch vorwegsagen ...‹ und dergleichen. Und ich vermeide schwierigere Themen, weil ich Angst habe, dass das Gespräch aus dem Ruder läuft. Unsere Zusammenarbeit ist schlicht weniger effektiv geworden – wir haben Zeit verloren.«

Paul: »Alles klar. Und was passiert zwischen diesen etwas komplizierten Gesprächen?«

Marie: »Na ja, eine Menge meiner Gedanken kreisen um diese Kollegin. Wenn ich so recht darüber nachdenke, obwohl wir immer *seltener* miteinander sprechen, ertappe ich mich ironischerweise *häufiger* dabei, wie ich über sie nachdenke ... und die Augen verdrehe, wenn ich irgendetwas über sie höre. Und: Ich höre viel über sie. Sie beansprucht eine Menge Platz in meinem Kopf. Verstehst du, was ich meine? Und das, was mir passiert, wird in unserer Organisation jeden Tag Hunderte von Malen passieren. Wie du schon sagtest, wir treten uns auf die Füße und hinterlassen dabei kleine blaue Flecken.«

> »Die meiste Zeit leiden Menschen und Organisationen nicht unter Spannungen. Sie leiden darunter, sich ihnen nicht zu stellen.«

Paul: »Aus der Perspektive eines CEO betrachtet, beschränken wir unseren Zugang zur kollektiven menschlichen Energie unserer Teams jedes Mal, wenn wir nicht die Hand ausstrecken, um etwas wieder ›ins Reine zu bringen‹, in der stillen Hoffnung, den Schmerz zu vermeiden, der dadurch entstehen könnte. Was anfangs nur eine leichte Irritation war, kann sich in Frustration verwandeln. Frustration wird zu Bitterkeit, und Bitterkeit zu Geringschätzung oder sogar Wut. In solchen Zuständen sind wir meist überheblich, sodass es uns schwerfällt, unser Herz zu öffnen. Und: Wir verbrauchen viel Energie.«

Marie: »Und das verlangsamt das Tempo und die Qualität unserer Gespräche, wie in meinem aktuellen Beispiel. Der Enthusiasmus, die Freude und die Energie, die wir in unsere Arbeit einbringen, gehen teilweise verloren. Und das hat einen sehr konkreten, messbaren Preis.«

Paul: »Ja. Ich glaube, dass Gefühle von Wut oder Bitterkeit zu den stärksten Blockaden menschlicher Energie in unseren Organisationen, Familien und Gesellschaften gehören. Wenn wir verletzt, bitter oder wütend sind, ist unser Herzstand fest verschlossen. Und das *bindet* Energie: Wir können nicht mehr unsere ganze Energie auf die Straße bringen. Die ist jedoch erforderlich für die Verantwortung, die wir tragen. Die Gedanken, die mit Wut und Groll verbunden sind, bestehen aus starken Urteilen und einem Festhalten an diesen Urteilen. Sie halten unseren Herzstand dicht geschlossen, das Herz wird sozusagen hart. Ganz wie eine Rüstung. Und ohne es zu merken, können wir uns sogar selbst verletzen.«

Marie: »Uns selbst?«

Paul: »Wenn wir Zorn und Bitterkeit empfinden, fühlen wir uns anderen überlegen, was uns die Illusion von Kontrolle und Sicherheit gibt und unser eigenes Leid zeitweise betäubt. Es ist so ähnlich, als würden wir eine entzündete Wunde am Arm mit einem Pflaster überkleben. Wir mögen die Wunde so vielleicht vor Berührungen geschützt haben, aber wenn sie nicht richtig gereinigt wird, wird die Infektion stärker. Die Wunde heilt nicht. Sie schmerzt noch mehr, und wir müssen den Arm schonen, auch nachts. Und irgendwann kann diese Infektion auf den Blutkreislauf überspringen.«

Marie: »Eine Blutvergiftung.«

Paul: »Nelson Mandela sagte: ›Groll ist, wie Gift zu trinken und dann zu hoffen, dass es deine Feinde tötet.‹«

Marie: »Und Schuldgefühle?«

Paul: »Schuldgefühle sind im Grunde der Groll gegen uns selbst. Wir können nicht wachsen, wenn wir unsere Fehler vor allem als eine Bestätigung unserer Unvollkommenheit betrachten. Und Schuldgefühle stellen uns in den Mittelpunkt unserer Gedanken.

Ich sehe das so: Unsere Unvollkommenheiten sind nicht die Hindernisse auf unserem Weg, sie sind die Pflastersteine, auf denen wir gehen. Ohne sie können wir nicht wachsen. Das ist der Grund, weshalb unsere Unvollkommenheit so vollkommen ist.

Wir haben genau die, die wir brauchen, um zu wachsen. Und: Die Steine sind nicht eben. Wir stolpern nach vorn.«

Marie nahm sich ein Stück Obst vom Teller und setzte sich Paul gegenüber, bevor sie ihren nächsten Gedanken aussprach.

Marie: »Und wenn wir anderen oder uns selbst vergeben, haben wir weniger Gepäck, das wir auf diesem langen Weg mit uns herumschleppen.«

Paul: »Oh ja, das gefällt mir sehr. Du bist *leichter*.«

Mit einer Handbewegung lud Marie Paul ein, sich noch etwas vom Obstteller zu nehmen.

Paul: »Hast du schon mal erlebt, dass du und jemand anderes eure Angst überwunden, euch eurem Konflikt gestellt habt und eure Beziehung im Ergebnis sogar stärker und vertrauensvoller wurde?«

Marie: »Sicherlich. Die erste Beziehung, die mir in den Sinn kommt, ist sogar meine Ehe. Aber mir fallen auch eine Reihe von Beispielen aus meinem Arbeitsleben ein. Ob es dazu kam oder nicht und ob es gelang, hing aus meiner Erfahrung davon ab, wie wir einander begegneten.«

Paul: »Erzähl mehr.«

Marie: »Ich glaube, es hing davon ab, wie ich mich *innen* fühlte, als ich auf den anderen zuging. Es war weniger eine Frage meiner rhetorischen Fähigkeiten.«

Paul: »Das ist interessant.«

Marie: »Warum?«

Paul: »Es scheint mir, dass jedes Mal, wenn wir uns von jemandem verletzt fühlen, mit oder ohne dessen Absicht oder Wissen, ein kleiner Schmierstreifen auf unserer Brille zurückbleibt. Wenn wir unsere Brille nicht gelegentlich putzen, werden diese Streifen auf unseren Gläsern immer dichter.«

Marie: »Wir können also nicht mehr klar sehen. Was wir sehen, ist verzerrt.«

Paul: »Ja, das meine ich. Vergebung ist weder eine Aufgabe noch eine smarte Methode. Es ist eher eine innere Praxis, etwas, das wir vermutlich Dutzende Male am Tag tun müssen, damit wir klare Sicht haben. Es ist wie Brillenputzen. Denn wenn wir anhand alltäglicher, vermeintlich kleiner Dinge üben, wie zum Beispiel ein unfreundliches Wort vorbeiziehen zu lassen, das jemand zu uns gesagt hat, dann sind wir vermutlich besser vorbereitet, wenn Größeres passiert.«

Marie hielt inne, bevor sie antwortete, und Paul wartete. Er konnte spüren, wie in ihr neben der Offenheit auch Widerstand aufkam.

Marie: »Das kann ich verstehen. Aber als Führungskräfte sind wir mit vielen verschiedenen Dingen konfrontiert, die wir nicht einfach leugnen oder zulassen, dulden oder hinnehmen können.«

> »Unsere Unvollkommenheiten sind nicht die Hindernisse auf unserem Weg, sie sind die Pflastersteine, auf denen wir gehen.«

Paul nahm einen Schluck von seinem Tee.

Paul: »Ich möchte dich etwas fragen. Wenn du auf unser letztes Gespräch zurückschaust, was, würdest du sagen, ist die mächtigste Denkgewohnheit, die unsere menschliche Energie blockieren kann?«

Marie ließ den letzten Spaziergang mit Paul Revue passieren.

Marie: »Ich würde sagen: unser dualistisches Denken und Verurteilen. Beide trennen und co-kreieren oft genau das, was uns stört.«

Paul: »Wenn unser Urteil über uns selbst oder andere also das größte Hindernis für einen offenen Herzstand ist, dann ist die Fähigkeit, unser Urteil wieder loszulassen, entscheidend, um gesunde Energie freizusetzen und ungesunde zu verwandeln – erst in uns selbst und dann in anderen. Groll und Schuldgefühle sind im Grunde sehr mächtige Formen des Urteilens – über andere und uns selbst. Und unsere *Bindung* an diese Gefühle und Gedanken ist meist ebenso mächtig. Sie fesseln uns. Wenn wir uns unversöhnlich oder schuldig fühlen, sehen die Dinge besonders *wahr* aus. Wir haben recht. Ich habe daher den Eindruck, dass

Veränderung, Verwandlung und Wachstum eher das Ergebnis von Subtraktion sind und weniger von Addition – Addition von Glaubenssätzen, die wir zu festen Wahrheiten gemacht haben. Wenn wir loslassen, entsteht Bewegung.«

Marie: »... denn der Korken kann von selbst wieder an die Oberfläche kommen.«

Paul: »Ja, das kannst du so sagen. Die Menschen, die du führst, haben alles, was sie brauchen, um zu einem offenen Herzstand zurückzukehren. Und damit sind wir wieder bei deiner Frage angelangt. Vergeben heißt nicht leugnen und auch nicht billigen. Aber wie kannst du anderen dienen, wie kannst du gesund bleiben, wenn du in einem geschlossenen Herzstand bist? Vergebung ist im ersten Schritt nicht etwas, das du für *andere* tust – du tust es für *dich*. Vergebung ist die Praxis des Wahrnehmens, des Annehmens und des Loslassens der Gedanken und Gefühle, die dein Herz schließen und beschweren. Und dafür ist der andere, der dich verletzt hat, nicht erforderlich.

Denn es ist innere Arbeit, wie fast alle Arbeit eines CEO. Zwar ist die Fähigkeit angeboren, und doch ist es Arbeit. Es geschieht auch nicht zwangsläufig, es gibt keine Garantie. Wenn es geschieht, wenn du vergibst, ist es eine Mischung aus innerer Arbeit und ... Gnade. Es widerfährt dir. Es ist ein Geschenk, das du zulässt. Ich würde sagen: Vergebung ermöglicht dir, mehr Zugang zu deiner Lebensenergie zu haben, klarer – weniger verzerrt – zu sehen und anderen in Konfliktsituationen wirksamer zu begegnen.«

Marie: »Im Businesskontext, wo wir uns unweigerlich und oft ungewollt wehtun, wäre Vergebung dann ja eine zentrale Führungskompetenz, die uns erlaubt, häufiger Perspektive bewahren zu können.«

Paul: »Vielleicht ist Vergebung ja sogar eine der wichtigsten Fähigkeiten eines CEO. Was wäre die Alternative?«

Marie: »Ein geschlossener Herzstand und eine verschmierte Brille, denke ich. Das klingt wie ein Rezept für Katastrophen und Leid.«

Paul lachte und streckte die Hände in die Luft, als würde er sich ergeben.

Paul: »Ja. Ich kann mich an so einige Momente erinnern, in denen ich genauso unterwegs war. Schau, ich will nicht etwa sagen, dass Konflikte Spaß machen oder dass es ein einfaches Rezept gäbe, sie zu lösen. Ganz und gar nicht. Konflikte sind emotionale Arbeit und sehr vielschichtig. Vergebung ist emotionale Arbeit und vielschichtig.

Alles, was ich dir als Perspektive anbieten möchte, ist, dass Spannungen ein Hindernis bleiben werden, solange du sie als solches betrachtest. Wenn du sie als eine Chance verstehst, um gesündere Energie, Vertrauen und Nähe zu schaffen, mag es dir leichter fallen, dich ihnen früher und effektiver zu stellen.«

Marie war einen Moment lang still.

Marie: »Ich weiß nicht recht, ob das hierhergehört, aber ich möchte etwas mit dir teilen, was mir kürzlich mit meinem Sohn widerfahren ist.«

Paul: »Sehr gern. Und ... danke für dein Vertrauen.«

Marie: »Daniel und ich haben uns gestritten. Stein des Anstoßes war eine Rückmeldung seiner Lehrerin hinsichtlich seiner Leistungen in der Schule. Sie war nicht sehr zufrieden mit seiner Beteiligung im Unterricht und seiner Einstellung. Natürlich wollte ich gleich mit ihm zu Hause darüber reden.

Als ich sagte: ›Hey, Daniel, ich möchte mit dir mal kurz über ein Feedback von Frau Wolf sprechen‹, reagierte er sofort heftig

> »Veränderung, Verwandlung und Wachstum sind eher das Ergebnis von Subtraktion und weniger von Addition. Wenn wir loslassen, entsteht Bewegung.«

und sehr abwehrend. Für mich bestätigte sich damit die Tatsache, dass tatsächlich etwas im Argen lag. Er rannte auf sein Zimmer, rief dabei Sachen wie: ›Niemand versteht mich! Du bist genau wie sie! Lass mich in Ruhe!‹, und knallte die Tür zu.

Dass er nicht darüber reden wollte, überraschte mich nicht, aber ich reagierte auf seinen heftigen Ton und was er sagte. Ich konnte das nicht hinnehmen. Also rannte ich ihm hinterher. Mein Herz klopfte wie wild. Ich öffnete die Zimmertür und sagte ihm, dass ich sein Verhalten inakzeptabel fände. In Wahrheit erhob sich meine Stimme, und ich drohte ihm: ›Wenn du noch einmal so etwas sagst ...‹ Dinge dieser Art. Das hat es natürlich nicht besser gemacht. Er muss sich bedroht, klein und schuldig gefühlt haben, und ich vermute im Nachhinein, dass dies insgeheim auch meine Absicht gewesen war, so sauer wie ich war.

Die ganze Sache geriet außer Kontrolle – wir *beide* waren außer Kontrolle. Mein Herz raste, und ich war so traurig. Wir standen uns gegenüber wie Feinde, und diesen Blick in seinen Augen zu sehen und zu wissen, dass er in diesem Moment einen ähnlichen Blick in meinen Augen sah, war so schmerzhaft, dass es mir fast das Herz brach. Wir konnten nur Enttäuschung im anderen sehen. Keiner von uns konnte glauben, dass wir uns das gegenseitig antaten, aber wir konnten es nicht ändern.

»Vielleicht ist Vergebung eine der wichtigsten Fähigkeiten eines CEO.«

Und dann, auf einmal, änderte sich alles. Als ich ihn für einen kurzen Moment ansah, sah ich nicht mehr meine Enttäuschung, sondern sein Leid. Ich nahm ihn in die Arme, drückte ihn fest an mich und sagte: ›Es tut mir leid, Daniel, ich hab einfach nur solche Angst.‹ Die Worte sprudelten nur so aus mir heraus. Direkt aus meinem Herzen. Im selben Moment entspannte sich Daniel in meinen Armen. Sein Körper wurde weich, und wir weinten beide. Er schluchzte und flüsterte mir ins Ohr: ›Du brauchst keine Angst zu haben, Mama. Ich hab dich so lieb.‹ Der Moment war so intensiv – wir schauten uns in die Augen, und unsere Gesichtszüge hatten sich völlig verändert. Sekunden zuvor waren wir unversöhnlich und Welten voneinander entfernt; dann auf einmal waren wir uns so nahe wie schon lange nicht mehr. Es war entwaffnend, liebevoll.«

Marie standen Tränen in den Augen, und Paul war geneigt aufzustehen, um sie in die Arme zu nehmen.

Paul: »Was glaubst du, geschah in diesem Moment?«

Marie: »Ich weiß es nicht. Ich verstehe es nicht wirklich. Möglicherweise haben wir uns beide vergeben, aber in dem Moment war das gar nicht mehr nötig. Es war keine bewusste Entscheidung. Es passierte einfach. Irgendwie habe ich mich ergeben; *wir* haben uns ergeben, und etwas Wunderschönes bekommen. Ein Geschenk, wie du sagtest.«

Sie saßen schweigend da.

Paul: »Ich glaube, ihr habt euch beide der unerschöpflichen Liebe in euch ergeben. Das ist es, was ihr erlebt habt. Und es zu benennen, ist gar nicht so wichtig. Ihr habt die Energie im Raum verwandelt, richtig?«

Marie: »Ja, das haben wir. Schnell und deutlich spürbar.«

Paul: »Eure Liebe ist Vergebung, und Vergebung ist Liebe. Und wahrhaftige Führung ist Liebe. Es sind unterschiedliche Erscheinungsformen der gleichen Energie.«

Er ließ eine Pause.

Paul: »Im Business benötigen wir nur einen winzigen Bruchteil dieser Liebe und Vergebung, die dir und deinem Sohn in dem Moment zur Verfügung stand. Meist nur eine Prise. Aber die dafür recht regelmäßig, denn wir kochen ja viele Gerichte.«

Marie: »Du hast recht. Meist geht es ja wirklich nicht um Leben oder Tod, obwohl es sich manchmal so anfühlt. Es sind eher die vielen kleinen Dinge, die sich auf andere auswirken und

Irritationen oder Ärger verursachen können. Und wenn diese Energie nicht fließt, dann staut sie sich. Mit jeder weiteren E-Mail, jedem Blick, jeder Bemerkung.«

Paul: »Groll und Bitterkeit sind wie ein gefrorener Fluss. Sie fließen nicht – an der Oberfläche. Wenn Schneeflocken darauf fallen – E-Mails und Bemerkungen –, bleiben sie liegen und verdichten sich zu einer neuen Schicht. Vergebung ist wie ein fließender Fluss. Wenn eine Schneeflocke darauf fällt, schmilzt sie und fließt weiter. Vergebung ist der Weg, und *Mitgefühl* ist die Tür.«

Marie: »Die Tür?«

Paul: »Du sprachst vorhin von einer Führungskraft, mit der es Spannungen gibt. Magst du darüber reden, damit wir uns nicht in Metaphern verlieren?«

Marie: »Ja. Lass uns das machen. Meine Kollegin, nennen wir sie Maren, hat kürzlich ein paar Dinge gemacht, die ich wirklich nicht verstehe. Sie hat zum Beispiel ein wichtiges Projekt verzögert, an dem der Erfolg der gesamten Abteilung hängt. Und während sie mir gegenüber immer wieder beteuerte, dass sie das Projekt unterstütze, wusste ich aber mit absoluter Sicherheit, dass sie E-Mails verschickt hatte, in denen sie ihr Team anhielt, anderen Dingen Vorrang zu geben. Sie musste wissen, was das bewirkt und dass das unser Projekt unmittelbar verzögert, ich würde sogar sagen sabotiert.«

Paul: »Wie fühlst du dich dabei?«

Marie: »In einem Wort: *stinksauer*. Das geht nicht. Und ich fühle mich persönlich verletzt. Sie hat mich angelogen und mich hintergangen. Und ihr Handeln hat Konsequenzen für alle im Team.«

Paul: »Das kann ich verstehen. Und indem du das laut aussprichst, hast du den ersten Schritt in Richtung Vergebung getan.«

Marie guckte etwas irritiert. »Oh. Ich war mir nicht bewusst, dass ich gerade einen *Schritt* gemacht habe.«

Paul: »Du hast dein *Gefühl* akzeptiert. ›Ich bin stinksauer.‹ In anderen Worten: ›Ich nehme wahr, dass ich Wut wahrnehme. Du siehst den Titel deiner Playlist.«

Marie: »Also, ›Ich bin stinksauer‹ gefällt mir gerade besser.«

Paul: »… und nach dem Wahrnehmen ist Akzeptanz die Voraussetzung für jegliche Veränderung unseres Herzstandes. Genau wie in dem Moment, als du deinem Sohn sagtest, dass du Angst hast.«

Marie: »Soll ich ihr jetzt sagen, dass ich stinksauer bin?«

Paul: »Wut ist eine Energie. Sie ist an sich weder gut noch schlecht. Die Frage ist, was du mit ihr machst, wie du sie nutzt.«

Marie: »Na ja, ich werde morgen mit ihr sprechen müssen. Aber …«

Paul: »Aber?«

Marie: »Ich glaube, mein geschlossener Herzstand hat mich gerade voll im Griff. Wenn ich da so reingehe, brauche ich nach unserem Gespräch eine Schneeschaufel.«

Paul schmunzelte: »Und das mitten im Sommer. Das wäre ja eine ›Klimakrise‹.«

Marie: »Im wahrsten Sinne des Wortes.«

Paul schaute aus dem Fenster und überlegte einen Moment lang, was jetzt wichtig sein mochte.

Paul: »Marie, wärst du bereit für eine kleine Reflexion … solange wir noch zu zweit sind?«

Marie: »Paul, sehr gern. Das Thema belastet mich offensichtlich sehr.«

Paul: »Das spüre ich.

Okay, dann nimm doch einfach ein paar Atemzüge, so wie wir es vorhin gemacht haben. Nimm wieder wahr, dass du atmest.«

Marie setzte sich etwas aufrechter hin und begann, bewusst zu atmen.

Paul: »Und dann erlaube dir, ein wenig tiefer ein- und etwas langsamer auszuatmen.«

Marie schloss die Augen und flüsterte: »Okay.«

Paul: »Und dann scanne wieder kurz durch deinen Körper ... und nimm einfach wahr, was du wahrnimmst.«

Marie: »Geht los. Ich bin ja Profi.«

Paul: »Das bist du ...«

Marie fühlte sich ruhig. Sie spürte ihr Herz, das Strömen ihres Atems, die Härte in ihren Schultern, sie spürte ihre Gefühle. Sie war ein wenig erstaunt, wie leicht ihr all das fiel.

Paul: »Okay. Das ist vollkommen ausreichend. Bleib einfach auf diese Weise in Verbindung mit deinem Körper ... während wir tun, was wir tun.

Es gibt nichts, was wir erreichen müssen. Ich bin hier für dich. Ich höre dir zu, mit jeder Zelle.

Ich werde ein paar Sätze sprechen und dich bitten, sie nachzusprechen. Langsam ... bewusst.

Fühle deine Sätze mehr, als sie verstehen zu wollen.

Achte dabei auf deinen Körper, vor allem auf dein Atmen ... und dein Herz. Nimm wahr, was sich verändert.

Nach einer Zeit werde ich dich bitten, allein fortzufahren, mit deinen eigenen Worten.«

Marie: »Okay.«

Paul sprach langsam, behutsam.

Paul: »Genau wie ich ... versucht Maren ... in ihrem Leben glücklich zu sein.«

Marie ließ den Satz in sich hinein. Dann sprach sie – langsam und deutlich.

Marie: »Genau wie ich ... versucht Maren ... in ihrem Leben glücklich zu sein.«

Paul: »Genau wie ich ... möchte sich Maren ... sicher fühlen und Schmerzen in ihrem Leben vermeiden.«

Marie spürte, wie ihr Herz zuckte. Es schmerzte, ganz leicht, als würde jemand es mit einer Spitze berühren.

Marie: »Genau wie ich ... möchte sich Maren ... sicher fühlen und Schmerzen in ihrem Leben vermeiden.«

Paul: »Genau wie ich ... hat Maren ... in ihrem Leben Einsamkeit, Verlust und Kummer erlebt.«

Marie: »Genau wie ich ... hat Maren ... in ihrem Leben ...«

Es fiel ihr schwer zu sprechen. Sie schluckte, um ihren Hals zu befreien.

Marie: »... Einsamkeit, Verlust und Kummer erlebt.«

Paul: »Genau wie ich ... hat Maren ... in ihrem Leben aus Angst vor Schmerz, Verlust oder Einsamkeit gehandelt.«

Marie: »Genau wie ich ... hat Maren ... in ihrem Leben ... aus Angst vor Schmerz, Verlust oder ... Einsamkeit ... gehandelt.«

Während sie sprach, bemerkte Marie, wie sich ihr Brustkorb unwillkürlich hob, um Raum für einen tiefen Atemzug zu machen.

Paul: »Genau wie ich ... entdeckt Maren ... was es bedeutet zu leben.«

Marie: »Genau wie ich ... entdeckt Maren ... was es bedeutet ... zu leben.«

Paul blieb still, und Marie spürte, dass es an ihr war, auszusprechen, was für sie wahrhaftig war.

Marie: »Genau wie ich ... sehnt sich Maren ... nach Anerkennung.«

Marie: »Genau wie ich ... hat Maren ... Angst, dass ihre Erfahrung und Fähigkeiten nicht ausreichen könnten, dass sie ...«

Maries Lippen verzerrten sich in diesem Moment, als würde ein stechender Schmerz durch ihr Herz gehen.

Marie: »... nicht genügt.«

Paul: »Genau wie ich ... ist Maren ... vollkommen unvollkommen.«

Marie: »Genau wie ich ... ist Maren ... vollkommen ... unvollkommen.«

Und während sie diesen letzten Satz langsam aussprach, spürte sie, wie weit sich ihr Herz geöffnet hatte. Sie schien Maren zu spüren, obwohl sie gar nicht da war. Sie fühlte sich ihr nah. Es war, als könnte sie sie zum ersten Mal wirklich sehen.

Wäre Maren anwesend, hätte sie sie vermutlich still in die Arme genommen. Sie wusste natürlich, dass das nicht geschehen würde. Das war nicht wichtig. Sie spürte eine sanftmütige Energie, die ihren Körper durchströmte, die sie wärmte und die morgen für sie da sein würde. Sie wusste jetzt, dass alles verfügbar war, was sie brauchen würde, um ein hilfreiches Gespräch zu führen. Sie fühlte sich bereit.

Marie öffnete ihre Augen. Dann reichte sie Paul ihre Hand. Er fühlte, wie sie Maren fühlte. Sie fühlte, wie er sie fühlte. Für eine Weile saßen beide so da und schwiegen.

Marie: »Was ist gerade passiert?«

Paul: »Groll ist das Eis. Mitgefühl ist die Wärmequelle.«

Marie: »Und trotzdem versteh ich nicht, warum sie das tut, und ich bin wirklich nicht einverstanden mit dem, was sie tut.«

Paul: »Natürlich. Du musst nicht verstehen, um deinen Herzstand zu öffnen; aber du musst deinen Herzstand öffnen, um zu verstehen.«

Marie: »Und wenn *sie* in einem geschlossenen Herzstand ist?«

Paul: »Das ist sehr wahrscheinlich der Fall. Aber irrelevant.«

Marie: »Warum ist das irrelevant? Wenn ihr Herzstand geschlossen ist, ist es doch eher unwahrscheinlich, dass wir ein konstruktives Gespräch führen können.«

Paul: »Vermutlich. Und war ein offener Herzstand deines Sohnes die Bedingung für die Öffnung deines Herzstands?«

Marie: »Nein. Es begann in mir, glaube ich. Ich weiß es nicht.«

Paul: »Die Arbeit eines CEO beginnt immer innen. Dort hast du am meisten Einfluss. Von dort kannst du starten. Alles andere wird sich zeigen. Sogenannte ›Beziehungsprobleme‹ sind oft *Beziehungen*, die wir aus der Perspektive eines geschlossenen Herzstands betrachten.«

Maries Telefon klingelte.

Marie: »Entschuldige, Paul. Es ist George ... Hallo, Schatz ...«

BESEELTE FÜHRUNG: INTUITION UND INSPIRATION

Marie legte auf: »Sie sind noch Freunden von uns begegnet, die auch mit ihren Kindern im Kino waren, und haben beschlossen, zusammen noch ein Eis zu essen. Jetzt stehen sie gerade im Stau, aber er glaubt, dass sie in zwanzig Minuten oder so hier sein werden. George hat gefragt, ob er dich später nach Hause fahren darf.«

Paul: »Oh nein, ich kann ein Taxi nehmen. George hat einen langen Tag hinter sich.«

Marie: »Ich bestehe darauf. Lass uns dich nach Hause begleiten.«

Paul: »In Ordnung, danke. Das ist sehr freundlich von dir und George.«

Marie: »Sehr gerne, Paul. Da wir jetzt noch ein paar Minuten gewonnen haben, würde ich gerne mit dir einer anderen Frage nachgehen, die mich seit unserem letzten Gespräch beschäftigt.«

Paul: »Ich liebe Fragen.«

Marie: »Letztes Mal sprachen wir über urteilsfreies Urteilen. Offene Herzen entscheiden – geschlossene Herzen richten ...«

Paul: »Ja.«

Marie: »Ich glaube, dass Entscheidungen tatsächlich eine ganz besondere Rolle spielen – bei der Arbeit oder zu Hause. In einem Großteil unserer Meetings und E-Mails tun wir letztlich ja nichts anderes: Wir treffen Entscheidungen oder bereiten sie vor oder nehmen Einfluss auf Entscheidungen. Und die Summe dieser Entscheidungen führt zu den Ergebnissen, die wir haben. Die *Qualität* der Summe unserer Entscheidungen bestimmt also den Erfolg unseres Unternehmens.«

Paul: »Das sehe ich genauso.«

Marie: »Gleichzeitig ist das leicht gesagt und schwer getan, in einer Welt, die kaum vorhersehbar, immer unsicher und komplex ist. Nur Daten, Analysen, Vor- und Nachteile helfen wenig. Ich weiß nicht, was ich wissen will. Ich weiß nicht, was ich nicht weiß. Vieles ist ehrlich gesagt auch eine Bauchentscheidung. Daher würde ich gern der Frage nachgehen, wie uns unsere Achtsamkeit womöglich helfen könnte, häufiger bessere Entscheidungen zu treffen.«

> »Du musst den anderen nicht verstehen, um deinen Herzstand zu öffnen; aber du musst deinen Herzstand öffnen, um den anderen zu verstehen.«

Paul: »Ah, das ist so eine wunderbare Frage. Danke, Marie.«

Paul nahm einen letzten Schluck Tee, der schon abgekühlt war, aber immer noch erfrischend schmeckte.

Paul: »Schau einfach mal, ob das Folgende auf dich zutrifft, und lass mich wissen, wenn das nicht der Fall ist, okay?«

Marie: »Alles klar.«

Paul: »Würdest du mir zustimmen, dass du wahrscheinlich mehr bist als dein Körper, deine Gefühle und deine Gedanken?«

Marie: »Wir haben ja heute schon darüber gesprochen. Ich bin mir nicht sicher und werde es wohl auch nie wissen. Viele Philosophen, spirituelle Traditionen oder Theologien auf diesem Planeten scheinen eine Vorstellung von Seele, Geist, Bewusstsein oder Gott zu haben – irgendetwas, das über unsere materielle Existenz hinausgeht.«

Paul: »Lass mich dir die Frage etwas direkter stellen. Marie, hast du eine Seele?«

Zuerst war Marie etwas irritiert, denn Pauls Fragen waren meist sanft und forschend. Gleichzeitig war seine Stimme so freundlich, dass sie seine wahrhaftige Neugier und sein Wohlwollen spüren konnte. Für einen Moment wollte sie ›Nein‹ sagen, doch das Wort kam ihr nicht über die Lippen.

Marie: »Also, wenn du so direkt fragst: ja. Ja, ich habe eine Seele.«

Paul: »Ganz egal, wie du es nennen willst – Seele, Bewusstsein oder Gott –, und unabhängig davon, woran du glaubst, würdest du mir zustimmen, dass all diese Dimensionen unserer Existenz, wenn ich sie für einen Moment so nennen darf, für uns eher *un*-fassbar, im wörtlichen Sinne, und wahrscheinlich *un*-endlich sind?«

Marie: »Ja, sie sind unendlich, und auch daher mit dem Geist nicht wirklich zu erfassen.«

Paul: »Und würdest du sagen, dass das meiste, was wir als Menschen erleben können – unsere Körper, unsere Stimmen, unser Verhalten und was wir alles so kreieren –, eher fassbar und endlich ist?«

Marie: »Ja. Durchaus. Wir können es sehen, spüren, riechen und hören. Wir können es teilweise sogar messen und auf Video aufnehmen.«

Paul: »Und wo würdest du unser Denken einordnen?«

Marie: »Das ist eine schwierige Frage. Es liegt irgendwo dazwischen. Es ist nicht fassbar, ich kann es nicht berühren, aber ich kann es messen – als elektrische Signale. Gleichzeitig können meine Gedanken wirklich überallhin gehen.«

Paul: »Wohin sie wollen … Und wenn du einen neuen Gedanken hast – keine Erinnerung an einen Gedanken –, einen frischen Gedanken, den du vorher noch nie hattest … Woher, würdest du sagen, kommt dein Gedanke? Wo beginnt er?«

Marie: »In meinem Gehirn. In einer oder vielen meiner Synapsen.«

Paul: »Also hatten deine Synapsen einen Gedanken? Wo genau in der Synapse ist der Gedanke entstanden? Was ist es, was das Elektron, das später zu dem wird, was wir einen Gedanken nennen, in Bewegung gesetzt hat?«

Marie: »Das hab ich mich noch nie gefragt. Ich weiß es nicht.«

Paul: »Ich weiß es auch nicht. Heutzutage wissen wir viel darüber, wie und wo wir Informationen in unserem Gehirn speichern und abrufen und welche Teile unseres Gehirns aktiv sind, wenn wir Dinge erleben und Entscheidungen treffen. Und doch können wir nicht wirklich sagen, *woher* genau unsere neuen Gedanken kommen. Wo sie ihren Anfang nehmen, wo und wie sie *geboren* werden.«

Marie lauschte aufmerksam Pauls Worten. Sie spürte, dass sie gerade eine Grenze berührten – zu einem neuen Raum.

Paul: »Erlaube mir daher noch eine Frage: Wie würde etwas *Unendliches* mit etwas *Endlichem* kommunizieren? Wie soll etwas wenig Fassbares, wie deine Seele, mit etwas sehr Fassbarem – deinem Körper – kommunizieren?«

Marie nahm sich einen Moment, um die Frage zu erfassen. Doch sie schien ihrem Geist zu entwischen.

Marie: »Ich bin mir nicht sicher. Vielleicht kommt hier unser Denken ins Spiel, weil es zwischen diesen Dimensionen zu liegen scheint.«

Paul: »Vielleicht sind unsere Gedanken und die Gefühle, die uns die Welt erleben lassen, in gewissem Sinne erste Materialisierung von etwas Immateriellen, materiell genug, damit wir es wahrnehmen können.«

Marie: »Vielleicht.«

Paul: »Schau, mir scheint, dass diese beiden Dimensionen unserer Existenz, unsere immaterielle, unendliche Dimension und unsere materielle, endliche Dimension, nicht voneinander getrennt sind. Ich betrachte sie gerne als zwei Pole derselben Realität. Sie reicht von unserer immateriellen, unendlichen Natur – unserem Bewusstsein – bis zu unserer materiellen Natur – unseren Handlungen. Unsere Gedanken und die damit einhergehenden Gefühle bilden die Brücke zwischen den Polen.«

Marie: »Unsere Gedanken wären dann nicht nur eine Verbindung und Neuanordnung von bereits vorhandenen Gedanken, Ideen und Informationen, sondern auch eine Art Tür zu unserer Seele? Ein Download sozusagen?«

Paul: »Na ja, zumindest die ganz stillen Gedanken.«

Marie: »Nehmen wir mal für einen Moment an, das wäre so. Wie würde mir dieses Bewusstsein in der Praxis, also bei meiner täglichen Arbeit helfen, Dinge besser einzuschätzen und bessere Entscheidungen zu treffen?«

Paul: »Erlaube mir, die Frage anders zu stellen. Wenn du deine Seele um einen Rat bitten könntest, würdest du ihn annehmen?«

Marie: »Ja, ich glaube schon. Es gibt sie ja vermutlich schon etwas länger als mein Gehirn, also könnte sie einige ganz hilfreiche Perspektiven anzubieten haben. Und da sie ja mein wahres Ich ist, ist sie mir wahrscheinlich auch wohlgesinnt.«

Paul lachte: »Na, dann nehmen wir das doch als Arbeitshypothese. Wie könntest du denn auf deine eigene Seele hören? Wie könntest du Entscheidungen treffen, die ein Ausdruck dessen sind, was deine Seele oder dein Bewusstsein wohl entscheiden würde? Wie könntest du von dieser Weisheit profitieren, um bessere Entscheidungen zu treffen?«

Marie: »Ich weiß es nicht.«

Paul: »Und ich auch nicht. Aber ich weiß, dass etwa 95 Prozent dessen, was wir wahrnehmen, denken und wissen, *unbewusst* ist, bevor schließlich ein Teil davon in unser Bewusstsein vordringt.

Wir wissen auch, dass wir viele Dinge und Zusammenhänge verstehen, *bevor* wir sie in Worte fassen können. Wir wissen also mehr, als wir wissen. Und dennoch neigen wir dazu, den verbleibenden fünf Prozent, also unserem bewussten Denken, dem Intellekt, einen besonders hohen Stellenwert zuzuschreiben.«

Marie: »Das ist ja Verschwendung. Aus Business-Perspektive frage ich mich dann ja, wie man auf die 95 Prozent häufiger zugreifen könnte, um die verbleibenden fünf Prozent besser zu nutzen?«

Paul: »Ich glaube, deine Seele spricht die ganze Zeit zu dir – nur eben sehr leise. Sie flüstert. Es kann daher vorkommen, dass du sie manchmal nicht hörst oder nicht *auf* sie hörst. Oft bekommen die lauteren fünf Prozent – die inneren Gespräche – die meiste Aufmerksamkeit. Dieser Teil benutzt Worte. Er ist meist deutlich und klar verständlich. Erst wenn du still wirst, kannst du die leiseren Gefühle und Bilder, die Sprache deiner Seele hören. Deine Gefühle sind vielleicht die erste materielle – wahrnehmbare – Manifestation einer immateriellen Erkenntnis. Deine Gefühle sind deine erste Art zu denken. Und dein Herzstand, dein feiner Sensor, ist wie eine Brücke zu deiner Seele.«

Marie: »Ich hatte mein Herz noch nie als eine Brücke betrachtet. Aber wie kann ich sicher sein, dass das so ist?«

Paul: »Sicher sein kannst du erst nach deinem Tod.«

Marie: »Ach ja, da haben wir ja schon eine Verabredung.«

Paul: »Das dauert hoffentlich noch etwas. Und es ist auch gar nicht erforderlich, dass du mir zustimmst. Die Frage für mich ist eher diese: Wie würde ich handeln, wenn ich vermute, dass mein Herzstand die Weisheit meiner Seele reflektiert, und wenn ich zuließe, dass sie wichtige Informationen für mich bereithält?«

Marie: »Aber was wäre, wenn sich herausstellt, dass es eine Seele gar nicht gibt?«

Paul: »Dann würde ich sagen, hast du nichts verloren.«

Marie: »Hoher Ertrag, geringes Risiko. Ich glaube, ich investiere ein bisschen.«

Paul: »Und wenn es dir lieber ist, könntest du genauso gut aus einer neurologischen Perspektive erkunden, welchen Wert es hat, auf deinen Herzstand zu hören. Für mich sind das verschiedene Türen zum selben Wohnzimmer.«

Marie: »Ich mach gerne viele Türen auf. Erzähl mehr.«

Paul: »Na ja, dein Herz, dein limbisches System, dein autonomes Nervensystem, deine rechte Gehirnhälfte ... all diese und viele andere Teile deines Körpers ... *denken*. Sie empfangen und senden Informationen. Eine *Menge* Informationen. Und sie kommunizieren mit *dir* – also damit meine ich deinen bewussten Teil, die fünf Prozent – zuallererst über deine Gefühle ... also deinen Herzstand ... und den Rest deines Körpers, zum Beispiel deine Atmung und über Bilder. Das ist das, was du wahrnehmen kannst. Sie alle haben die Fähigkeit, Dinge zu verstehen und Entscheidungen zu treffen, lange bevor du sie in Sprache ausdrücken könntest. Wir nennen das manchmal Intuition ... oder Bauchgefühl ... oder den siebten Sinn.

Also ganz gleich, ob du das aus einem neurologischen oder spirituellen Blickwinkel betrachtest, es scheint hilfreich zu sein, unseren Herzstand als Informationsquelle ernst zu nehmen. Und zwar *insbesondere* in dem komplexen, unsicheren Umfeld, von dem du gerade sprachst. Deine Intuition ist die angeborene Fähigkeit, dort zu navigieren, wo noch keine Schilder stehen.«

Marie: »So ein Navigationssystem kann ich gut gebrauchen.«

Paul: »Und ich persönlich finde, dass beide Herangehensweisen, spirituell und wissenschaftlich, einander ergänzen und sich keineswegs ausschließen. Egal, welche Tür wir nehmen: Wenn wir lernen, mehr auf unsere Intuition zu hören, nutzen wir die *gesamte* Information und Erkenntnis unserer Sinne, unseres Gehirns, unseres Körpers ... und möglicherweise auch die unserer Seele.«

Marie: »Klingt nach einem guten Deal. Mein Herzstand ist also Teil des Navigationssystems?«

Paul: »Dein Herzstand ist ein sensibles Messgerät: für die Qualität deiner Gedanken und der Internetverbindung mit deiner Seele.«

Marie: »Ich gehe davon aus, dass sie kabellos ist.«

Paul: »Natürlich. Die Technik ist auf dem letzten Stand. In einem offenen Herzstand hat die Internetverbindung zu deiner Seele oder deiner Intuition eine höhere Bandbreite. Du kannst deinen bewussten Gedanken und deiner Intuition vertrauen: Sie haben Zugang zu neuer Erkenntnis und Weisheit.«

Marie: »Und die Download-Geschwindigkeit ist vermutlich höher.«

Paul: »Und wenn dein Herzstand geschlossen ist, ist die Verbindung unterbrochen oder zu dünn. Was du hörst, kann nicht deine Seele sein. Denn sie urteilt und bewertet nicht. In diesem Zustand ist dir vor allem abgespeichertes Wissen zugänglich, das du schon auf deiner Festplatte hast. Dein Autopilot. Das ist okay. Du kannst fahren, aber wirst vermutlich wenige neue Orte entdecken. Es könnten sogar andere Autopiloten aktiv sein.«

> »Deine Intuition ist die angeborene Fähigkeit, dort zu navigieren, wo noch keine Schilder stehen.«

Marie: »Es gibt mehr als einen?«

Paul: »Ja. Meist bestehen sie aus Nachrichten und Instruktionen, die du von Eltern, Schule, Arbeit, Gesellschaft immer und immer wieder empfangen hast – ausgesprochen oder nicht – und dann irgendwann übernommen hast. Sie sind Teil des Bildes, das du von dir selbst kreiert hast – Gedanken, die wie Wahrheiten aussehen. Sie sind mehr oder weniger hilfreich, können aber zum Teil nicht mehr übereinstimmen mit den wahren Wünschen deiner Seele, deinem wahren Ich, das vor deinem Denken da war.«

Marie: »Ich glaube, ich kenne diese Stimmen. Ich frage mich nur, wie ich sie von der Stimme meiner Seele unterscheiden kann.«

Paul: »Das müsstest du selbst herausfinden. Ich habe gehört, dass die United States Navy SEALs, die zu den bestausgebildeten und daher vermutlich teuersten Soldaten der Welt gehören, während ihrer langjährigen Ausbildung vor allem eins trainieren: wie sie *nicht* schießen. In gewissem Sinne bedeutet das Aussetzen unseres Urteils, zu üben, nicht beim ersten Gedanken zu reden oder zu reagieren. Manchmal müssen wir einfach etwas warten.«

Marie: »Warten? Auf was?«

Paul: »Vielleicht ist ›Stillwerden‹ ein besserer Ausdruck als warten. Die Navy SEALs üben Stille. Und im Einsatz führt nicht zwangsläufig der- oder diejenige mit den meisten Streifen, sondern wer die nächste gute Idee hat. Und Stille ist das Geräusch des Denkens. Stille ist erforderlich, um die leiseste deiner drei Stimmen zu hören, die du für eine Entscheidung brauchst.«

Marie: »Jetzt bin ich neugierig. Drei Stimmen?«

Paul: »Dein Kopf, dein Herz und deine Seele.«

Marie: »Sag mehr ...«

Paul: »Wenn ich schwierige Entscheidungen fällen muss, habe ich gute Erfahrung damit gemacht, alle drei Stimmen, alle drei Intelligenzen zu fragen.«

Marie: »Und wie machst du das?«

Paul: »Die drei hören auf unterschiedliche Fragen und brauchen unterschiedliche Arten des Zuhörens. Zuerst frage ich: ›Ist das sinnvoll?‹ oder: ›Ergibt das Sinn?‹ Das ist eine Frage an den Verstand. Er antwortet meist in Worten, in Argumenten. Er stellt Vor- und Nachteile, Chancen und Risiken gegenüber. Er benutzt Daten und Erfahrungen aus der Vergangenheit, um einer Entscheidung näherzukommen. Meist gibt er mir eine Antwort. Manchmal zweifelt er.«

Marie: »Ich erinnere mich. Wir sprachen schon kurz darüber.«

Paul: »Ja.«

Marie: »Und dann?«

Paul: »Nun, in beiden Fällen befrage ich die nächste Instanz: mein Herz und sein Sprachrohr – meinen Körper. Mein Herz hört auf eine andere Frage: ›Wie fühlt sich das an?‹ Seine Antwort ist etwas leiser als die des Kopfs, und auch seine Sprache ist eine andere. Sie ist aber nicht weniger deutlich und oft recht binär. Ich stelle meinem Herz die Möglichkeiten vor und lausche: Öffnet sich mein Herz oder schließt es sich,

> »Dein Herzstand ist ein sensibles Messgerät: für die Qualität deiner Gedanken und der Internetverbindung mit deiner Seele.«

wenn ich diesen Gedanken denke? Weitet sich mein Körper oder zieht er sich leicht zusammen? Wird er eher weich oder eher hart?«

Marie: »Woran spüre ich denn, dass sich mein Körper weitet oder weich wird?«

Paul: »Nun, du *spürst* es. Und ein deutliches Zeichen, dass dein Körper Klarheit findet, ist ein unwillkürliches tiefes Einatmen, gefolgt von einem langsamen, befreienden Ausatmen. Und wenn dein Herz das so deutlich sagt und es dem Kopf widerspricht, dann sehen die 95 Prozent vermutlich etwas, was die anderen fünf Prozent noch nicht erkannt haben. Ich wünschte, ich hätte schon früher gelernt, dieser leisen Stimme zu folgen. Viele Probleme wären mir erspart geblieben.«

Marie: »Und wie befragst du deine Seele?«

Paul: »Es gibt so viele Wege … Du kannst sie zum Beispiel fragen: ›Inspiriert mich das?‹ Das Wort ›Inspiration‹ bedeutet nicht zufällig *einatmen* – was dich inspiriert, gibt dir ein Gefühl von Leben, von Lebendigkeit. Du kannst sie auch fragen: ›Wonach sehnst du dich?‹ oder: ›Was wäre *jenseits dessen, was du – ich mir vorstellen* kann?‹ Deine Seele ist dein innerer CEO. Sie hat die Fähigkeit, jenseits dessen zu schauen, was es bereits gibt und was aus unserer heutigen Sicht ›realistisch‹ scheint.«

Marie: »Und wie antwortet sie?«

Paul: »Ganz leise.«

Marie: »Sie braucht Stille, um gehört zu werden.«

Paul: »Stille ist sogar ihre Sprache. Es hilft mir, über einige Fragen zu meditieren, also sie zu fragen, wenn ich still bin.«

Marie: »Hast du mich deshalb während der Meditation gebeten, eine Frage zu stellen?«

Paul: »Ja …«

Marie lächelte und bedankte sich, indem sie ihren Kopf leicht zur Seite neigte.

Paul: »Sie antwortet oft in Bildern, in Metaphern oder – mit einem tief empfundenen Gefühl von Klarheit oder Glück. Oder: Sie bleibt still. Das heißt wohl so viel wie: ›Guck noch weiter.‹«

Marie: »Und hast du diese Stimme schon mal ignoriert?«

Paul: »Ja. Viel zu oft, leider. Ich bleibe ein Lehrling.«

Marie: »Was würde geschehen, was würde möglich, wenn ich öfter auf alle drei Stimmen höre, wenn ich mich von meiner Inspiration leiten lasse?«

Paul: »Das ist eine wunderschöne Frage ...«

Marie: »... zu schön, um mit einer Antwort verdorben zu werden?«

Paul: »Ein bisschen.

Nur so aus Neugier, fallen dir Menschen ein, die dich in deinem Leben inspiriert haben?«

Marie: »Oh ja, eine ganze Reihe. Einige sind Freunde, mit anderen habe ich früher einmal zusammengearbeitet, und es gibt einige bekannte Persönlichkeiten, die mich bis heute inspirieren.«

Paul: »Wenn du an diese Menschen denkst, was, würdest du sagen, haben sie alle gemeinsam, das dieses Gefühl von Inspiration in dir erweckt?«

Marie dachte an einige der Menschen, die sie in ihrem Leben berührt hatten. Sie blickte in ihre Gesichter, als stünden sie vor ihr.

Marie: »Es ist nicht so sehr, dass sie irgendetwas Bestimmtes gesagt oder getan hätten, obwohl sie durchaus Dinge gesagt oder getan hatten, die mich beeindruckt haben. Manchmal war es eher ihr Weg und das, was sie im Laufe der Zeit für sich erkannt haben. Es ist mehr das, wofür sie stehen, als das, was sie tun. Sie scheinen sich darüber im Klaren zu sein, *wofür* sie tun, was sie tun. Wie soll ich sagen ... Es bedeutet ihnen etwas. Und das, was sie tun, ist eher eine Art *Ausdruck* dieser Bedeutung.

Einige von ihnen sind in der Lage, das in Worte zu fassen, andere wiederum nicht, aber allen scheint gemeinsam, dass sie in irgendeiner Form anderen dienen.

Eine Freundin von mir zum Beispiel ist Mutter von zwei kleinen Kindern, und ich finde es magisch, sie in dieser Rolle zu erleben. Sie zeigt eine erstaunliche Geduld und Sorgfalt, wenn sie mit den Kindern Kuchen backt, selbst wenn überall absolutes Chaos herrscht. Manchmal lässt sie die Kinder die Zutaten und deren Verwendung selbst entdecken. Die Fürsorglichkeit und Kreativität, mit der sie Kindergeburtstage ausrichtet, ist einfach magisch. Es sind immer Momente der Freude, die Teil unserer gemeinsamen Erinnerung werden. Die Liebe zum Detail, die sie aufbringt, wenn sie mit den Kindern das Haus für Weihnachten und Ostern vorbereitet … und so weiter. Eines Tages fragte ich sie: ›Wofür tust du das alles? Du hast doch so viel zu tun, und ich sehe, dass du erschöpft bist. Du könntest dir das doch einfacher machen, und es würde vollkommen ausreichen.‹ Weißt du, was sie gesagt hat?«

Paul: »Ich bin neugierig.«

Marie: »Sie sagte: ›Mag sein, dass ich es ein wenig übertreibe, aber weißt du, das ist meine Art, meine Liebe auszudrücken. Ich möchte, dass meine Kinder meine Liebe auf eine Weise erfahren, an die sie sich erinnern und die sie eines Tages weitergeben werden. Dafür mach ich das. Der Kuchen, die Feier, das ist nur die äußere Form dessen, was mir wichtig ist.‹ *Das*, diese Kraft, inspiriert mich und steckt mich an. Ich bin einfach gern in ihrer Nähe.«

Paul wartete einen Moment, bevor er antwortete.

Paul: »Du hast Zugang zu der gleichen Kraft, der gleichen Energiequelle. Du nutzt sie schon. Jedes Mal, wenn du auf die leise Stimme deiner Seele hörst, wenn du von dort aus entscheidest, wenn du von dort aus sprichst. Und, nur nebenbei, diese Energiequelle ist übrigens ... unendlich.«

Marie: »Das kann man über wenige Ressourcen im Business sagen.«

Die Haustür ging auf. George und die Kinder kamen nach Hause.

Marie und Paul standen auf. Und noch bevor sie zur Tür gingen, umarmten sie sich. Marie sagte leise: »Danke, mein Freund. Du bist ein Geschenk in meinem Leben.«

»Du auch«, antwortete Paul.

Sie unterhielten sich noch eine Weile mit George und den Kindern über den Film und die Zeit, die sie mit ihren Freunden verbracht hatten.

Dann brachte George Paul nach Hause. Als Marie allein war, nahm sie ihr Notizbuch zur Hand und betrachtete den Energiekreis. Sie dachte einen Moment lang nach und fügte eine Notiz hinzu.

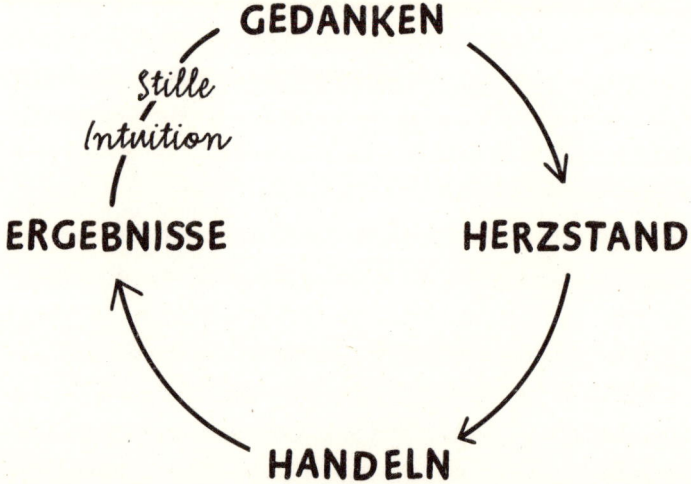

LOGBUCH

An diesem Sonntag ging Marie früh ins Bett. Am nächsten Tag stand sie vor allen anderen auf. Draußen war es noch dunkel. Sie fühlte sich frisch und ausgeruht. Sie wusste, dass ihr eine herausfordernde Woche bevorstehen und sie womöglich keinen geeigneten Moment finden würde, um nachzudenken und ihre Gedanken aufzuschreiben, was zu einer wertvollen und geliebten Gewohnheit geworden war. Also beschloss sie, die sanfte Stille des Morgens dafür zu nutzen, bis das Taxi kommen und sie zum Bahnhof bringen würde.

Dann verspürte sie den Wunsch, den Tag mit einer kurzen Meditation zu beginnen, in der Art, wie Paul sie ihr gestern gezeigt hatte. Sie begann noch im gleichen Moment und entschied, dass Meditation von nun an ein Bestandteil ihrer Morgenroutine werden würde.

Marie sah das Wohnzimmer vor sich. Sie spürte, wie der Stuhl sie hielt ... und der Boden ihre Füße trug. Sie begann, etwas langsamer und bewusster zu atmen, und schloss dann die Augen. Sie nahm wahr, was heute Morgen präsent war: ihr Atmen, ihr Körper, ihre Gefühle, ihr Geist. Und dann ... dann bemerkte sie, dass nicht sie es war, die atmete, sondern dass sie Zeugin ihres Atmens wurde. Ihr Atem brauchte sie nicht.

Nach einigen Minuten richtete Marie ihre Aufmerksamkeit zurück auf den Raum um sich herum. Im Haus war es immer noch sehr still. Sie bemerkte, dass jetzt mehr Licht im Raum war, und sie fühlte sich lebendig. Sie begann, die Gedanken aufzuschreiben, die für sie da waren.

Führung:
- *Wirksame, wahre Führung fördert und schöpft aus denselben Eigenschaften wie wahre Liebe.*
- *Ich führe, sobald ich meinen Orientierungspunkt ändere – von mir selbst zu anderen.*

Menschen:
- *Menschen sind tatsächlich kuschelig weich.*
- *Zwei grundlegende Bedürfnisse: sich geliebt fühlen und Schmerz vermeiden.*
- *Wenn wir Dinge tun, die ungesund oder verletzend sind, liegt es wahrscheinlich daran, dass wir uns entweder nicht geliebt, nicht angenommen oder wertgeschätzt fühlen oder Angst haben.*
- *Ich kann entscheiden, ob mich die Erfahrung meines Lebens härter oder weicher macht.*

Präsenz:
- *Achtsamkeit ist ein Impfstoff für mein Herz.*
- *Ich kann lernen, präsenter zu sein, indem ich (wahrnehme, dass ich) nicht präsent bin.*
- *Ich bin die Pilotin. Wenn ich merke, dass mein Autopilot aktiviert ist, kann ich ihn ausschalten.*
- *Ich bin nicht mein iPod. Ich bin diejenige, die ihn benutzt.*
- *Ich bin nicht meine Gedanken. Ich bin diejenige, die sie nutzt.*

Konflikt und Vergebung:
- *Die Abwesenheit von Spannungen und Konflikten ist kein Merkmal gesunder Organisationen oder Teams. Vielmehr ist es die Fähigkeit, sich Spannungen und Konflikten in einer gesunden Art zu stellen, sie, wenn nötig, zu heilen und in mehr Vertrauen und Verständnis zu verwandeln.*

- *Groll, Wut und Schuldgefühle sind starke Formen des Urteilens.*
- *Sie binden und verbrauchen Energie. Sie blockieren höhere Energieformen.*
- *Wir schränken den Zugang zu menschlicher Energie jedes Mal ein, wenn wir uns dafür entscheiden, Dinge nicht zeitnah ins Reine zu bringen, indem wir vermutlich Unausgesprochenes und vermeintlich Unaussprechbares aussprechen. Wir müssen unsere Brillen putzen.*
- *Konflikte sind kein Hindernis für Mitgefühl, Einheit und Verbindung. Sie können vielmehr eine Tür sein, wenn wir sie als solche betrachten.*
- *Unsere Unvollkommenheiten behindern nicht unseren Weg in Richtung Wachstum und Erkenntnis – sie sind der Weg. Wir stolpern nach vorn.*
- *Ich muss nicht verstehen, um mein Herz zu öffnen, aber wahrscheinlich muss ich mein Herz manchmal öffnen, um verstehen zu können.*
- *Vergebung verwandelt niederfrequente in hochfrequente Energie.*
- *Groll, Bitterkeit und Schuldgefühle sind wie Eis. Die Moleküle bewegen sich kaum. Vergebung ist wie ein fließender Fluss. Eiskristalle schmelzen in ihm.*
- *Mitgefühl ist die Wärmequelle. Ohne Mitgefühl bin ich nicht bereit zu vergeben.*
- *Vermutlich ist Vergebung eine der wichtigsten Fähigkeiten eines Chief Energy Officer.*
- *Auch diese Fähigkeit ist uns angeboren.*

Seele:
- *Ich bin nicht meine Gedanken, so wie ich nicht mein Hörsinn bin. Ich bin diejenige, die sich bewusst ist, dass ich Gedanken habe. Ich bin unendlich viel mehr. So wie alle anderen auch.*

- Vielleicht sind unsere Gedanken, wenn sie aus einem sehr offenen Herzstand heraus entstehen, eine Brücke zu höheren Formen von Erkenntnis.
- Ob es unsere Seele ist, die spricht, oder die unbewussten 95 % meines Gehirns und Körpers, werden wir später herausfinden. In jedem Fall ist es wert, sie zu nutzen, und nicht nur die verbleibenden 5 %. Ich will alle Ressourcen, die mir anvertraut wurden, nutzen.
- Drei Fragen können mir helfen:
  (1) ›Ist das sinnvoll?‹ – die Frage an meinen Kopf.
  (2) ›Was fühlst du?‹ – die Frage an mein Herz und sein Sprachrohr, den Körper.
  (3) ›Inspiriert mich das?‹ oder ›Wonach sehne ich mich‹?
- Die Antworten sind leiser und sprechen in der Sprache des Körpers: Atmung, Herzstand und Bilder.
- So kann ich üben, auf die Sprache meines Körpers zu hören: Wenn ich auf diese Frage mit ›Ja‹ antworte, weitet oder verengt sich mein Köper? Wenn ich sie mit ›Nein‹ beantworte, weitet oder verengt sich mein Köper?
- Was würde möglich, wenn ich mich öfter von meiner Inspiration, meiner Seele leiten lassen würde?

KAPITEL 6

Körper: Tun und Sein

»Handeln allein ist blind, Reflexion allein machtlos.«
MIHALY CSIKSZENTMIHALYI

*»Wir sind keine menschlichen Wesen,
die eine spirituelle Erfahrung machen.
Wir sind spirituelle Wesen,
die eine menschliche Erfahrung machen.«*
PIERRE TEILHARD DE CHARDIN

*»Schweigen ist die Sprache Gottes,
alles andere ist eine schlechte Übersetzung.«*
RUMI

»Ein gebrochenes Herz ist ein offenes Herz.«
AZIM KHAMISA

Nach ihrer Begegnung bei Marie zu Hause sahen sich die beiden eine ganze Weile nicht mehr. Marie war viel auf Reisen und besuchte Kund:innen und Teammitglieder an verschiedenen Standorten. Sie kam meist nur gegen Ende der Woche kurz ins Büro, um sich mit ihrer Assistentin auszutauschen, die kommende Woche zu planen und einige Dokumente zu unterschreiben. Sie spürte das Bedürfnis, ihren Austausch ein wenig ruhen zu lassen, damit all das, was ihre Gespräche in ihr in Bewegung gebracht hatten, sich setzen konnte. Marie wollte erst ein paar eigene Erfahrungen mit ihren neu gewonnenen Erkenntnissen sammeln und neue Gewohnheiten in ihrem Leben etablieren.

Sie las ein Buch über Meditation und begann, Momente der Stille in ihre Morgen- und Abendroutine einzubauen. Sie lernte über die Essenz, den Nutzen, die Techniken und die Wissenschaft von Meditation. Anfangs nutzte sie auch eine App mit einer Reihe geführter Meditationen. Es half ihr zunächst sehr, gab ihr Halt und machte ihr Mut. Sie bemerkte aber auch, dass alles, was sie wirklich brauchte, bereits vorhanden war: ihr Atem, ihre Aufmerksamkeit, ihr Bewusstsein ... ihr Entschluss. Irgendwann empfand sie die vielen Worte und die Hintergrundmusik wie eine Art zusätzliche Schicht von Gedanken, wie eine Hülle, die sie von dem entfernte, womit sie in Verbindung sein wollte: Stille. Die Qualität von Stille. Und allem, was sie in diesem Zustand wahrnehmen konnte.

Marie lernte mehr über die Rolle bewusster Atmung, studierte sie förmlich. Sie entdeckte immer mehr über die Zusammenhänge zwischen ihrer Atmung, ihrem Herzstand und ihrem Körper und begann sich zu fragen, warum Atmung nicht schon in Kindergärten, Schulen oder später an Business Schools und in Unternehmen – eigentlich überall – gelehrt und praktiziert wurde.

»Wir haben etwas vergessen«, schrieb sie eines Morgens in ihr Logbuch. »Erst haben wir Körper, Denken, Gefühle und Seele voneinander getrennt, auch wenn das gar nicht geht. Und dann haben wir Teile vergessen. Wir haben uns mit unseren Teams auf den Weg zum Berggipfel gemacht und einen wichtigen Teil unserer Ausrüstung im Tal vergessen. Wir benutzen Computer, jeden Tag. Aber wir haben teilweise vergessen, wie das Betriebssystem funktioniert. Unser *menschliches* Betriebssystem. Kein Wunder, dass die Computer dann heiß laufen und abstürzen.«

Manchmal, wenn sie auf Reisen oder kurz vor einem Meeting war, saß sie gern da, manchmal nur für eine Minute, und nahm ein paar bewusste Atemzüge. Gelegentlich tat sie das sogar während eines Meetings, ohne dass es jemand bemerkte.

Der letzte Tag mit Paul hatte Marie auf eine Weise bewegt, die sie so recht nicht in Worte fassen konnte – oder wollte. Es war nicht erforderlich. Sie spürte die Wirkung. Etwas in ihr war in Bewegung geraten. Es war, als würde eine leise, stetige Welle ihren Körper durchströmen. Sie fühlte sich häufiger wach, lebendig und verbunden. George nahm diese Veränderung wahr, und eines Abends, als sie zusammensaßen, bat er Marie, zu beschreiben, was für sie gerade geschah.

Marie: »George, es ist merkwürdig. Ich kann dir nur sagen, dass ich mich dankbar und irgendwie lebendig fühle. Ich kann's nicht so recht beschreiben. Bitte nimm es nicht persönlich, ich mag gerade nicht darüber sprechen. Ich fühle mich, als würde dadurch etwas Zerbrechliches, etwas, was gerade entsteht und was ich noch nicht erfassen kann, zerdrückt. Ich genieße einfach die Erfahrung.«

George nahm Marie in den Arm und sagte: »Mehr wollte ich gar nicht wissen. Du leuchtest. Das steht dir gut, und ... das wollte ich dich wissen lassen.«

Immer wieder sprachen Kollegen und Kolleginnen sie an. Einige sagten ihr offen, wie sehr sie es schätzten, dass sie ins Unternehmen gekommen war und wie gerne sie mit ihr zusammenarbeiteten. Andere hielten sich einfach öfter in ihrer Nähe auf oder fragten häufiger nach ihrer Meinung. Es kam immer wieder vor, dass das Team spontan beschloss, gemeinsam zum Mittagessen oder hin und wieder zu einem schnellen Abendessen zu gehen.

Zwar gab es nicht weniger Herausforderungen zu bewältigen als zuvor, und sie hatte auch nicht das Gefühl, dass sie irgendetwas anders machte, aber sie konnte nicht ignorieren, dass sie sich nicht mehr so sehr aufrieb, dass sie weniger Energie verbrauchte als vor den ersten Gesprächen mit Paul.

Vielleicht war es das, was Paul mit der Nachricht sagen wollte, die er Marie ein paar Tage nach ihrem letzten Treffen schrieb: »Du musst dich nicht ändern. Und das ändert alles.«

Marie erhielt seit Kurzem auch Bewerbungen von Mitarbeiter:innen aus anderen Abteilungen, die bei ihr arbeiten wollten. Das war ein Segen, denn in der Vergangenheit hatte sie große Schwierigkeiten, Mitarbeiter:innen zu halten oder für ihr Team zu gewinnen; trotz Gehaltserhöhungen und anderer Vorteile, die sie angeboten hatte. Manchmal bekam sie Unterstützung von Kolleg:innen, wenn sie es am wenigsten erwartete; es passierte einfach.

Obwohl sie es nicht hätte erklären können, wusste Marie tief in ihrem Herzen, dass es viele Zusammenhänge gab zwischen dem, was sie wahrnahm, und ihren Begegnungen mit Paul. Sie war dankbar, dass sie in ihm einen neuen Freund gefunden hatte. Aus irgendeinem Grund hatte sie geglaubt, dass Menschen in ihrem Alter keine wahrhaftigen Freundschaften mehr schließen könnten.

Am Montag nach ihrer letzten Geschäftsreise stand sie zeitig auf, ging ein wenig spazieren und fuhr früher als sonst ins Büro, um den Berufsverkehr zu vermeiden. Sie liebte die Ruhe, die zu dieser Zeit im Büro herrschte, und wollte ein paar der E-Mails beantworten, die während ihrer Reise liegen geblieben waren. Als sie vom Parkhaus zum Büro ging, sah sie zu ihrer Überraschung Paul, der zusammen mit einigen anderen Teammitgliedern über den Campus joggte.

Paul erblickte Marie, hörte zu laufen auf und ging auf sie zu. »Lauft ruhig weiter. Ich komm gleich nach, okay?«, rief er den anderen zu.

Paul: »Hallo, Marie, schön, dich zu sehen. Es scheint, als wärst du eine Weile weg gewesen.«

Marie: »Ich freue mich auch, dich zu sehen, Paul. Ja, ich war in letzter Zeit ziemlich viel unterwegs, und heute bin ich mal früher als sonst gekommen.«

Paul: »Ich habe die Zeit bei euch zu Hause wirklich sehr genossen. Es war ein ganz besonderer Tag, und ich möchte dir und George noch einmal für eure Gastfreundschaft danken. Ich habe mich wie ein guter alter Freund gefühlt.«

Marie: »Uns ging das ganz genauso, Paul. Aber, hey, ich will dich nicht vom Laufen abhalten.«

Paul: »Ach, wir waren sowieso schon fast am Ende unserer Runde. Ich liebe es einfach, um diese Zeit mit den anderen zu joggen. Die Luft ist so schön kühl.«

Marie: »Ich muss zugeben, dass ich ein wenig überrascht bin, dich hier beim Laufen zu sehen.«

Paul: »Warum?«

Marie: »Na ja, wie soll ich sagen. Um ehrlich zu sein, passen nach unseren letzten Gesprächen über Herz und Seele die Laufschuhe, das Schweißband und ... dein *Eat like there is a tomorrow*-T-Shirt nicht so ganz in das Bild, das ich mir von meinem guten alten Freund gemacht habe. Eher vielleicht ein Stuhl, auf dem du sitzt und in Ruhe nachdenkst ... Entschuldige. Jetzt ist es mir unangenehm, dass ich das gerade gesagt habe.«

Pauls inniglich Lachen und seine lächelnden Augen gaben Marie schnell Gewissheit, dass er keineswegs gekränkt war.

Paul: »Ich bin meine Seele ... in einem materiellen und zunehmend alternden Körper. Wenn ich mich also nicht um ihn kümmere, habe ich wahrscheinlich weniger Möglichkeiten, die Dinge zu tun, die mir wichtig sind. Gehst du joggen?«

Marie: »Ja, normalerweise abends. Da finde ich leichter Zeit dafür, und ich kann besser schlafen.«

Paul: »Das nächste Mal, wenn du läufst, probier doch mal Folgendes: Versuche, deprimiert oder gereizt zu sein.«

Marie lachte: »Ich glaube, das funktioniert nicht.«

Paul: »Schau, unser Körper und unser Geist sind in so vieler Hinsicht *eins*. Manchmal wundere ich mich, warum der Mensch unterschiedliche Worte dafür geschaffen hat. Wenn ich mich körperlich wohlfühle, ist mein Geist meist konzentrierter, und ich bin häufiger in einem offeneren Herzstand. Selbst zu meditieren fällt mir dann oft leichter, als wenn ich erschöpft oder müde bin. Und mir kommen beim Laufen oft tolle Ideen.«

Marie: »Ja das geht mir auch so.«

Paul: »Wir denken immer, auch wenn wir nicht über etwas nachdenken. Nur: Unsere fünf Prozent, über die wir sprachen, werden ein wenig stiller beim Laufen und machen Raum für leisere Gedanken.«

Marie: »Dann ist Laufen ja auch eine Art Meditation.«

Paul: »Ja. Jeder Moment kann Meditation sein. Ich kann laufen oder *bewusst* laufen.«

Marie schaute ihn an.

Paul: »Und wenn mein Geist in einem gesunden Zustand ist, habe ich mehr physische Energie, mehr Antrieb, Dinge zu erledigen oder neue Dinge zu versuchen.«

Marie: »Apropos, wir sollten uns wohl beide auf den Weg machen.«

Paul: »Auf jeden Fall, sonst gibt es heute einen ganzen Haufen hungriger Leute. Ich frage mich, ob du mit mir und dem Team zu Mittag essen möchtest. Normalerweise essen wir erst, wenn alles ruhig und wieder aufgeräumt ist, so gegen 14 Uhr 30. Du wirst heute wahrscheinlich viel zu tun haben. Aber was ist mit morgen? Ich würde dir gern ein paar Leute aus meinem Team vorstellen, und wir haben morgen einen Gast dabei – das wird dich interessieren.«

Marie: »Oh, da bin ich aber neugierig. Und, ja, morgen passt. Danke für die Einladung, ich komme sehr gerne.«
Paul: »Um 14 Uhr 30?«
Marie: »Morgen um 14 Uhr 30.«

INSPIRATION: ENTSCHEIDUNGEN DER SEELE

Als Marie am nächsten Tag zum Restaurant ging, kam ihr eine Gruppe von Kolleg:innen entgegen, die nach ihrem Mittagessen auf ihrem Rückweg zum Büro waren. Sie schienen gut gelaunt zu sein und Freude am gemeinsamen Schlendern zu haben.

Nachdem sie die Tür geöffnet hatte, bemerkte sie sofort den Geruch von Zimt. Dieser Duft weckte Erinnerungen an ihre Mutter und einen Nachtisch, den sie an besonderen Tagen gemacht hatte. Der Duft wärmte ihr Herz. Dann entdeckte sie eine große braune Tafel über dem Tresen, auf dem in weißen Buchstaben geschrieben stand:

DIESE WOCHE: FEIERN WIR DEN DUFT VON ZIMT

Bringt uns die Rezepte eurer Großmütter.
Die Top 10 werden wir für euch zubereiten.
Okay, wir nehmen auch Mamas Rezept. Und Papas auch.
Aber nur, wenn es le - gen - där ist.

Marie konnte nicht anders, als zu lächeln und amüsiert den Kopf zu schütteln. Sie mochte nicht nur Zimt, sondern auch diese leichtherzige, spielerische Energie, die sie gleich bei ihrem ersten Besuch gespürt hatte. Ihr gefiel die Idee, dass das

Restaurant seine Gäste auf diese Weise involvierte und sie einlud, das Menü mitzugestalten; so etwas hatte sie noch nie erlebt.

Sie entdeckte Paul an einem Tisch im hinteren Teil des Saals, wo er mit einigen seiner Mitarbeiter:innen saß. Er winkte ihr zu und lud sie ein, zu ihnen zu kommen. Als sie näher kam, stand Paul auf, um sie zu begrüßen.

Marie: »Hallo, Paul. Hallo, alle zusammen. Ich bin Marie. Schön, euch kennenzulernen.«

Paul: »Marie, ich freue mich, dass du es einrichten konntest zu kommen. Team, es ist mir ein Vergnügen, euch Marie Johnston vorzustellen. Sie leitet bei uns das Business Development für Emerging Markets und ist eine liebe Freundin.«

Alle begrüßten Marie, die um den Tisch herumging, Hände schüttelte und sich bemühte, alle Namen zu behalten: Joseph, Hannah, Roberta, Ahmed und Deepa …

Paul: »Ich hatte vor ein paar Wochen das Vergnügen, von Marie und ihrem Mann George bekocht zu werden. Und ich hoffe, dass ich mich eines Tages revanchieren und für dich und deine Familie bei mir zu Hause kochen darf.«

Marie bejahte das mit einem großen Lächeln.

Paul: »In der Zwischenzeit … können wir dich vielleicht mit ein paar Gerichten verwöhnen, die wir extra für dich aufgehoben haben.«

Marie: »Wow, ich danke dir, Paul, ich danke euch allen, dass ihr mich eingeladen habt. Was soll ich sagen? Es riecht wunderbar.«

Paul: »Marie interessiert sich für unsere Arbeit hier, und deshalb dachte ich, es wäre schön, wenn wir während unseres Mittagessens ein paar Gedanken und Erfahrungen mit ihr teilen könnten. Schließlich gehört Teilen zum Essen dazu, nicht wahr?«

Alle lächelten und nickten. Nach und nach servierten sie sich gegenseitig die Gerichte und begannen zu essen. Es fühlte sich wie ein großes Familienessen an. Marie probierte die Cannelloni mit Spargelsauce. Zu ihrer Überraschung schmeckte sie ein leichtes Zimtaroma heraus. Damit hatte sie nicht gerechnet. Und sie liebte es.

Paul: »Ich weiß, das ist ungewöhnlich, nicht wahr? Die Idee stammt von einem italienischen Kollegen. Ich glaube, er ist im Marketing.«

Joseph: »Ja, Giuseppe. Es ist ein Rezept seiner Mutter aus Sizilien. Es kam direkt in die Top 10.«

Marie: »Ach, das wollte ich euch unbedingt fragen. Wer von euch kam denn auf die Idee, die Rezepte eurer Gäste zu sammeln und nachzukochen?«

Roberta: »Ich weiß nicht mehr, wer genau die Idee dazu hatte, aber sie entstand während einer unserer ›Lebensfreude‹-Sessions. Es kommt tatsächlich so gut an, dass wir es wahrscheinlich regelmäßiger machen werden. So viele gute Ideen können wir gar nicht haben.«

Marie: »Was ist denn eine ›Lebensfreude‹-Session?«

Roberta: »Ach, wir treffen uns einfach alle zwei bis drei Wochen für eine Stunde oder so und überlegen gemeinsam, wie wir unser Versprechen, unseren Purpose, *sonst* noch mit Leben füllen können.«

Marie: »Lebensfreude ...«

Hannah: »Ja, Lebensfreude durch gutes Essen und Verbindung zu feiern und zu pflegen.«

Roberta: »Das ist es, *wofür* wir tun, was wir tun. Im Kern ist es eine einfache Frage, die uns auch bei Entscheidungen leitet. Zum Beispiel: ›Würde das, was ich gleich tun, entscheiden oder sagen werde, dem anderen ein wenig Lebensfreude schenken?‹ Wenn ja, zahlt es auf das ein, wofür wir hier sind. Und umgekehrt. Und wenn es vermutlich eher Lebensfreude nimmt, ich es aber nicht ändern kann ... kann ich mich immer noch fragen, wie ich diese Wirkung abmildern könnte.«

Marie: »Was meinst du damit?«

Hannah: »Na ja, nimm die Wartezeiten zum Beispiel. Zu Stoßzeiten sind sie leider nicht immer vermeidbar. Vor einem halben Jahr haben wir daher angefangen, Bildschirme aufzustellen, auf denen inspirierende oder auch mal lustige Zitate zu sehen sind. Einige Gäste haben uns daraufhin geschrieben, dass diese Zitate wohl manchmal genau zum richtigen Zeitpunkt für sie da waren.«

Roberta: »Heute schicken uns Kunden Zitate, die sie irgendwo entdeckt haben, mit der Bitte, sie doch für die Bildschirme zu verwenden. Manchmal sogar aus dem Urlaub.«

Ahmed: »Und manchmal lautet die Frage auch: ›Wie könnte ich das, was ich ohnehin tue, so machen, dass es meinem Team oder den Gästen ein wenig Lebensfreude gibt?‹ Es ist einfach eine Frage, die mich und uns begleitet. Öffnet oder schließt es das Herz?«

Marie staunte, wie sich die Gedanken und selbst die Sprache aus ihren Unterhaltungen mit Paul auch in seinem Team wiederfanden und offenbar Teil ihres Alltags waren. Dann wurde ihr klar, dass daran nichts überraschend war.

Joseph: »Neulich hatten wir eine Bestellung vergessen. Und als ich, während unser Gast wartete, den Salat zubereitete, schrieb Roberta eine kleine Notiz. Da stand in etwa: ›Hallo, Ricarda, da haben wir den Salat: Sorry, ich bin heute spät dran. Ich musste mich noch waschen, mir ein Dressing überziehen und mich einmal umrühren! Das nächste Mittagessen geht auf uns. Danke für deine Geduld. Dein Joseph.‹«

Marie: »Ach *da* kommt das her? Sie hat ein Foto davon gemacht und es ins Intranet gestellt.«

Roberta: »Ja, sie ging mit einem Lächeln zurück.«

Marie: »Ist es denn wirklich so einfach? Nur eine Frage? Ein regelmäßiges Meeting?«

Roberta: »Na ja, es ist einfach, aber es ist nicht immer leicht. Weißt du, die Fragen, die uns leiten, sind einfach. Und im wahrsten Sinne des Wortes *entscheidend*. Sie bestimmen, worauf wir unsere Aufmerksamkeit und Energie lenken und wonach wir entscheiden, auch und gerade, wenn es nicht einfach ist.«

Joseph: »Unsere Frage verbindet uns sozusagen immer wieder mit dem, was uns etwas bedeutet. Sie ist unser Nordstern, an dem wir uns ausrichten.«

Roberta schmunzelte: »Ah, schon wieder eine so hübsche Analogie, Joseph. Danke.«

Joseph: »Vielen Dank für die Blumen, Roberta.«

Alle am Tisch lachten und genossen den liebevollen Moment.

Marie: »Roberta, du sprachst von schwierigen Entscheidungen...«

Roberta: »Also, früher zum Beispiel haben wir Süßigkeiten und Softdrinks, also zuckerhaltige Getränke, neben der Kasse dort drüben verkauft. Bei einem unserer Meetings brachte Joseph dann ein Buch mit, das anhand von neusten Forschungsergebnissen aufzeigte, welche schwerwiegenden Auswirkungen Zucker auf unsere Gesundheit und letztlich auf die ganze Gesellschaft hat.

Wir schauten auf die Getränke, die wir im Angebot hatten. Einige enthielten fast 50 Gramm Zucker oder mehr. Das ist so viel, wie die Weltgesundheitsorganisation als absolute Obergrenze empfiehlt – und zwar für einen ganzen Tag. Und wenn wir regelmäßig mehr von dem süßen Zeug konsumieren, werden wir krank. Und ich glaube, es war Ahmed, der daraufhin die Frage stellte: ›Würde jemand, der von sich selbst sagt, dass es ihm eine Herzenssache ist, Lebensfreude zu schenken ... durch gutes

Essen und Verbindung ... also, würde so jemand zuckerhaltige Getränke und Süßigkeiten verkaufen?‹«

Marie: »Keine einfache Frage. Ich nehme an, dass einige eurer Kund:innen schlicht erwarten, dass ihr ihnen das anbietet, was sie sich wünschen, oder?«

Ahmed: »Es war tatsächlich keine einfache Diskussion, aber sie war notwendig und wertvoll. Es war keine Entscheidung, die wir durch Logik allein lösen konnten. Die einzig greifbaren Daten, die wir hatten, waren der Umsatz und die Marge, die wir mit diesen Produkten erzielten. Und die waren doch beträchtlich. Wir informierten uns mehr über die Rolle und Auswirkung von Zucker. Gleichzeitig konnten wir nur schätzen, wie viel Umsatz wir verlieren würden, wenn wir den Verkauf dieser Produkte einstellen würden. Würden Kunden womöglich ganz abspringen? Und wenn ja, wie viele?«

Hannah: »... oder wie viel mehr Gewinn wir durch diese Entscheidung erzielen würden?«

Roberta: »Genau. Es war eine lange Debatte, die in Meetings, zwischendurch und in jedem von uns selbst stattfand, um ehrlich zu sein. Am Anfang sprachen wir über Werte wie Selbstbestimmung einerseits und Verantwortung gegenüber unser aller Gesundheit andererseits. Wir versuchten, diese Dinge gegeneinander abzuwägen. Und das war auch hilfreich, aber schlussendlich drehten wir uns im Kreis.

Und dann kam der Punkt, an dem uns allen bewusst wurde, dass wir diese Entscheidung wohl nicht nur allein mit dem Kopf, sondern auch mit dem Herzen und vielleicht mit der Seele treffen müssten.«

»Alle drei Stimmen fragen ...«, murmelte Marie.

Hannah: »Am Ende fragte sich jeder von uns: ›Wie fühle ich mich mit dieser oder mit jener Entscheidung?‹ Wir hörten auf unseren Herzstand und auf unsere Körper.«

Marie: »Sieht so aus, als wärt ihr zu einer Entscheidung gekommen.«

Roberta: »Ja, das sind wir, und ich bin froh, dass Paul sie unterstützt hat. Wir haben letztlich beschlossen, keine Produkte mehr zu verkaufen, die große Mengen Zucker enthalten, und auch keine Produkte, von denen man auf den ersten Blick nicht unbedingt erwarten würde, dass sie Zucker enthalten, wie etwa Chips oder andere Snacks. Wir waren überrascht, wie klar und erleichtert wir uns fühlten, nachdem wir diesen Weg eingeschlagen hatten.«

Marie: »Und wie ging's dann weiter?«

Joseph: »Danke, dass du nachfragst, denn das war der Teil der Reise, aus dem wir wohl am meisten gelernt haben. Zumindest trifft das auf mich zu. Denn was folgte, hatte ich so nicht kommen sehen. Nach unserem Entschluss erklärten wir natürlich alles unseren Kund:innen. Wir gaben die Neuigkeiten in der App bekannt und legten Flyer auf den Tischen aus. Einige von uns sprachen unsere Gäste direkt an und erklärten unsere Beweggründe.

Was soll ich sagen. Ich glaube, wir waren alle ein bisschen überwältigt und überrascht von den Reaktionen. Ein paar schienen zunächst etwas enttäuscht zu sein, aber die große Mehrheit der Leute sagte uns, wie sehr sie unsere Fürsorge schätzten. Sie sahen es als ein Zeichen von Achtsamkeit und Verantwortungsgefühl. Viele fühlten sich inspiriert, einen gesünderen Lebensstil zu führen, auch und vor allem während der Arbeit. Weil einige Gäste danach fragten, bieten Ahmed und Hannah jetzt manchmal sogar kleine Online-Seminare an, um über Zucker aufzuklären.«

Hannah ergänzte: »Und wir planen Kurse, um Teilnehmern zu helfen, gesünder einzukaufen und zu kochen.«

Joseph: »Und begannen dann, Alternativen zu zuckerhaltigen Snacks und Getränken anzubieten. Manche schickten uns Fotos von Produkten, die sie liebten. Unterm Strich ist die Anzahl unserer Gäste gestiegen, und unser Umsatz mit den neuen Getränken und Snacks ist um über zehn Prozent gestiegen. Damit haben wir nicht gerechnet.«

Paul: »Und diese Woche hat mich ein YouTuber angeschrieben, der mit uns ein Projekt starten will.«

Hannah: »Das ist ja cool.«

Roberta: »Marie, um auf deine Frage zurückzukommen: Ich habe festgestellt, dass wir bisher noch nie eine zunächst schwierig anmutende Entscheidung bereut haben, wenn sie uns bewegt oder inspiriert hat. Es hilft uns, uns von unserem, nennen wir es mal ›Purpose‹ auf diese Weise immer wieder leiten zu lassen – bei kleinen wie bei großen Fragen. Es ist nicht einfach. Aber es ist hilfreich.«

Marie: »Danke Roberta, danke euch allen, dass ihr das mit mir teilt. Das bedeutet mir sehr viel.«

Ahmed: »Übrigens, als Nächstes planen wir eine Fastenwoche.«

Marie dachte für einen Moment, sie hätte sich verhört: »Fasten? Also – kein Essen? Aber würdet ihr euch damit nicht komplett infrage stellen?«

Ahmed: »Na ja, auf den ersten Blick mag das so aussehen. Wir werden aber weiterhin Speisen und Getränke anbieten, zum Beispiel leichte Brühen oder Säfte, die ein gut definiertes einwöchiges Fastenprogramm unterstützen. Weißt du, viele Menschen würden gerne fasten; aber es ist gar nicht so einfach, das im Arbeitsalltag umzusetzen. Einige haben keine Zeit oder Energie, um zum Beispiel eine richtige Brühe für den nächsten Tag vorzubereiten. Oder sie wissen nicht genau, wie das geht. Und dann haben sie in ihren Büros keine Mikrowellen. Also übernehmen wir das für sie. Für uns ist das ganz einfach.«

Hannah: »Viele unserer Gäste haben uns auch wissen lassen, dass ihnen zwar die Vorteile des Fastens für die geistige und körperliche Gesundheit durchaus einleuchten, sie es aber etwas entmutigend finden, das ganz allein zu machen. Viele haben noch nie gefastet und wissen nicht so recht, wie sie es angehen sollen. Deshalb haben wir uns gedacht, dass wir unseren Kolleg:innen zwei- bis dreimal im Jahr dabei helfen, *gemeinsam* zu fasten, entlang eines Plans, den wir vorgeben, und dabei Erfahrungen auszutauschen und sich gegenseitig zu ermutigen.

Wir haben sogar mit dem medizinischen Team in der Zentrale gesprochen, und sie werden in den kommenden Mittagspausen vorbeikommen. Sie wollen einen Informationsstand einrichten und Fragen beantworten. Wir werden das Projekt nächste Woche zusammen ankündigen, und es sind schon über fünfzig Personen, die daran teilnehmen möchten. Weil das Programm zehn Tage geht, heißt es FAS-TEN.«

Paul: »Wir glauben, dass das eine wunderbare Chance ist, unseren Purpose noch mehr zu verkörpern. Je mehr wir übers Fasten gelernt und es selbst erlebt haben, desto mehr haben wir gespürt, dass wir Essen, das wir dann zu uns nehmen, noch mehr schätzen und dass wir achtsamer essen. Und *das* kann für uns als Restaurant nur förderlich sein.«

Marie: »Ich bin sprachlos. Und ... beseelt ... von euren Ideen und von euch. Ich danke euch. Und ... ich bin natürlich dabei, bei FAS-TEN ...«

Es wurde still. Wie ein doppelter Absatz in einem Buch. Und in diesem Raum konnte jeder die Freude und die Dankbarkeit spüren, die alle am Tisch gerade miteinander verband.

Paul: »Ich habe kürzlich etwas entdeckt, das ich gerne mit euch teilen möchte. Das altchinesische Wort für ›Business‹ besteht aus zwei Schriftzeichen. Das erste kann mit ›Leben‹ und das zweite mit ›Sinn‹ oder ›Bedeutung‹ übersetzt werden. Vor über dreitausend Jahren entdeckten also unsere Vorfahren, dass uns sinnstiftende Arbeit Lebensenergie gibt und dass es umgekehrt diese Energie ist, die Dinge erschafft ... auch im Business. Ich glaube, wir haben das Glück, das hier im Team jeden Tag erleben zu können.«

Marie lächelte Paul an: »Es hat wohl schon vor dreitausend Jahren ein paar Chief Energy Officers gegeben.«

Ahmed hatte für alle Kaffee und Tee zusammen mit einer Auswahl an Zimtgebäck und Nachspeisen mitgebracht. Er lud alle ein, sich selbst zu bedienen.

Ahmed: »Nur leicht mit Honig gesüßt, okay?«

Deepa grinste: »Natürlich. Und keine Sorge, Ahmed. Hier bleibt nichts übrig.«

NETTO-POSITIV

Dann reichte Deepa Marie, die ihr gegenübersaß, einen Teller mit Gebäck.

Deepa: »Marie, vielleicht wunderst du dich ein wenig, dass ich noch gar nichts gesagt habe.«

Marie: »Also, spätestens jetzt fällt es mir auf.«

Deepa: »Ich bin, genau wie du, auch zu Gast hier und lausche fasziniert und dankbar dem Gespräch.«

Paul: »Verzeih, Deepa, ich hätte dich vorstellen sollen. Du bist für mich schon wie ein Teil des Teams. Marie, Deepa leitet die Personalentwicklung und besucht uns regelmäßig, einfach um Ideen auszutauschen, um zusammen nachzudenken. Kann man das so sagen, Deepa?«

Deepa: »Danke, Paul. Ja, ich denke schon. Ich sehe alles, was unser Team anbietet, als eine Dienstleistung. Da liegt es nahe, dass meine Kolleg:innen und ich regelmäßig das Gespräch mit unseren Kund:innen suchen und einfach fragen: ›Wie hilft euch das, was wir tun?‹, ›Wie könnten wir euch noch besser unterstützen?‹ und: ›Welche Fragen stellt ihr euch?‹ Das gilt natürlich auch für euch ...«

Sie schaute in die Runde, um in Verbindung zu sein.

Deepa: »Und doch sind unsere Begegnungen, so wie heute, immer so viel mehr. Als ich das erste Mal hierherkam, spürte ich schon, dass hier etwas anders war. Und das Essen, das Feedback der Gäste und auch die Zahlen sprechen für sich. Da wurde ich neugierig und suchte erst das Gespräch mit Paul und schließlich mit euch allen.«

Marie schmunzelte: »Ah, Deepa, das kann ich sehr gut nachvollziehen. Schön, dich kennenzulernen.«

Deepa: »Gleichfalls, Marie. Wie schön, dass du hier bist.

Ich glaube, Paul, unsere Gespräche gehen weit über Feedback und Ideen hinaus, auch wenn das an sich schon wertvoll ist. Ihr seid für mich Weggefährt:innen geworden – auf einer langen Reise, mit vielen Anfängen und ohne Ende. Und die Gespräche auf dieser Reise haben begonnen, meine Sichtweise zu verändern – meine Sichtweise auf Menschen, auf Führung, auf meine eigene und unsere gemeinsame Rolle. Und damit letztlich auch auf das, was wir tun und was nicht und wie wir tun, was wir tun.

Ich bin dir und euch sehr dankbar, dass ihr mich teilhaben lasst an dem, was euch wirklich bewegt und für die oft sehr tiefen Gespräche, die bei uns einiges auf den Kopf gestellt haben.«

Paul: »Ah, Deepa, ich bin, wir alle sind dankbar für dein Vertrauen und diese enge Partnerschaft. Ich glaube, wir freuen uns alle, auf diesem Weg einen kleinen Beitrag leisten zu können, und sind dankbar für dein wahrhaftiges Interesse an dem, was wir entdecken und denken. Ohne dich hätten diese Gespräche ja nie stattgefunden. Wir wachsen durch dich und mit dir zusammen.«

Joseph, Hannah, Roberta und Ahmed blickten zu Deepa und nickten anerkennend. Ihre Wertschätzung war spürbar.

Marie: »Ich arbeite mich ja gerade erst in die Personalprozesse ein. Ich glaube sogar, ich bin demnächst zu einem ›Onboarding‹-Termin eingeladen. Sieh mir also bitte nach, Deepa, wenn ich etwas frage, was ich vielleicht schon wissen sollte.«

Deepa: »Frag alles, was du willst. Und ich würde auch dich gern bald besuchen, um von deinen Erfahrungen zu lernen und um noch besser zu verstehen, was eure Herausforderungen in Emerging Markets sind.«

Marie: »Sehr gern, Deepa. Eine Frage, die mir in den Sinn kam, war: ›Was ist denn aus deiner Sicht eine der wichtigsten oder wirksamsten Änderungen, die ihr vorgenommen habt?‹ Du sagtest gerade, dass ihr einiges auf den Kopf gestellt habt.«

Deepa überlegte nicht lang.

Deepa: »Wir haben das Mitarbeiter:innengespräch, das MAG, abgeschafft.«

Marie: »Ihr habt es *abgeschafft*?«

Marie war verwundert, hatte sie doch eigentlich damit gerechnet, dass Deepa ihr jetzt wohl von etwas berichten würde, was sie *eingeführt* hätten. Außerdem kannte sie kein Unternehmen, das nicht in irgendeiner Form solche Gespräche institutionalisiert hatte.

Deepa: »Ja. Abgeschafft. Und zwar beide. Das sogenannte ›Year-End-Review‹ am Ende des Geschäftsjahres und das ›Mid-Year-Review‹ im Sommer. Es ist ab diesem Jahr nicht mehr verpflichtend. Das Gleiche gilt übrigens auch für das 360-Grad-Feedback, das damit verknüpft war. Es steht denen, die es nutzen möchten, als Werkzeug zur Verfügung, aber wir fordern es nicht mehr ein.«

Paul und sein Team spürten die Spannung in Marie. Sie lauschten aufmerksam dem Gespräch der beiden, das sie an die zahlreichen Diskussionen erinnerte, die letztlich zu der Entscheidung geführt hatten. Zusammen hielten sie den Raum, den dieses Gespräch brauchen würde.

Marie: »Aber braucht es Mitarbeiter:innengespräche denn nicht?«

Deepa: »Oh ja, ganz viele sogar, vermutlich Hunderte in einem Jahr.«

Marie: »Eben. Solche Gespräche sind doch essenziell?«

Deepa: »Das sind sie. Aus meiner Sicht sind Gespräche buchstäblich die Essenz *jeder* menschlichen Beziehung. Erst durch Gespräche treten wir in Beziehung. So wie jetzt. Und die Qualität unserer Gespräche bestimmt zum großen Teil die Qualität der Beziehungen – ihre Tragfähigkeit und Nähe.«

Marie: »Ja, das denke ich auch. Bei der Arbeit und jenseits davon.«

Deepa: »Nur: Brauchst du *mich*, brauchst du meine Abteilung dafür?«

Marie schaute fragend.

Deepa: »Brauchst du eine Deadline, damit ihr sprecht, damit ihr in einer wahrhaftigen Beziehung seid? Brauchst du jemanden, der *kontrolliert, dass* ihr miteinander gesprochen habt, *wann* ihr gesprochen habt oder sogar *worüber* ihr gesprochen habt?«

Marie: »Natürlich nicht. Ich spreche mit meinen Teammitgliedern über diverse Dinge. Teilweise täglich. Mit und ohne euch.«

Deepa: »Genau. Gespräche – Dialog, Austausch, Feedback, Diskussion, Sparring ... wie auch immer wir es nennen – sind ein essenzieller Teil dessen, was du als Führungskraft täglich tust. Man könnte sagen: Führung besteht nur aus Gesprächen. Führung *ist* Gespräch.«

Marie: »Ich betrachte das als einen fundamentalen Teil meiner Rolle.«

Deepa: »Und ändert es irgendetwas an euren Teamergebnissen, wenn ihr für *zwei* dieser Gespräche *aufschreibt*, was ihr denkt und sagt, oder es einfach nur denkt, sagt, hört und fühlt?«

Marie: »Ich denke nicht. Es kreiert zunächst einmal viel Arbeit. Für alle, meine Mitarbeiter:innen und mich. Das, was wir so festhalten, ist letztlich ein Bruchteil dessen, was relevant ist, und meist nach wenigen Wochen obsolet. Die Welt bewegt sich viel zu schnell, ist zu dynamisch.«

Deepa: »Und machst du dir manchmal Notizen vor Gesprächen mit Teammitgliedern?«

Marie: »Ja. Schreiben hilft mir beim Denken. Und ich sammle Gedanken … Fragen … was ich an jemandem schätze, was jetzt wichtig ist und so weiter.«

Deepa: »Und ändert es etwas an dem, was du schreibst, wenn du weißt, dass das, was du schreibst, in einem System gespeichert werden wird?«

Marie: »Oh ja. Dann bekommen meine Worte ja einen anderen Zweck. Sie dienen dann weniger der Reflexion, sondern können oder sollen etwas bei anderen bewirken. Sonst müsste ich es ja nicht aufschreiben. Ich weiß auch nicht, von wem es genau gelesen wird, geschweige denn, wie es verstanden wird. Und das kann ich nicht *nicht* wissen. Daher werde ich vorsichtig, damit meine Worte nicht ungewollt Porzellan zerstören. Eigentlich habe ich nie so recht verstanden, für *wen* wir das wirklich aufschreiben. Ich persönlich nutze es nicht. Ich weiß, was ich denke und was wir besprechen, und brauche kein IT-System dafür. Wenn es das nicht gäbe, würde sich an unseren Ergebnissen nichts ändern.«

> »Gespräche sind die Essenz jeder Beziehung.«

Deepa: »Das ist eine interessante Beobachtung.«

Ahmed schenkte allen noch einen Kaffee oder Tee ein und war dabei darauf bedacht, keine Aufmerksamkeit auf sich zu ziehen, um den Gesprächsfluss nicht zu stören.

Deepa: »Lass uns mal auf den Balkon gehen.«

Marie: »Sehr gern. Ich liebe Balkone. Von dort hat man eine bessere Sicht.«

Deepa schaute zu Paul und Marie.

Deepa: »Habt ihr über den Energiekreis gesprochen?«

Marie: »Natürlich. Viele Male.«

Deepa: »Alles, was wir tun, erscheint uns logisch.«

Marie: »Es ist entweder logisch oder psychologisch.«

Deepa: »Genau. Alles, was wir in Organisationen erschaffen, praktizieren oder tun, also auch all die Prozesse, Richtlinien, Regeln, die meine Abteilung kreiert, ist – *ausnahmslos* – das Ergebnis unserer bewussten oder unbewussten Überzeugungen darüber, wie Menschen, Teams und Organisationen, sagen wir mal, ›funktionieren‹. Sie sind letztlich ein sichtbarer Ausdruck unserer tiefsten Glaubenssätze über Menschen, und insbesondere Menschen bei der Arbeit, und der Frage, unter welchen Bedingungen Menschen im weitesten Sinne *erfolgreich* sind ... und: wann nicht. Unsere Prozesse sind Ausdruck unserer Erfahrungen und damit Spiegelbild unserer Glaubenssätze und Ängste.«

Marie: »Das gilt auch für formelle Mitarbeiter:innengespräche, für Performance Reviews und Ähnliches. Sie sind in unseren Köpfen entstanden und nicht auf Bäumen gewachsen.«

Deepa: »Ja. Und das ist alles okay. Eine unserer guten Absichten ist vermutlich, etwas, was funktioniert, in Flaschen abzufüllen und an möglichst viele zu verteilen.«

Marie: »Oder etwas, was weniger gut funktioniert, zu verhindern oder einzugrenzen.«

Deepa: »Vermutlich. So entstehen Prozesse und Regeln. Allerdings, wenn ein Prozess dann erst mal existiert, bestärkt er wiederum unsere Glaubenssätze. Denn wenn er existiert, muss er ja sinnvoll sein, nicht wahr?«

Marie: »Der Energiekreislauf dreht sich weiter.«

Deepa: »In der Tat. Unsere Regeln und Prozesse vermitteln eine oft unausgesprochene, aber nicht minder deutliche Botschaft. Sie sagen etwas darüber aus, was wir schätzen, was wir glauben und was nicht und worum wir uns sorgen.

Und wenn ein Prozess – so wie die jährliche Durchführung Hunderter MAGs einschließlich deren Vorbereitung, Durchführung, Monitoring und Analyse sowie der dazu erforderlichen IT-Plattformen, um all das zu tun –, wenn solch ein Vorgehen also existiert, dann wird es natürlich Kolleg:innen geben, die sich darum kümmern, deren Rolle, Selbstwert und Selbstverständnis, ja deren Job zumindest teilweise von der Durchführung dieses Prozesses abhängt. Er darf also nicht *nicht* wertvoll sein.«

Marie: »Denn sonst müssten wir ja all das infrage stellen.«

Deepa: »Einschließlich unseres Menschenbildes.«

Marie: »Was sind denn aus deiner Sicht solche Glaubenssätze – Teile unseres Menschenbildes –, die dazu führen, dass ihr viele Jahre Mitarbeiter:innengespräche durchgeführt habt? Und was hat sich geändert?«

Deepa: »Nun, zunächst haben wir uns eine ganz einfache Frage gestellt.«

Marie suchte Robertas Blick, und Roberta lächelte, als könne sie Maries Gedanken lesen: *Wieder eine dieser vermeintlich einfachen Fragen, nicht wahr?*

Deepa: »Angenommen, wir würden morgen alle MAGs abschaffen, würde die Performance des Unternehmens dann unterm Strich sinken, gleich bleiben oder steigen?«

Marie: »Hm. Das scheint tatsächlich eine ganz einfache unternehmerische Frage zu sein. Und wie lautet eure Antwort?«

Deepa: »Wie ich schon sagte, wir sehen uns als Dienstleister. Also haben wir unsere Kund:innen gefragt.«

Marie: »Alle?«

Deepa: »Alle. Anonym. Es ist *eine* Frage. Die Kosten, sie zu stellen, waren gering. Unser Praktikant hat alles an einem Nachmittag organisiert.«

Marie: »Und wie haben meine vielen Kolleg:innen geantwortet?«

Deepa: »Es hat mich nicht überrascht. Fast achtzig Prozent sind der Meinung, dass die Leistung gleich bleiben oder steigen würde. Nur zwanzig Prozent denken, dass sie sinkt.«

Marie: »Uff, das ist starker Tobak. Wenn das auch nur in der Tendenz repräsentativ ist, auch wenn es nur sechzig Prozent oder fünfzig Prozent wären, stellt sich dann natürlich die Frage, warum tun wir es denn dann?«

Deepa: »Nun, zunächst einmal stellt niemand diese Frage.«

Marie: »Das stimmt. Sie wurde mir noch nie gestellt und ... sie ist delikat.«

> »Unsere Prozesse sind ein Spiegelbild unserer Glaubenssätze und Ängste.«

Deepa: »Ja. Denn das System, das wir selbst geschaffen haben, erhält sich selbst. Unsere oft unbewussten Denkgewohnheiten und Filter bestätigen sich selbst und kreieren die gleiche Wirklichkeit immer wieder aufs Neue.«

Marie: »Der Energiekreis in Aktion. Was sind denn einige der kraftvollsten Denkweisen, die aus deiner Sicht am Werk sind und die den Prozess am Leben halten?«

Deepa: »Da gibt es eine ganze Menge. Die grundlegendste ist vermutlich: ›Ohne mich, ohne den Prozess, passiert es offenbar nicht.‹ Das ist Glaubenssatz und Nachricht zugleich.«

Marie: »Nachricht?«

Deepa: »Der Prozess sagt: ›Ich glaube nicht an euch. Wenn ich nicht erforderlich wäre, würde es mich ja nicht geben.‹ Die Existenz des MAG rechtfertigt seine Existenz.«

Marie: »Also, ich brauche es nicht. Aber was ist denn mit Führungskräften, die *nicht* ausreichend mit ihren Mitarbeiter:innen im Austausch sind? Die gibt es ja auch. Dann ist so ein formelles jährliches oder halbjährliches Gespräch doch besser als nichts.«

Deepa: »Die gibt es. Sind es viele?«

Marie: »Hoffentlich nicht. Sonst hätten wir entweder bei der Einstellung, bei Beförderungen oder bei der Führungskräfteentwicklung Nachholbedarf. Oder bei allen dreien.«

Maries letzte Bemerkung brachte Deepa unverhofft zum Lachen. Schließlich war sie für all diese Themen mitverantwortlich. Sie spürte, wie ihre Gedanken und Herzen sich in diesem Moment verbanden.

Deepa: »Und werden diese wenigen deiner Erfahrung nach beginnen, mit ihren Mitarbeiter:innen Gespräche zu führen, wenn wir sie zwingen?«

Marie: »Einige.«

Deepa: »Wie oft?«

Marie: »Vermutlich so, wie ihr es vorgebt. Genau ein- bis zweimal pro Jahr. Sie beugen sich dem Prozess und machen das, was ihnen gesagt wird. Oder geben zumindest den Anschein.«

Deepa: »Ist es wahrscheinlich, dass das wertvolle, wirksame Gespräche werden?«

Marie: »Na ja, wohl eher nicht. Vermutlich werden einige mit dem Satz beginnen: ›Wir sollen jetzt ja dieses Gespräch führen.‹«

Deepa: »Das heißt: Weil einige Führungskräfte keine, wenige oder schlechte Gespräche führen, würden wir für alle anderen, die ohnehin regelmäßig Gespräche führen, einen Prozess einführen, der vermutlich nichts bewirkt.«

Marie: »Das ist absurd.«

Deepa: »Ich weiß. Ich hab's eingeführt.«

Alle am Tisch brachen in Gelächter aus. Paul und Deepa hatten Tränen in den Augen. Deepas Bereitschaft, sich selbst auf die Schippe zu nehmen, war immer wieder herzerfrischend.

Deepa: »Ah, das tat gut. Danke.

Also, Marie, zurück zu deiner Frage. Das MAG und ähnliche Mechanismen sind aus unserer Sicht nicht die Antwort auf deine sehr berechtigte Frage. Wenn Führungskräfte das nicht von sich aus tun, dann führen sie ganz einfach nicht, dann sind sie nicht in Beziehung. Und Führung kann man nicht delegieren, schon gar nicht an uns. Da gibt es in der Tat viel zu tun, und du hast ja ein paar mögliche Hebel dafür schon genannt. Ein erzwungenes Gespräch wird es nicht richten, weil es nicht das Ergebnis einer wahrhaftigen, persönlichen Erkenntnis ist. Und auch wenn es, wie wir gerade festgestellt haben, absurd ist, das Mitarbeiter:innengespräch als Antwort auf diese Frage zu verstehen, so ist es eben doch einer der oft unausgesprochenen Gründe, warum wir solch einen Prozess am Leben erhalten.«

Marie: »Was sind denn noch andere Glaubenssätze? Du sagtest, es gäbe eine ganze Reihe.«

Deepa: »Ein weiterer Glaube ist, dass Menschen dann, also *nur* dann, optimal arbeiten, wenn man mit ihnen erst Ziele definiert und auf der Hälfte der Strecke und am Ende des Jahres bewertet, was sie erreicht haben. Und die kleine Schwester des Gedankens lautet: ›Wenn man das nicht tut, sind die Ziele der Mitarbeiter:innen nicht kompatibel mit denen des Unternehmens.‹«

Marie: »Anarchie.«

Deepa: »Und Chaos. Denn der kleine Bruder des Gedankens lautet: ›Um das zu erreichen, brauchen wir zentral organisierte MAGs, denn …‹«

Marie: »… sonst laufen wir Gefahr, dass sie nicht stattfinden.«

Deepa: »Genau. Oder nicht das Richtige besprochen wird.«

Marie: »Gegen Ziele ist an sich ja nichts einzuwenden.«

Deepa: »Gar nichts.«

Deepa wandte sich an Joseph.

Deepa: »Joseph, hat Paul mit dir Ziele für dieses Jahr vereinbart?«

Joseph: »Nein.«

Deepa: »Würdest du dich als motiviert bezeichnen?«

Joseph: »Motiviert? Ich brenne für dieses Team und was wir tun.«

Deepa: »Ist dir bewusst, welchen Beitrag du leisten musst, damit ihr eure Ziele als Abteilung erreicht?«

Joseph: »Ich weiß, was wir als Team erreichen wollen. Ich kenne unsere Zahlen. Ich weiß, wie wir das erreichen wollen, wo wir gut davor sind und wo noch nicht. Ich habe das ja selbst mitgestaltet. Ich weiß, was uns und mir noch nicht so klar ist. Ich weiß, wo ich Experte und wo ich wieder Lehrling bin. Und ich weiß vor allem, wofür ich das tue und mit wem ich das tue. Ich weiß, warum ich hier sein will.«

Deepa: »Aber du hast keine Zielvereinbarung? Ich glaube, hier läuft was schief.«

Marie rollte mit den Augen: »Ist ja gut.«

Deepa: »Marie, du wirst selbst wissen, wann genaue Zielvorgaben hilfreich sind und wann nicht, wie du das mit deinem Team besprichst, wann und wie ihr miteinander auf den Fortschritt guckt. Egal, wie du führst, die Frage bleibt: Brauchst du mich und mein Team dafür?«

Marie: »Wenn wir also der Meinung sind, dass der Nutzen am Ende des Tages gering ist, der finanzielle, physische und emotionale Aufwand aber enorm, dann ...«

Deepa: »... dann ist der Prozess netto-negativ. Er verbraucht mehr menschliche Energie, als er kreiert.«

Marie: »Und deshalb habt ihr ihn beendet?«

Deepa: »Genau deshalb. Wenn ich ihn als Chief Energy Officer betrachte, ist das kein gutes Geschäftsmodell. Und seine Energiebilanz ist *deutlich* negativ. Einerseits ist da natürlich der offensichtliche zeitliche und finanzielle Aufwand. Den kann man leicht und ziemlich genau ausrechnen. Wir involvieren neben meiner Abteilung ja die große Mehrheit aller Mitarbeiter:innen. Es gibt aber auch einen weniger messbaren Teil der Energiebilanz, von dem die meisten nur hinter vorgehaltener Hand sprechen. Du hast gerade schon darauf hingewiesen.«

Marie: »Den Herzstand. Der Prozess erzeugt eine subtile Angst ... vor dem Urteil des anderen. Gespräche werden so ohne Not enger und weniger wahrhaftig, als sie sein könnten.«

Deepa: »Ja. Wir institutionalisieren gewissermaßen *Bewertung* und fördern so geschlossene Herzstände. Niemand sagt es, alle spüren es. Wir normalisieren durch die Art der Fragen dualistisches Denken. Wir begrenzen den Raum, den wir glaubten, schaffen zu müssen. Wir schaffen Distanz, wo wir eigentlich Nähe brauchen. Der Prozess kompromittiert also teils genau das, wofür er eigentlich mal geschaffen wurde: mehr und bessere Gespräche, mehr Führung und mehr Beziehung. Ich glaube: Kein Unternehmen auf diesem Planeten ist je wegen seiner MAGs erfolgreich geworden. Und keines ihretwegen gescheitert.«

Immer mehr konnte Marie erahnen, in welcher Weise Deepas Entscheidung wohl mit den Gesprächen mit Paul und seinem Team zusammenhingen. Deepa betrachtete, was sie und ihr Team taten, aus der Sicht eines Chief Energy Officer, für die menschliche Energie die eigentliche Währung des Unternehmens ist.

Marie: »Du sprichst von Bewertung und von geschlossenen Herzständen. Mir ist heute bewusst, wie wichtig das ist. Daher würde ich das gern noch etwas besser verstehen. Was hast du beobachtet?«

Deepa: »Nun, Menschen wissen ja, ihr Herz weiß, dass ihre Karriere und manchmal sogar ihr Gehalt auch von dem Ergebnis solcher Gespräche abhängen können. Einige Bewertungen finden sich sogar in Tabellen wieder, die wiederum Grundlage für Personalentscheidungen sind. Die Gespräche erzeugen Aufmerksamkeit und Emotionen.«

Marie: »Menschen denken oft viele Tage davor und danach über diese Gespräche nach.«

> »Wir institutionalisieren Bewertung. Wir normalisieren dualistisches Denken. Wir schaffen Distanz, wo wir eigentlich Nähe brauchen.«

Deepa: »Ja. Vor allem wenn sie wissen, dass sie vor, während und nach den Gesprächen entlang einer Reihe von Kriterien bewertet werden und sich selbst bewerten sollen. Der Prozess macht uns innerlich und unbewusst zu Richtern und Richterinnen voneinander und von uns selbst statt zu wohlwollenden Unterstützer:innen und Coaches.

Wir nennen diese Kriterien gerne ›Werte‹ oder ›Guiding Behaviours‹ oder ›Leadership Principles‹ und verwenden viel Zeit darauf, sie zu formulieren, zu erklären und zu rechtfertigen. Dabei haben all diese Beschreibungen meist zwei Dinge gemeinsam.«

Marie: »Und das wäre ...?«

Deepa: »Nun, zunächst beschreiben sie Menschen in offenen Herzständen. Es sind zum großen Teil Eigenschaften oder Verhaltensweisen, die wir typischerweise in offenen Herzständen an den Tag legen.«

Marie: »Das ist doch gut?«

Deepa: »Sicherlich. Und auch nicht weiter überraschend. Nur ist ein offener Herzstand nicht das Ergebnis unserer ›Guiding Behaviours‹ oder Werte. ›Gelebte Werte‹, wie es manchmal heißt, sind der *Output*, das Resultat einer gesunden Kultur, nicht der *Input*.«

Marie: »Und zweitens?«

Deepa: »Sie sind oft dualistisch und blenden somit wertvolle Einstellungen und Verhaltensweisen aus.«

Marie: »Ah, das sagtest du bereits. Hast du ein Beispiel?«

Deepa: »Dutzende. In einem unserer ›Leadership Behaviours‹ stand zum Beispiel ›*handelt klar und entschieden*‹. Das musste dann bewertet werden: immer, häufig, manchmal, selten und so weiter. Das mag zwar in einigen Situationen sinnvoll sein. Was kann man dagegen schon einwenden? Nur entsteht Klarheit fast immer aus Unklarheit. Unklarheit ist genau der Raum, in dem Neues entsteht. Und Unklarheit ist eine Eigenschaft unserer Welt. Es hilft nichts, sie zu verdrängen.

Genauso wichtig scheint es mir daher, dass wir vertrauensvolle Beziehungen schaffen, in denen wir Unklarheit aushalten, in denen wir trotz Unklarheit handeln und in denen kreative Ideen und Entscheidungen entstehen können. Und wer entscheidet eigentlich, was ›klar‹ ist und was ›entschieden‹ bedeutet? Sind Reflexion und Zuhören denn nicht auch eine Entscheidung?«

Marie: »Jetzt verstehe ich, was du mit dualistisch meinst. Wenn etwas richtig ist, macht es den Rest falsch. Es trennt, was zusammengehört.«

Deepa: »Und es ist nur ein Beispiel. Alles, was wir so beschreiben, ist in seiner Essenz teilweise richtig und teilweise nicht. Und die Welt, in der wir arbeiten, ist nun mal paradox, dynamisch, komplex und teils unvorhersehbar. Unsere Beschreibungen von Verhalten kreieren die Illusion, dass es doch ganz einfach sei. Man muss doch nur ...«

Marie: »... tun, was da steht.«

Deepa: »Und sie ignorieren dabei auch, dass unser Verhalten sich am laufenden Band verändert, weil es von jedem hier mindestens zwei Versionen gibt ...«

Marie: »... eine im offenen und eine im geschlossenen Herzstand.«

Deepa: »Ja. Und alles dazwischen. Und meist sind solche Beschreibungen eines vermeintlichen Idealzustandes entstanden als eine Art positives Abbild einer negativen Kultur.«

Marie: »Positives Abbild einer negativen Kultur? Was meinst du damit?«

Deepa: »Nun, meist wurden sie geschrieben, nachdem wir, also das Management im weitesten Sinne, Verhaltensweisen beobachtet haben, die dem Unternehmenserfolg aus unserer Sicht im Weg stehen. Also wollen wir es natürlich ändern. Da ist ja unser Job.«

Marie: »Zum Beispiel?«

> »Kein Unternehmen auf diesem Planeten ist je wegen seiner Mitarbeiter:innengespräche erfolgreich geworden. Und keines ihretwegen gescheitert.«

Deepa: »Na ja, zum Beispiel trauten sich Menschen häufig nicht, eine Entscheidung zu fällen; letztlich aus Angst vor allen möglichen vermeintlichen Nachteilen, sollten sie sich irren oder andere die Situation anders einschätzen. Dinge verzögerten sich oft, es wurde zunehmend bürokratisch, Frustration entstand, Menschen zeigten mit dem Finger aufeinander.«

Marie: »Kenn ich.«

Deepa: »Wenn wir aber den Energiekreis ignorieren, verstehen wir das beobachtete Verhalten als *Ursache* und weniger als ein *Ergebnis* ...«

Marie: »... und beschreiben dann in den ›Guiding Behaviours‹, wie es besser geht. Ein besseres Verhalten. Sei einfach ›klar und entschieden‹.«

Deepa: »Und das bewirkt ... *nichts*. Denn zu keinem Zeitpunkt war das vermeintlich negative Verhalten einem Mangel an Verständnis oder Klarheit geschuldet. Es entsteht meist aus einem geschlossenen Herzstand heraus, aus Angst. Oder aus mangelnder Erfahrung, die erst noch gewonnen werden muss, oder beidem. Jedenfalls mangelt es dieser Welt und uns hier nicht an der *Beschreibung* von guter Führung. Bauen wir jetzt Druck auf, indem wir mehr oder wenig subtil sagen, ›wenn sich das nicht ändert, dann ...‹«

Marie: »... dann schüren wir noch mehr Angst.«

Deepa: »Und dann beginnen Menschen, das zu tun, was sie eben tun, wenn sie Angst haben: Sie schützen sich. Und zwar unter anderem, indem sie sich rechtfertigen, Dinge weglassen, anderes übertreiben. Sie nutzen das Werkzeug zu ihrem Schutz. Dann entstehen Gespräche, die sich so oder so ähnlich anhören: ›Okay, ich schreib das jetzt so da rein, damit das noch deutlicher wird ...‹ oder: ›Das lassen wir lieber weg, das wird da nicht gut ankommen.‹

Nicht unsere *Entwicklung* steht dann mehr im Vordergrund, sondern unsere *Sicherheit*. Denn persönliche Entwicklung erfordert Verwundbarkeit, Selbst-Reflexion, Akzeptanz und Herausforderung, Feedback und Begleitung. Was als Werkzeug für offenes Feedback gestartet ist – und damit schon suggeriert, dass es erforderlich ist –, wird zu einem politischen Instrument. Kurzum: All das *verbraucht* vor allem menschliche Energie und gibt uns nicht ausreichend von dem, was wir wollen und brauchen.«

> »Gelebte Werte sind der Output einer gesunden Kultur, nicht der Input.«

Marie: »Menschliche Energie.«

Deepa: »Wir sind zu der Überzeugung gekommen, dass wir aus besten Gründen, wie es uns damals schien, einen Prozess etabliert haben, der letztlich eher geschlossene als offene Herzstände fördert. Und der Preis für viele geschlossene Herzstände ...«

Marie: »... ist fast unermesslich.«

Deepa: »Und unsichtbar. Die Kosten tauchen in keiner Bilanz auf. Oder erst zeitversetzt, und dann wird niemand das Mitarbeiter:innengespräch als Ursache dafür identifizieren.«

Marie zitierte Deepa: »Kein Unternehmen ist wegen seiner Mitarbeiter:innengespräche erfolgreich geworden.«

Deepa: »Und keines ihretwegen gescheitert.«

Marie: »Deepa, danke, dass du das mit mir geteilt hast. Ich kann euren Entschluss jetzt verstehen. Aus Sicht eines Chief Energy Officer war das folgerichtig. Und es war ein mutiger Entschluss.«

Deepa: »Das war und ist es.«

Marie: »Und vermutlich war mir noch nie so klar wie jetzt, was es ganz praktisch bedeuten kann, Dinge aus dem Blickwinkel eines CEO zu betrachten und sich immer wieder zu fragen: ›Ist das, was wir hier tun, netto-positiv?‹«

Deepa: »Tja, die Frage kam ehrlicherweise von Paul. Als ich zum ersten Mal hier war und Paul begeistert vorstellte, wie wir den Prozess für die Mitarbeiter:innengespräche dieses Jahr noch verbessern wollten, hörte er mir lange zu. Dann guckte er mich an und fragte, ob das denn netto-positiv wäre. Ich verstand gar nicht, was er meinte. Und dann sind wir spazieren gegangen.«

Marie: »Wir sollten wohl alle viel häufiger spazieren gehen.«

»Ooooh ja«, sagte Hannah, während die anderen zustimmend grinsten.

Marie: »Eine letzte Frage habe ich noch.«

Deepa: »Gern.«

Marie: »Was machen denn jetzt deine Kolleg:innen, die sich vorher um das MAG gekümmert haben? Und was macht ihr sonst noch?«

Deepa: »Was die MAGs betrifft, würde ich ganz einfach sagen: Wir folgen der Energie.«

Marie: »Das hört sich an wie Yoda.«

Deepa: »Na ja, wir unterstützen und begleiten Menschen wie dich, denen der Austausch mit ihren Teammitgliedern wichtig ist, und fragen sie, was sie brauchen.

Wir bieten Reflexionsleitfäden an für die, die nach neuen Ideen suchen. Und wir bieten Workshops an, zum Beispiel ›Mit Fragen achtsam führen‹, ›Hören: mit hundert Ohren‹, ›Manage Energie statt Zeit‹ oder ›Konflikt: der Weg zum Team‹.

Wir organisieren Erfahrungsaustausche zwischen Führungskräften. Wir laden Gäste ein, wie Paul, um unser Verständnis von der Rolle von menschlicher Energie zu vertiefen. Und, und, und …

Wir nutzen unsere frei gewordenen Ressourcen für Angebote, die aus unserer Erfahrung netto-positiv sind. Und: Wir müssen niemanden mehr bitten und überzeugen – wir haben seit Kurzem *Wartelisten*.«

Marie: »Da werde ich mich wohl gleich mal eintragen. Nur, Reflexionsleitfaden hört sich etwas bürokratisch an. Was steht dann da drin?«

Deepa: »Och, nur fünf Fragen:

Was schätze ich an (Name)?

Wie könnte (Name) noch wirksamer sein?

Wie könnte ich (Name) dabei noch besser unterstützen?

Wen kann (Name) noch besser unterstützen?

Und: *Was ist die nächste Frage?*«

Marie: »Okay, Deepa, wir müssen sprechen. Bald. Magst du mir bitte eine E-Mail schicken? Ich weiß ja deinen Nachnamen noch gar nicht.«

Deepa nahm ihr Telefon und schickte Marie eine E-Mail. Als Marie kurz darauf in ihr Telefon blickte, sah sie den Namen von Deepas Abteilung: HEM.

Marie: »HEM?«

Deepa: »Human Energy Management.«

Marie: »Ich dachte, das heißt HR, also Human Resources Management.«

Deepa: »Ach, wir fanden einfach, dass das nicht mehr so recht trifft, wofür wir stehen, wofür wir da sind. Die eigentliche *Ressource* ...«

Marie: »... ist menschliche Energie.«

Ein friedliches Gefühl erfüllte den Raum, und alle spürten, dass sich dieses Gespräch dem Ende zuneigte.

Marie: »Ihr Lieben, was soll ich sagen. Ich fühle mich beschenkt ... mit gutem Essen, eurem Lachen, eurer Erfahrung, euren Ideen und Fragen. Mit eurer Zeit. Ich bin inspiriert von eurer Großzügigkeit.«

Paul: »Es ist uns eine Ehre, Marie. Und es gibt für alles eine Zeit, wie schon viele kluge Menschen erkannt haben – eine Zeit zum Laufen, eine zum Kochen, eine zum Essen und eine zum Austauschen und Reflektieren.«

Ahmed: »Vielleicht kann ich dir beim nächsten Mal unsere Pläne für die Renovierung des Büros zeigen, an der ich gerade arbeite. Es wird mehr Tageslicht geben, Ruhezonen zum Lesen und Nachdenken. Es wird möglich sein, persönliche Gegenstände zur Dekoration mitzubringen. Allein das könnte eine ganze Mittagspause ausfüllen.«

Hannah: »Und wir könnten über die künftigen Mini-Sabbaticals sprechen, die es ermöglichen, einen Teil des Gehalts in ein paar zusätzliche Wochen Urlaub umzuwandeln.«

Joseph: »... oder Meisterkoch-Schulungen in Italien und Frankreich. Damit wollen wir eine viel praktischere, vielseitigere und persönlichere Erfahrung bieten, die über das bloße theoretische Wissen hinausgeht.«

Marie: »Wow! Leute. Mehr geht nicht. Mein Kopf ist voller Ideen, mein Herz ist inspiriert, und ich glaube, ich habe gerade ein paar neue Freunde gefunden. Ich werde eure Einladung auf jeden Fall annehmen, und ich würde mich freuen, wenn ihr mal zu uns kommt. Für mein Team und mich ist es zwar nicht so leicht, gemeinsam zu Mittag zu essen, weil wir dafür ein paar Flugtickets bräuchten. Aber vielleicht klappt es ja mal, dass einige von euch uns besuchen, sobald wir unser nächstes Team-Meeting organisieren.

Was denkst du, Paul?«

Paul: »Das wäre ganz wunderbar.«

KOHÄRENZ

Joseph: »Hey, bevor wir nach Hause oder zurück an die Arbeit gehen: Wollen wir noch unser Fünf-Minuten-Gehirn-Dessert machen?«

Alle, außer Marie, nickten. »Auf jeden Fall, los geht's«, sagte jemand. Paul bemerkte Maries Blick und erkannte, dass sie nicht verstand, worauf sich Joseph bezog.

Paul: »Marie, das ist nur eine ganz einfache Routine, mit der wir in der Regel unseren Tag beginnen, ein Meeting starten oder beenden. Joseph sagte es ja schon, es dauert nur ein paar Minuten. Willst du es ausprobieren? Joseph wird uns anleiten.«

Marie: »Also gut. Ich glaube, ich mag Nachtisch.«

Joseph: »Perfekt. Das wird dir Spaß machen. Ich führe dich und alle anderen durch.«

Marie: »Okay, lass uns loslegen.«

Joseph: »Gut, sitzt einfach bequem auf euren Stühlen, mit den Füßen auf dem Boden ... aufrecht und mühelos.«

Joseph ließ alle eine bequeme Position finden.

Joseph: »Marie, wenn du deine Augen schließen magst, dann nur zu. Du musst es aber nicht.

Und dann ... finde deinen Atem. Es gibt nichts, was du tun musst, nimm einfach deinen Atem wahr ...

Einatmen: Nimm wahr, dass du einatmest ...

Ausatmen: Nimm wahr, dass du ausatmest.«

Joseph ließ allen Zeit, ihren Atem zu spüren. Dann sprach er mit einer sanften, natürlichen Stimme weiter.

Joseph: »Gut ...

Auf drei atmen wir ein bisschen tiefer ein ... und langsamer aus. Ein bisschen kontrollierter ... und regelmäßiger, als wir es sonst tun.

Wir atmen fünf Sekunden ein ... und fünf Sekunden aus. Und behalten diesen Rhythmus bei.

... eins ... zwei ... drei.«

Dann flüsterte Joseph nur noch.

Joseph: »Einatmen ... zwei ... drei ... vier ... fünf ...

Ausatmen ... zwei ... drei ... vier ... fünf ...

Einatmen ... zwei ... drei ... vier ... fünf ...

Ausatmen ... zwei ... drei ... vier ... fünf ...«

Joseph sagte nichts mehr, atmete selbst kontrolliert ein und aus. Nach zehn Atemzügen wusste er, dass zwei Minuten vergangen waren, und fuhr fort.

Joseph: »Okay, sehr gut. Und wer mag ... darf seinen Atem gern dankbar anlächeln ...

Und während ihr auf diese Weise weiter kontrolliert ein- und ausatmet, lenkt bitte einen Teil eurer Aufmerksamkeit auf euren Herzbereich ...

Stellt euch einfach vor, es gäbe ein großes Fenster in eurem Herzen, durch das ihr ganz mühelos ein- und ausatmen könnt ...

... und während ihr so den Fokus auf euer Herz beibehaltet, denkt an einen Menschen oder einen Umstand in eurem Leben ...

mit dem ihr ein tief empfundenes Gefühl der Dankbarkeit verbindet ...

Wenn du an einen Menschen denkst, dann stell dir vor, dass sie oder er in diesem Moment ganz nah bei dir ist ...

Erinnere dich an all das, was du von diesem Menschen empfangen hast, einfach so, ohne dass du es dir hättest verdienen müssen ...

Statt es zu denken, *spüre* dieses Gefühl der Dankbarkeit in deinem Herzen ...

... erlaube dem Gefühl, dein Herz ganz zu erfüllen.«

Er wartete einen kurzen Moment.

Joseph: »Okay. Das war's. Danke fürs gemeinsame Dessert. Die meisten sehe ich ja gleich in der Küche.«

Roberta: »Danke, Joseph. Das war mal wieder sehr gelungen. Sehr lecker.«

Alle standen auf, schüttelten sich die Hände oder umarmten sich und räumten gemeinsam den Tisch ab. Joseph wandte sich an Marie, die noch ganz still dasaß.

Joseph: »Nur so aus Neugierde, Marie – wie geht es dir jetzt?«

Marie: »Oh, was soll ich sagen? Ich fühle mich ... wunderbar ... irgendwie leicht ... klar. Auf jeden Fall ein offener Herzstand!«

Joseph: »Hervorragend. Das wundert mich nicht. Du hast jetzt mehr Sauerstoff in deinem Körper als zuvor, und achtzig Prozent davon gehen direkt in dein Gehirn. Sauerstoff ist ein Hochgenuss fürs Gehirn.«

Marie: »Ah ... der Nachtisch.«

Joseph: »Ja, Teil des Menüs, die Schokotorte, wenn du so willst. Außerdem ist dein Herz gerade in einem sehr starken Zustand. Er wird auch ›Kohärenz‹ genannt. In einem solchen Zustand schüttet es bestimmte Neurotransmitter aus, die es deinem Gehirn ermöglichen, kreativer zu denken, dich besser zu fokussieren, und die dein Herz offen halten. Dopamin und Serotonin zum Beispiel.«

Marie: »... die Sahne für die Torte?«

Joseph: »Genau, die kommt obendrauf. Und die gute Nachricht: Sie ist kostenlos und hat keine Kalorien. Du kannst das am Tag so oft essen, wie du willst. Du kannst es sogar, ohne die Augen zu schließen, inmitten einer Besprechung machen, ohne dass irgendjemand was davon bemerkt. Und mit ein bisschen Übung wird die Wirkung noch stärker werden.«

Marie: »Danke, Joseph. Noch ein Geschenk.«

Joseph: »Gerne doch, Marie. Du gehörst doch zum Team. Wir sehen uns wieder.«

Marie: »Bis dann ...«

Paul bot an, Marie auf ihrem Weg zurück ins Büro zu begleiten.

Es war ein warmer Tag. Beide spürten, wie die Energie des Sommers ihren Platz einforderte, und blieben im Schatten eines Baumes stehen.

Marie: »Paul, ich bin erstaunt.«

Paul: »Worüber?«

Marie: »Na ja, dass jemand eine Besprechung mit einer Atemübung beendet, hab ich zwar noch nicht erlebt. Aber das überrascht mich bei euch nicht mehr. Ich bin erstaunt, wie ich mich nach einem so langen und intensiven Gespräch fühle. Ich fühle mich wach und fokussiert. Irgendwie ganz bei mir. Mein Herzstand ist weit offen. Was ist gerade passiert? Ich meine, was haben wir da eigentlich gemacht? Joseph sprach von ›Kohärenz‹. Was bedeutet das?«

Paul: »Ah, das ist ein großartiges Gefühl, nicht wahr? Und was wir gerade zusammen praktiziert haben, ist eine einfache, sehr wirkungsvolle Technik, die mir schon oft geholfen hat. Besonders in schwierigen Situationen, wenn mein Herzstand anfing, sich zu schließen ... oder schon geschlossen war. Ich mache das eigentlich am laufenden Band, auch wenn wir uns unterhalten.«

Marie: »Während wir uns unterhalten?«

Paul: »Wenn du noch einen Moment Zeit hast, kann ich's dir gern erklären.«

Marie: »Ja, bitte. Sehr gern. Ich geh heute nicht mehr ins Büro.«

Paul: »Also, ich muss etwas ausholen. Es gibt ein paar Dinge, die du über dein Herz wissen solltest und worüber wir noch nicht gesprochen haben.«

Marie: »Leg los.«

Paul: »Schau, dein Herz schlägt nie mit der gleichen Herzfrequenz. Zu keinem Zeitpunkt. Deine Herzfrequenz ändert sich ständig. In diesem Moment sind es vielleicht neunzig Schläge pro Sekunde und ... jetzt ... sind es vielleicht einundneunzig. Diese konstante Veränderung nennt man Herzfrequenzvariabilität, kurz HFV. Oder HRV für ›Heart Rate Variability‹.«

Marie: »Wow. Klingt richtig wichtig.«

Paul lächelte: »Das ist es. Mein Verständnis davon hat mein Leben verändert und auch, wie ich und das Team mit starken Emotionen und sogar mit schwierigen Entscheidungen umgehen.«

Marie: »Her damit.«

Paul: »Also, auch unsere HFV ändert sich ständig, und wenn man sie auf einer Zeitachse abbildet, kann man zwei Muster erkennen – zwei Zustände. Wenn unser Herz in einem kohärenten Zustand ist – darauf bezog sich Joseph –, steigt unsere Herzfrequenz fünf Sekunden lang und sinkt dann wieder für fünf Sekunden. Und so weiter und so fort.«

Paul hob einen Zweig vom Boden auf und zog eine Schlangenlinie in den trockenen, sandigen Boden.

Paul: »Wenn wir deine Herzfrequenzvariabilität in einem kohärenten Zustand messen würden, würde sie ungefähr so aussehen.«

Marie: »Sieht ziemlich regelmäßig und geschwungen aus.«
Paul: »Genau. Und wenn unser Herz in einem weniger kohärenten, in einem sogenannten *inkohärenten*, Zustand ist, dann ... sieht die Kurve eher so aus ...«
Paul malte ein zweites Bild in den Sand.

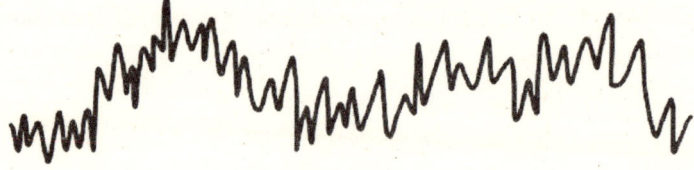

Marie: »Oje, sieht aus, als wäre mein Herz in Schwierigkeiten.«
Paul: »Langfristig gesehen, wäre es das auch. Und genau das denkt dein Kopf dann auch. Und jetzt wird's spannend. Denn wenn unser Herz kohärent schlägt, geht es uns gut. Wir fühlen uns klar, fokussiert. Wir fällen meist besser Entscheidungen. Wir sind emotional stabiler, also weniger reizbar. Und wir sind kreativer.«
Marie: »Oh, das will ich haben! Klingt wie ein Zauberstab.«
Paul: »Ja, das ist es, nur ist es keine Magie, sondern Biologie. Und umgekehrt, wenn unser Herz in einem inkohärenteren Zustand ist, fällt es uns schwerer, uns zu fokussieren, wir sind leich-

ter reizbar, wir haben weniger Antriebskraft, und unser Denken ist irgendwie zäh. Hast du schon einmal unter Zeitdruck verzweifelt und fluchend nach deinen Schlüsseln gesucht, nur um dann festzustellen, dass sie die ganze Zeit in der Hand waren?«

Marie: »Oh ja.«

Paul: »Es ist ziemlich wahrscheinlich, dass dein Herz in einem inkohärenten Zustand war.«

Marie: »Wahrscheinlich. Und was mache ich dann? Gibt's da etwa einen Knopf?«

Paul: »Den gibt's. Du musst nur die Bedienungsanleitung kennen. Denn dein *Knopf*, dein autonomes Nervensystem, das sich für dich den ganzen Tag um deinen Herzrhythmus kümmert, reagiert nicht auf Sprachbefehle. Es spricht eine andere Sprache.«

Marie: »Was meinst du mit Sprachbefehlen?«

Paul: »Na ja, nimm die Situation mit den Schlüsseln. Hat dir in solch einem Zustand schon mal jemand gesagt, dass du dich beruhigen sollst?«

Marie: »Ja.«

Paul: »Oder wenn es nicht um Schlüssel ging – vielleicht ›Denk positiv‹ oder ›Das wird schon‹?«

Marie: »Ja.«

Paul: »Und was bewirkt das?«

Marie: »Na ja, meist gar nichts. Oder ich werde erst richtig wütend.«

Paul: »Tatsächlich scheint unser Kopf in solchen Zuständen für Sprachnachrichten nicht empfänglich zu sein, und auch nicht für Gedanken, die unseren Herzstand öffnen.«

Marie: »Aber sagtest du nicht, dass unsere Gefühle ein Spiegelbild unserer Gedanken sind? Dann müsste es doch funktionieren: anderes Denken, anderer Herzstand.«

Paul: »Ja. Und manchmal, wenn unser Herz sehr aufgeregt ist, kann es uns nicht hören. Manchmal müssen wir andersherum um den Energiekreis gehen und nicht beim Denken beginnen – sondern beim Körper.

Es gibt einen kleinen Teil in unserem Gehirn, die Amygdala, deren Aufgabe es ist, unsere Umgebung nach Gefahren abzusuchen. Sie ist einfach gestrickt und beantwortet nur eine einzige Frage: Droht Gefahr oder nicht? Ja oder nein. Sie ist sehr schnell und hat einen sehr kurzen, direkten Draht zu unseren Sinnen.«

Marie: »Das hört sich gut an.«

Paul: »Ja. Ohne sie wären ein paar deiner Vorfahren gestorben, und du wärst nicht hier. Sie ist aber auch etwas voreilig und handelt nach dem Motto *Lieber irren als sterben*. Sie kann auch nicht unterscheiden zwischen der Bedrohung deines Lebens und der Bedrohung deiner Identität. Für sie ist das Augenrollen deiner Chefin genauso bedrohlich wie eine Löwin, die auf dich zuläuft.«

Marie: »Wenn jemand meinen Vorschlag infrage stellt oder ich mir Sorgen über den Ausgang eines Meetings mache ...«

Paul: »Ja genau, so was in der Art. Tatsächlich muss die Situation, wie in deinem Beispiel, nicht einmal stattfinden, damit die Amygdala sie als Bedrohung einstuft. Die Vorstellung ist real genug. Und wenn sie einmal glaubt, dass wir uns in einer gefährlichen Situation befinden, versetzt sie dein autonomes Nervensystem – deinen Autopiloten – in Alarmbereitschaft.«

Marie: »Das nennt man auch Stress, richtig?«

Paul: »Ja, das ist es, was wir Stress nennen. Deine Amygdala hat jetzt das Sagen. Dein Herz muss mitziehen, ob du es willst oder nicht. Es geht in einen inkohärenten Zustand.«

Marie: »... und nimmt meinen Kopf mit.«

Paul: »Ja. Dein Horizont wird schmaler. Du fragst die Löwin nicht: ›Hey, Löwin, wollen wir zwei nicht mal auf den Balkon gehen und unsere Beziehung überdenken?‹ Du läufst weg oder greifst an oder stellst dich tot, wenn du glaubst, dass sie dich noch nicht entdeckt hat.«

Marie: »Das gibt es auch in Meetings.«

Paul: »Deine Amygdala funktioniert überall. Leider scheint sie nicht so leicht zuzugeben, wenn sie sich mal geirrt hat. Dafür braucht sie ein wenig Zeit. Und bis sie so weit ist, nimmt sie dein Gehirn als Geisel – nur zur Sicherheit.«

Marie: »Das ist ja interessant. Die Amygdala nimmt eine Geisel, und ich kann nicht mal mit ihr verhandeln.«

Paul: »Genauso ist es, sie spricht nicht deine Sprache. Aber da unser Körper und unser Geist eins sind, gibt es noch eine andere Tür, eine Hintertür, die wir nehmen können.«

Marie: »Und was steht auf dieser Tür?«

Paul: »Atmen. *Das* ist der eigentliche Zauberstab, den du erwähnt hast.«

Marie: »Atmen? Warum ist das eine Hintertür?«

Paul: »Würdest du sagen, dass du deine Atmung bewusst kontrollieren kannst?«

Marie: »Hm, ja. Ich kann wählen, ob ich langsam oder schnell, tief oder flach atme.«

Paul: »So ist es. Anders als dein Herz kannst du deinen Atem bewusst steuern. Dein Atmen versteht deine Sprache.

Und jetzt kommt der Clou: Jedes Mal, wenn wir einatmen, geht unsere Herzfrequenz ein wenig hoch. Jedes Mal. Seit wir geboren sind. Und jedes Mal, wenn wir ausatmen, sinkt unsere Herzfrequenz wieder. Jedes Mal. Seit wir geboren sind.«

Marie: »Das habe ich noch nie bewusst wahrgenommen.«

Paul: »Du kannst es hören, wenn du dir Kopfhörer mit Noise-Cancelling aufsetzt und auf dein Herz hörst.«

Marie: »Wenn ich also regelmäßig fünf Sekunden lang einatme und fünf Sekunden lang ausatme und das eine Zeit lang so beibehalte ...«

Paul: »… dann beginnt dein Herz, genau diesen Rhythmus nachzuahmen. Die Herzfrequenz steigt und sinkt regelmäßig in einem Intervall von etwa zehn Sekunden. Dein Herz wird kohärent.«

Marie: »Wow. Das bedeutet, dass ich meine Herzfrequenzvariabilität tatsächlich beeinflussen kann.«

Paul: »Ja, das kannst du. Und jetzt kommt das Beste: Deine Amygdala hört auf dein Herz. Denn dein Gehirn schickt nicht nur Informationen zu deinem Herzen, auch in die andere Richtung fließen Informationen.«

Marie: »Es ist also keine Einbahnstraße.«

Paul: »Ganz und gar nicht. Und einige Forscher sind sogar der Meinung, dass das Herz deutlich mehr Informationen Richtung Gehirn sendet als umgekehrt. Und wenn dein Herz auf diese kohärente Weise schlägt, sagt es der Amygdala sozusagen: ›Hey, alles gut hier unten. Keine Gefahr. Lass die Geiseln frei.‹ Deine Amygdala versteht keine Worte. Aber sie versteht dein Herz. Und dein Herz versteht deinen Atem.«

Marie: »Mein Herz ist ein Simultanübersetzer?«

Paul: »Ein verdammt guter.«

Marie: »Und jetzt, da mein Kopf aus der Geiselhaft befreit ist, kann er sich wieder auf das konzentrieren, was *ich* will, zum Beispiel wofür ich dankbar bin.«

Paul: »Jetzt bist du in der Lage, bewusst gesunde Gedanken zu denken … Dankbarkeit, Neugier, positive Absichten. Und was macht gesundes Denken mit unserem Herzstand?«

Marie: »Der Herzstand öffnet sich.«

Paul: »Er öffnet sich. Und nicht nur bildlich gesprochen. Dein Herz öffnet sich tatsächlich auf molekularer Ebene. Dein Herz ist nämlich nicht nur ein Muskel, der dein Blut bewegt – das allein ist schon ein Wunder. Dein Herz ist auch eine Drüse und so viel mehr.«

Marie: »Was bedeutet das?«

Paul: »Das bedeutet: Einige sehr wichtige Neurotransmitter wie Noradrenalin, Dopamin und insbesondere Serotonin, die unter anderem unsere Stimmung, unser Sozialverhalten und unsere Fähigkeit zu lernen beeinflussen, werden *im* Herzen gebildet. Es ist das Herz, das genau diese chemischen Botenstoffe produziert, die wir für gesunde Höchstleistung als Individuum, Team und Organisation benötigen. Und einige, wie Serotonin, gelangen direkt ins Gehirn. Es ist das Herz, Marie.«

Marie: »Faszinierend. Mit einem geschlossenen Herzstand können wir also gar nicht wirklich zu Höchstleistung kommen.«

Paul: »Nein. Wir arbeiten dann weit unter unserem Potenzial. Wenn wir wertschätzende, dankbare Gedanken denken und als Folge davon wertschätzende, dankbare Gefühle erleben, produziert unser Herz mehr von diesen Botenstoffen. Es ist eine unerschöpfliche Energiequelle.«

> »Deine Amygdala versteht keine Worte. Aber sie versteht dein Herz. Und dein Herz versteht deinen Atem. Dein Herz ist ein Simultanübersetzer.«

Marie: »Deshalb hat Joseph uns gebeten, uns auf etwas zu konzentrieren, für das wir dankbar sind, oder?«

Paul: »Ja. Unsere Energie folgt tatsächlich unseren Gedanken. Das ist nicht nur eine Metapher. Es geschieht in einem ganz materiellen Sinne.«

Marie: »Verdammt. Es ist das Herz!«

Sie schwieg. Sie spürte die Tragweite ihrer Erkenntnis.

Marie: »Paul, stell dir vor ... stell dir einfach mal vor, die Mehrheit unserer fünftausend Kolleg:innen wären nur zehn Prozent seltener Geisel ihrer Amygdala. Stell dir vor, dass die fünftausend Herzen in unserem Unternehmen zehn Prozent mehr Zeit damit verbringen würden, stattdessen Serotonin zu produzieren ...«

Paul: »Ja?«

Marie: »Das würde alles verändern. Ich meine ... alles. Wir hätten viel mehr Energie – fast unendlich mehr. Und das zum Nulltarif.«

Paul: »Ja.«

Marie betrachtete die beiden Linien, die Paul vor ihnen in den Sand gezeichnet hatte.

Paul: »Du denkst nach. Was siehst du?«

Marie: »Na ja, ich habe mich gerade gefragt, wie ich meine Herzfrequenzvariabilität wohl messen kann? Woher weiß ich denn, wann mein Herz in einem kohärenten oder weniger kohärenten Zustand ist? Und dann wurde mir klar, dass ich ja schon ein Gerät zur Messung meiner Herzfrequenzvariabilität habe.«

Paul: »Und was wäre das?«

Marie nahm sich den Zweig, mit dem Paul die Linien gezeichnet hatte, und skizzierte etwas dazwischen.

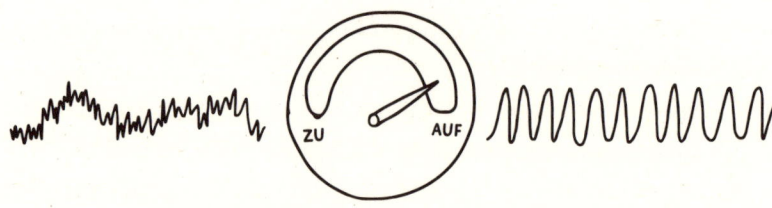

Marie: »Meinen Herzstand. Wenn ich auf meinen Herzstand achte, weiß ich, was los ist.«

Paul sah Marie an und begann zu lächeln, ohne etwas zu sagen. Marie leuchtete. Und er konnte es sehen.

VOLLSTÄNDIG MENSCH WERDEN

Marie: »Danke, Paul. Danke. Du hast mir so vieles geschenkt, seit wir uns kennengelernt haben. Aber das Wertvollste ist das, was ich jetzt fühlen kann. Etwas in mir hat sich verwandelt. Anders kann ich es nicht sagen.«

Marie wurde still. Paul ließ sie ihre Gefühle fühlen und ihr Gedanken ordnen. Dann erblickten sie eine kleine Bank, die nur wenige Schritte neben ihnen stand, mit dem Rücken zu dem Baum, der ihnen Schatten spendete. Sie schien aus der Zeit gefallen: Ihre gusseisernen Lehnen, deren Ränder mit Blumen verziert waren, erinnerten an eine andere, an eine langsamere Epoche. Paul und Marie waren dankbar, dass irgendjemand sie in jener Zeit an diesen Ort hatte stellen lassen und ihre Existenz dann in Vergessenheit geriet. Sie fühlten sich zurückversetzt in ihr Gespräch auf einer anderen Bank.

Marie: »Ich weiß, ich spüre, dass sich etwas in mir bewegt hat. Ich sehe mich, meine Rolle und die Menschen um mich herum mit anderen Augen. Es hat sich nichts geändert, und doch ist alles anders. Weißt du, wir haben über so viele Aspekte von Führung gesprochen. Und das war alles wertvoll, ohne Zweifel. Ich verstehe vieles besser, verstehe Zusammenhänge, die mir vielleicht nicht ganz klar waren.

Und doch scheint es nicht das Verstehen, zum Beispiel das Verstehen des Herzstandes, das etwas tief in mir bewegt hat. Es ist nicht die *Information*, die mich verwandelt hat. Vermutlich war alles, was du mir gesagt hast, auch vor unserer ersten Begegnung verfügbar. Ich hätte mir jederzeit ein Buch kaufen können. Und doch hätte ich es vermutlich nicht gesehen. Ich hätte das Buch vielleicht zur Seite gelegt.«

Marie betrachtete den herrlichen Baum über ihnen.

Marie: »Ich glaube, ich habe das, wovon wir seit Wochen sprechen, durch dich und dein Team *gefühlt*. Ich habe das *Gefühl* von Neugier gespürt, das *Gefühl* von Zuhören, das *Gefühl* von urteilsfreiem Urteilen, das *Gefühl* von Achtsamkeit. Deine Präsenz hat mich berührt und tut es selbst in diesem Moment ... deine ... Menschlichkeit.«

Paul: »Danke, Marie. Was du sagst, bedeutet mir viel. Und: Du fühlst in mir deine *eigene* Menschlichkeit, deine *eigene* Melodie. Vielleicht erinnere ich dich an ihren Klang. Und dieser Klang ist wunderschön.«

Marie: »Wunderschön?«

Paul: »Wunderschön.«

Marie: »Na ja, ich weiß nicht recht.«

Paul: »Wer spricht da?«

Marie: »Mein Selbstzweifel, meine Unsicherheit.«

Paul: »Die gehören auch dazu, zu deiner Menschlichkeit. Magst du sie mal besuchen?«

Marie: »Ich versteh nicht ganz, was du meinst.«

Paul: »Bis du bereit, das *Gefühl* zu besuchen? Mit mir zusammen?«

Marie: »Ich verstehe immer noch nicht ganz. Aber das war mit dir immer der Beginn einer Entdeckung. Also, ja.«

Paul: »Okay. Fühlst du dich wohl hier unter dem Baum? Also, wärst du bereit, hier deine Augen zu schließen und deine Aufmerksamkeit für eine Zeit nach innen zu richten?«

Marie: »Ja, das ist okay. Hier kommt niemand vorbei. Wir sind hier quasi unter uns.«

Paul: »Okay. Dann nimm dir einen Moment und finde deinen Atem ... Ich mach das auch ...

Schließe deine Augen, und erlaube dir, etwas tiefer ein- und etwas langsamer auszuatmen ...

Du weißt, wie das geht ...

Dein Atem bringt dich in deinen Körper hinein. Mit jedem Atemzug etwas mehr ...

Nimm dir einen Moment, um deinen Körper wahrzunehmen ... Beginne ganz oben ... in deinem Rhythmus ...

Und nimm wahr, was du wahrnimmst ...

Wunderbar. Und jetzt verbinde dich mit dem Gefühl, von dem du gerade sprachst ... Selbstzweifel ... Unsicherheit ...

Es hat einen Ort in deinem Körper, sonst könntest du es nicht fühlen. Spüre, wo in deinem Körper es lebt ...«

Marie sprach leise: »Es ist ... hier ... unter meinem Brustkorb ...«

Paul: »Gut ...

Sei einfach bei diesem Gefühl, sei *mit* deinem Gefühl ...

Wenn du magst, kannst du deine Hand dorthin legen, um bei ihm zu sein ... ganz behutsam ...

Ich bin hier. Bei dir ...«

Marie atmete etwas tiefer.

Paul: »Welche Form hat dieses Gefühl?«

Marie: »Es ist ... rund ... wie ... ein Golfball ...

... ein fester, harter Golfball.«

Paul: »Welche Farbe hat er?«

Marie: »Er ist weinrot. Dunkel.«

Paul: »Kannst du einfach bei ihm bleiben?«

Marie: »Ja ...«

Paul: »Bewegt sich der Ball?«

Marie: »Ein wenig. Es ist, als würde er pulsieren ... atmen ...«

Paul: »Sag diesem Teil von dir, dass es okay ist, dass er hier ist. Sag es ihm *innen*, in dir. Er mag etwas verwundert sein, dass du ihn besuchst und siehst.«

Maries Brustkorb hob und senkte sich etwas mehr.

Paul: »Marie, bitte frage diesen Teil von dir, frage ihn innen und ganz behutsam: ›*Wie alt bist du?*‹«

Für einen Moment war Marie irritiert. Ihr Kopf verstand die Frage nicht und wollte widersprechen. Paul spürte das.

Paul: »Bleib einfach bei dem Gefühl, in deinem Körper. Schau es an.«

...

Marie: »Es ist etwa acht Jahre alt ...«

Paul: »Acht Jahre. Vielleicht magst du ihr sagen, wie froh du bist, dass sie hier ist.

...

Sag mir, was bei dir passiert ... in deinem Körper.«

Marie: »Ich bin aufgewühlt. Ich ... atme tief. Mein ... mein Brustkorb ist schwer ... und der Golfball ... er wird warm.«

Paul: »Marie, magst du den achtjährigen Teil von dir etwas fragen?«

Marie: »Ja.«

Paul: »Schau sie an. Liebevoll ... und frag sie: ›Wonach sehnst du dich?‹«

In diesem Moment standen Tränen in Maries Augen.

Paul: »Lass dir Zeit ... Ich bin bei dir ...«

Marie: »Sie sehnt sich nach ... Frieden.«

Paul: »Frieden. Zwischen wem?«

Marie atmete aus, ganz lang, als würde sie Kerzen auf einem großen Geburtstagskuchen auspusten wollen. Dann fühlte sie den gleichen Schmerz, den sie vor Kurzem schon einmal spürte. Als sie mit Paul über Maren sprach und den Satz sagte: »Genau wie ich hat Maren Angst, dass sie nicht genügt.«

Marie: »Zwischen ihren Eltern.«

Ihre Tränen liefen weiter langsam über ihre Wangen, wie kleine Flüsse, die nach dem Weg zum Meer suchten. Ihr Körper dehnte sich aus.

Marie: »Sie hat Angst, dass ihre Eltern ihretwegen streiten. Sie weiß nicht, was sie tun soll. Sie ... ist noch so klein.«

Paul: »Marie, wie, auf welche Weise möchte die junge Marie Frieden erleben? Kannst du sie das fragen?«

...

Marie lächelte. Ihre feuchten Wangen glänzten in den Sonnenstrahlen, die ihren Weg durch das Grün des Baumes gefunden hatten.

Marie: »Sie sehnt sich ... nach einem Lächeln ... nach Lachen ... nach unbändiger Freude ... nach einer lachenden Umarmung. Nach Verbindung.«

...

Paul: »Dann verbinde dich ... so wie sie es braucht ... lächle sie an, mit dem Lachen, nach dem sie sich sehnt. Du weißt am besten, wie das geht.

... nimm sie ruhig in deine Arme, wenn sie das möchte.«

Marie kreuzte ihre Arme und ließ ein wenig Raum vor ihrer Brust, als hielte sie ihr eigenes Kind. Und dann ... lachte sie ... befreit. Ihr Gesicht löste sich und begann zu strahlen. Es war wie eine innige Wiederbegegnung mit jemandem, den sie lange Zeit vermisst hatte.

Paul: »Atme ...

Und wenn du magst ... bedanke dich bei ihr für das, was sie dir gegeben hat. Das Gefühl von Unsicherheit, von Selbstzweifel. Sie haben dich geschützt vor dem, was es noch zu schützen gab. Es war eine schwere Zeit damals. Heute mag es etwas überholt sein, aber damals war es einfach höchst intelligent.«

Marie sprach zu ihrem jüngeren Ich. Und während sich die Worte ihren Weg bahnten, verbanden sich die Tränen von Schmerz und die von Dankbarkeit in ihrem Gesicht zu einem einzigen belebenden Fluss.

Marie: »Danke.

Du warst für mich da.

Du hast mich gelehrt, behutsam und rücksichtsvoll zu sein.

Durch dich habe ich gelernt, zuzuhören. Das Gefühl des Zuhörens. Es begann damals.

Auch deinetwegen ... kann ich den Schmerz der anderen fühlen. Deinetwegen möchte ich schon immer Menschen miteinander verbinden.

Deinetwegen schaffe ich Verbindung. Auch deinetwegen bin ich jetzt ... hier.«

Paul sprach leise: »All das ... und vermutlich vieles mehr. Wir wissen es nicht genau. In jedem Fall war sie eine Heldin. Und jetzt ... weißt du, wo sie lebt ...

Und, bevor du gehst: Sag ihr, flüstere ihr ins Ohr, dass sie dich immer besuchen kann. Du bist immer da für sie ...

Sie ist acht und darf sich bei dir, der erwachsenen, erfahrenen Frau, anlehnen ...

Nimm noch ein paar Atemzüge, und dann ...

Komm zurück zu uns beiden ... zum Baum ... zu dieser Bank ... zu diesem Tag.«

Marie öffnete die Augen, und Paul reichte ihr ein Taschentuch. Sie trocknete damit ihr Gesicht und schaute um sich. Ihr Atmen war ruhig, regelmäßig und tief. Noch immer strahlte ihr Gesicht – und jetzt auch ihre Augen.

Marie: »Was ist gerade geschehen?«

Paul: »Ich weiß es nicht.«

Marie: »Wir haben gerade eine meiner Mieterinnen besucht.«

Paul: »Vermutlich. Eine alte beziehungsweise eine junge Mieterin. Wie man's nimmt.«

Marie: »Danke, Paul. Das war eine unvergessliche Erfahrung. Mein Körper vibriert. Als hätte sich etwas ... gelöst.«

Paul: »Deine Tränen sind die Worte deines Körpers. Sie sagen, dass ein Teil von dir, der lange Zeit in einem festen Aggregatzustand war, jetzt fließt. Buchstäblich. Er hat begonnen, sich zu lösen.

Und: Du hast dich mit einem Teil von dir verbunden, der im Hintergrund agiert.«

Marie: »Meine Autopilotin?«

Paul: »Ja. Und jetzt ist sie sichtbar, verfügbar. Du hast sie eingebunden. Sie war immer da, aber hat gelernt, sich zu verstecken.«

Marie: »Damit sie nicht verletzt werden kann.«

Paul: »Vielleicht. Jedenfalls kannst du sie jetzt ansehen. Und du weißt, dass dieser Teil deutlich jünger ist als du ... der erwachsene Teil. Häufig, wenn wir starke Gefühle erleben, wie Sorgen oder Ängste ...«

Marie: »... wenn unsere Amygdala grüßt ...«

Paul: »... dann stehen diese Gefühle nicht im Verhältnis zu dem, was im Hier und Jetzt tatsächlich geschieht. Deine Angst lebt meist nicht im Hier und Jetzt. Sie kommt aus der Vergangenheit.«

Marie: »Daher hast du mich gefragt: ›Wer spricht da?‹«

Paul: »Ja. Welcher Teil von dir.«

Marie: »Damit sie aus ihrem Zimmer kommen und sich neben mich setzen kann. Damit ich ihr ...«

Marie erinnerte sich ...

Marie: »... meinen besten Tee und Annas Gebäck anbieten kann.«

Paul: »Menschlich zu sein, menschlicher zu werden, bedeutet, immer weniger von dir auszuschließen und immer mehr von dir mit einzubeziehen. Mensch zu werden heißt, vollständiger zu werden.«

Marie: »Diesem Teil von mir zu begegnen, war schmerzhaft. Ich war traurig. Es kamen Gefühle zurück, die ich meinte, vergessen zu haben. Ich weiß nicht, ob ich mit einigen Teilen in Berührung sein möchte.«

Paul: »Das ist okay. Du musst es nicht. Es gibt für alles eine Zeit. Heute war die Zeit, sonst wäre es nicht geschehen.

Und: Hast du gerade gespürt, wie nah Leichtigkeit – dein Lachen – und Kummer beieinanderliegen?«

Marie: »Oh ja. Ich spüre gleichzeitig Dankbarkeit und den Schmerz aus der Zeit.«

Paul: »Dein Körper kennt diese Kategorien nicht. Er kennt keine Wörter. Er beschreibt nicht. Er trennt nicht. Er fühlt. Und er kann nicht selektiv Gefühle abstellen.«

Marie schaute ihn fragend an.

Paul: »Dein Körper hat die fantastische Fähigkeit, dich Dinge, die du zum Zeitpunkt des Erlebens nicht verarbeiten kannst, nicht fühlen zu lassen. Er kappt die Internetverbindung zu diesem Teil deines Rechenzentrums. Er nimmt das Kabel weg. Dieser Teil ist natürlich weiterhin *da*, aber offline. Dort gibt es Rechenleistung und wichtige Informationen. Aber bis auf Weiteres kommen wenige Nachrichten raus, denn sie sind schmerzhaft. Und wenige kommen rein, aus Gründen der Sicherheit. Das hat der Administrator, dein Körper, so entschieden.«

> »Führungskraft zu werden heißt, Mensch zu werden.«

Marie: »Das Rechenzentrum der Gefühle funktioniert, aber mit verminderter Kapazität.«

Paul: »Sozusagen. Wir können Dankbarkeit nur in dem Maße erleben, in dem wir auch unseren Kummer und Schmerz fühlen können.«

Marie blickte ein wenig ungläubig und fragend.

Paul: »Dankbarkeit allein verschließt uns. *Wieso sind die anderen nicht einfach dankbar? Was ist falsch mit ihnen?* Kummer allein verschließt uns, kann uns zynisch werden und verzweifeln lassen. Gleichzeitig öffnet uns Kummer für das Leid der anderen. Ein geliebter Freund sagte mal: ›*Ein gebrochenes Herz ist ein offenes Herz.*‹ Unser eigener Schmerz ist die Tür zu unserem Mitgefühl.«

Marie: »*Genau wie ich* ...«

Paul: »Genau wie ich. Und Dankbarkeit öffnet uns für das *Leben*, für die Fülle, die uns zur Verfügung steht.«

Marie: »Menschlicher zu werden heißt, vollständiger zu werden.«

Paul: »Führungskraft zu werden heißt, Mensch zu werden.«

Marie schloss ihre Augen. Sie spürte das Bedürfnis, für einen Moment nur bei sich zu sein, still zu werden, um der leisen Stimme zu horchen, die ihr etwas sagen wollte.

...

Marie: »Vermutlich ist die transformativste aller menschlichen Erfahrungen die Erfahrung der Menschlichkeit des anderen.«

Paul: »Marie, meine liebe Freundin, ich bin dankbar, in diesem Moment mit dir sein zu dürfen. Ich erfahre Menschlichkeit *durch* dich. Das ist deine wahre Kraft.«

Sie umarmten sich. Sie hielten sich.

Und dann nahmen sie Abschied voneinander, für heute.

Als Marie zu Hause ankam, nahm sie ihr Notizbuch heraus, schaute auf eine leere Seite und schrieb einen Satz auf, der ihr aus dem Herzen kam.

Die Menschlichkeit ist die Quelle, das Ziel und der Weg wahrer Führung.

Wir müssen, ich werde, bewusst menschlich führen.

LOGBUCH

Marie ging an diesem Tag früh zu Bett. Sie schlief tief und friedlich. Am nächsten Morgen, nach ihrer Meditation und bevor sie sich auf den Weg ins Büro machte, nahm sie sich ein wenig Zeit, um mit ihrem Logbuch zu sein. Sie stellte sich die Frage: »Was ist heute präsent?«

- *Es geht ums Herz!!!*
- *Mein Herz ist eine Simultanübersetzerin.*
- *Alle Gefühle sind klug und wertvoll. Nicht immer hilfreich, aber wertvoll und intelligent.*
- *Nicht alle Gefühle kommen aus dem Hier und Jetzt. Einige, vor allem unverhältnismäßig starke, sind Botschafter aus der Vergangenheit.*
- *Dankbarkeit und Kummer sind Geschwister.*
- *Mein Herzstand ist ein eingebauter HRV-Monitor. Wie cool!*
- *Energie folgt wirklich den Gedanken.*
- *Purpose ist ein Business-Wort für Seele: Es ist eine unerschöpfliche Energiequelle.*
- *Unsere Prozesse sind ein sichtbarer Ausdruck unserer tiefsten Glaubenssätze und Ängste.*
- *Welche unserer Prozesse sind netto-positiv? Welche netto-negativ? Was würde möglich, wenn wir uns von dieser Frage leiten ließen?*
- *Erst durch Gespräche treten wir in Beziehung. Beziehung ist Gespräch.*
- *Mensch werden heißt, vollständiger zu werden.*
- *Führungskraft sein heißt, Mensch zu sein.*

Epilog

»Hier mein Geheimnis. Es ist ganz einfach:
Man sieht nur mit dem Herzen gut.
Das Wesentliche ist für die Augen unsichtbar.«
ANTOINE DE SAINT-EXUPÉRY

»Liebe empfindet das menschliche Herz
viel natürlicher als ihr Gegenteil.«
NELSON MANDELA

Einige Wochen später ging Marie mit ihrem neuen Kollegen Juan, der kürzlich zu ihrem Team gestoßen war, ins Restaurant. Er war für eine Woche vor Ort, um Kolleg:innen kennenzulernen und sich einzuarbeiten. Marie hatte am Vortag das FAS-TEN-Programm abgeschlossen und fühlte sich heute ein bisschen wie neugeboren. Gleichzeitig konnte sie es kaum erwarten, heute wieder vom normalen Menü auszuwählen – sie nannte es »Soul Food« – und Juan hier endlich zum Essen einzuladen.

Es fiel ihm sichtlich schwer, sich zu entscheiden. »Wow, das sieht alles toll aus – wenn ich könnte, würde ich alles probieren.«

Joseph stand nicht weit weg und hörte mit, was Juan zu Marie sagte.

»Na, dann mach das doch. Wenn du möchtest, könnte ich einen Teller mit einer kleinen Auswahl unserer Tagesgerichte zusammenstellen. Was denkst du?«

Juan schien überrascht von Josephs Aufmerksamkeit und Zuvorkommenheit. Er bedankte sich und stimmte zu, ohne nachzudenken.

Sie nahmen Platz und genossen ihr Essen, während sie sich besser kennenlernten und über ihre Arbeit sprachen.

Plötzlich hielt Juan inne. Er schaute sich kurz um und lehnte sich zu Marie: »Entschuldige, Marie, dass ich kurz das Thema wechsle: Ich bin begeistert von der Energie in diesem Restaurant. Sie ist überall ... im Saal, in den Leuten. Das Essen ist *fantastisch*. Damit habe ich überhaupt nicht gerechnet.«

Marie: »Ich weiß. Deshalb wollte ich, dass wir heute hier essen.«

Juan: »Ich frage mich, wie die das machen. Wenn ich solch einen Spirit auch in meinem Team entfachen könnte ...«

Marie: »... dann wärst du vermutlich ein Chief Energy Officer.«

Juan: »Okay, davon habe ich noch nie gehört. Was bitte ist ein Chief Energy Officer?«

Marie: »Hm. Um diese Frage zu beantworten, sollten wir uns noch öfter treffen. Mir kommt eine Frage in den Sinn: Hast du jemals ...?«

Chief-Energy-Officer-Bücher

»Je weiter einer hinausgeht,
desto geringer wird sein Wissen.«
LAOTSE

»Unser Wissen kann nur endlich sein,
während unser Nichtwissen notwendigerweise
unendlich sein muss.«
KARL POPPER

»Und ziehe schon an die zehn Jahr'
Herauf, herab und quer und krumm
Meine Schüler an der Nase herum
Und sehe, dass wir nichts wissen können!
Das will mir schier das Herz verbrennen.«
JOHANN WOLFGANG GOETHE (FAUST)

Paul und Marie haben dich ein Stückchen auf deiner Reise begleitet, eine Reise ohne Ende und mit vielen Anfängen. Was ist der nächste Schritt auf deiner Reise? Welche Türen hast du entdeckt, hinter denen ein neuer Raum darauf wartet, dass du eintrittst? Was ist die nächste Frage? Was ist deine nächste Frage? Eine offene Frage, von der du dich leiten lassen möchtest …

Ich habe eine Liste von Büchern zusammengestellt, von denen einige möglicherweise zu Weggefährten auf deiner weiteren Reise werden könnten. So unterschiedlich und vielseitig diese Bücher auch sein mögen, sie haben eines gemeinsam: Alle haben mich auf meinem Weg begleitet, inspiriert, begeistert, verblüfft, bewegt, aufgerüttelt oder ermutigt und so dieses Buch mitgeformt. Diese Liste ist daher auch eine Verneigung vor diesen wunderbaren Autor:innen, vor diesem kraftvollen Chor von Stimmen, dem ich meine Stimme hinzufüge.

Einige dieser Bücher vertiefen die Wissenschaft, die auch diesem Buch zugrunde liegt, andere nehmen einen kontemplativen oder philosophischen Weg, einige basieren auf Erfahrungen, wieder andere sind Geschichten von Menschen, die es gab oder nicht. Und einige sind all das und nichts davon. Alle bieten aus meiner Sicht wertvolle, relevante Perspektiven und Erkenntnisse für Chief Energy Officers, die wie ich der Überzeugung sind, dass wir eine Welt brauchen, in der wir noch viel häufiger bewusst menschlich führen.

FÜHRUNG: DIE ROLLE UND QUELLEN VON ENERGIE

Drive: Was Sie wirklich motiviert, Daniel H. Pink (2010, Ecowin); Originaltitel: *Drive: The Surprising Truth About What Motivates Us* (2019, Riverhead Books)

Lead now!: Wirksam führen im 21. Jahrhundert, Cornelia Tanzer, Jens Vogt, Jörg Mildner (2022, BoD)

Lead Through Anything: Harness Purpose, Vitality, and Agility to Thrive in the Face of Unrelenting Change, Dustin Seale, Ed Manfre (2023, McGraw-Hill Companies)

Firms of Endearment: How World-Class Companies Profit from Passion and Purpose, Rajendra Sisodia, Jagdish N. Sheth (2014, Pearson Education)

Finite and Infinite Games: A Vision of Life As Play and Possibility, James Carse (2013, Free Press)

Servant Leadership: A Journey into the Nature of Legitimate Power and Greatness, Robert K. Greenleaf und Larry C. Spears (1977, Paulist Press, Mahwah)

Der kleine Prinz, Antoine de Saint-Exupéry (2016, Nikol)

The Way We're Working Isn't Working: The Four Forgotten Needs That Energize Great Performance, Tony Schwartz (2010, The Free Press)

Leader as Healer: A new paradigm for 21st-century leadership, Nicholas Janni (2022, LID Publishing)

Humble Leadership: The Power of Relationships, Openness, and Trust, Edgar H. Schein und Peter A. Schein (2018, Berrett-Koehler)

Turn The Ship Around!: A True Story of Turning Followers into Leaders, L. David Marquet (2015, Penguin)

Winning from Within: A Breakthrough Method for Leading, Living, and Lasting Change, Erica Ariel Fox (2013, Harper Business)

Reinventing Organizations: Ein illustrierter Leitfaden sinnstiftender Formen der Zusammenarbeit, Frederic Laloux (2016, Vahlen); Originaltitel: *Reinventing Organizations* (2014, Nelson Parker)

The Art of Gathering: How We Meet and Why It Matters, Priya Parker (2018, Riverhead)

Stealing Fire: Spitzenleistungen aus dem Labor: Das Geheimnis von Silicon Valley, Navy Seals und vielen mehr, Steven Kotler und Jamie Wheal (2018, Plassen); Originaltitel: *Stealing Fire: How Silicon Valley, the Navy SEALs, and Maverick Scientists Are Revolutionizing the Way We Live and Work* (2017, HarperCollins)

Tribal Leadership: Leveraging Natural Groups to Build a Thriving Organization, Dave Logan, John King, Halee Fischer-Wright (2011, HarperCollins)

The Fifth Discipline: The Art & Practice of The Learning Organization, Peter M. Senge (2006, Doubleday)

KÖRPER, HERZ UND GEIST: TÜREN ZU UNSERER ENERGIE

Das Trauma in dir: Wie der Körper den Schrecken festhält und wie wir heilen können, Bessel van der Kolk (2023, Ullstein); Originaltitel: *The Body Keeps the Score: Brain, Mind, and Body in the Healing of Trauma* (2015, Penguin)

Your Body is Your Brain: Leverage Your Somatic Intelligence to Find Purpose, Build Resilience, Deepen Relationships and Lead More Powerfully, Amanda Blake (2019, Embright)

The Mood Elevator: Take Charge of Your Feelings, Become a Better You, Larry Senn (2017, Berrett-Koehler Publishers)

The Field Guide to Emotions: A Practical Orientation to 150 Essential Emotions, Dan Newby und Curtis Watkins (2019)

Wut ist ein Geschenk: Das Vermächtnis meines Großvaters Mahatma Gandhi, Arun Gandhi (2017, DuMont); Originaltitel: *The Gift of Anger: And Other Lessons from My Grandfather Mahatma Gandhi* (2017, Gallery/Jeter)

Einfach versöhnen, Thich Nhat Hanh (2018, O.W. Barth); Originaltitel: *How to Fight* (2017, Parallax Press)

Mindset: Changing The Way You think To Fulfil Your Potential, Carol Dweck (2017, Robinson)

Radical Compassion: Learning to Love Yourself and Your World, Tara Brach (2020, Rider)

Heilung von innen: Die neue Medizin der Selbstheilungskräfte, Jo Marchant (2016, Rowohlt); Originaltitel: *Cure: A Journey into the Science of Mind Over Body* (2016, Crown)

Altered Traits: Science Reveals How Meditation Changes Your Mind, Brain, and Body, Daniel Goleman und Richard J. Davidson (2017, Penguin)

Meditieren: 7 einfache Praktiken für einen ruhigen Geist, Daniel Goleman und Tsoknyi Rinpoche (2023, Lotos); Originaltitel:*Why We Meditate: The Science and Practice of Clarity and Compassion* (2022, Atria)

One-Moment Meditation: Stillness for People on the Go, Martin Boroson (2019, Winter Road Publishing)

Leading with Questions: How Leaders Find the Right Solutions by Knowing What to Ask, Michael J. Marquardt (2014, John Wiley and Sons)

Time to Think: Listening to Ignite the Human Mind, Nancy Kline (1999, Hachette)

Five Questions That Change Everything: Life Lessons at Work, John Scherer (2009, Word Keepers)

Humble Inquiry (Second Edition): The Gentle Art of Asking Instead of Telling, Edgar H. Schein und Peter A. Schein (2021, Berrett-Koehler Publishers; 2. Edition (23. Februar 2021))

The HeartMath Solution, Doc Lew Childre und Howard Martin (1999, HarperCollins)

Physical Intelligence, Patricia Peyton und Claire Dale (2019, Simon & Schuster)

Pivoting: A Coach's Guide to Igniting Substantial Change, Ann L. Clancy und Jacqueline Binkert (2017, Palgrave Macmillan)

Quantum Skills for Coaches: A Handbook for working with Energy and the Body-Mind in Coaching, Anette Simmons (2008, Word4Word)

Conscious You: Become The Hero of Your Own Story, Nadjeschda Taranczewski (2018, Rethink Press)

SEELE: TÜREN ZU BEDEUTUNG UND BEWUSSTSEIN

Die Seele will frei sein: Eine Reise zu sich selbst, Michael A. Singer (2016, Ullstein); Originaltitel: *The Untethered Soul: The Journey Beyond Yourself* (2007, New Harbinger)

Lebe unbeschwert: Wie wir die Welt akzeptieren, ohne uns von ihr abhängig zu machen, Michael A. Singer (2023, Ullstein); Originaltitel: *Living Untethered* (2022, New Harbinger)

Reifes Leben: Eine spirituelle Reise, Richard Rohr (2015, Herder); Originaltitel: *Falling Upward: A Spirituality for the Two Halves of Life* (2011, Jossey-Bass)

Siddhartha, Herman Hesse (2011, Suhrkamp)

Lieben heißt die Angst verlieren, Gerald G. Jampolsky und Jack Keeler (2005, Goldmann); Originaltitel: *Love Is Letting Go of Fear (Third Edition)* (2010, Clarkson Potter/Ten Speed)

Über den Sinn des Lebens, Viktor Frankl (2021, Beltz); Originaltitel: *Man's Search for Meaning* (2006, Beacon Press, Boston, MA)

The Secrets of the Bulletproof Spirit: How to Bounce Back from Life's Hardest Hits, Azim Khamisa und Jillian Quinn (2018, Waterside Press)

Start with Why: How Great Leaders Inspire Everyone to Take Action, Simon Sinek (2009, Penguin Books)

The Enlightened Gardener, Sydney Banks (2016, Lone Pine Publishing)

Power vs. Force, David R. Hawkins (2012, Hay House)

Creative Visualization: Use the Power of Your Imagination to Create What You Want in Your Life, Shakti Gawain und Marci Shimoff (2002, Nataraj Publishing)

Danksagungen

»Es braucht ein ganzes Dorf, um ein Kind aufzuziehen«, sagt ein viel zitiertes afrikanisches Sprichwort. Das, glaube ich, gilt auch für Bücher – und vermutlich alles, was wir in die Welt bringen.

Dieses Buch ist nicht *mein* Buch. Es würde schlicht nicht existieren ohne die Menschen, die Teil meines Lebens waren und sind. Die, denen ich begegnet bin, und die, die ich nie getroffen habe, von deren Geschichten ich gehört oder deren Bücher ich gelesen habe. Die, die an mich geglaubt haben, manchmal mehr als ich an mich selbst, die in mir etwas gesehen haben, was ich selbst erst noch entdecken und annehmen musste. Die, die mich ermutigt und bestärkt haben, und die, die mich anders gesehen, die mir nicht die Tür geöffnet haben, die mich mit Skepsis betrachtet, nicht gesehen, gehört, verstanden haben, mir meine blinden Flecken und Unvollkommenheit vor Augen geführt haben. Die, die meine Bewerbungen abgelehnt haben (ich danke euch). Die, die mir Angst gemacht haben, und die, die mich haben wütend, ohnmächtig und verzweifelt fühlen lassen, die ich also noch nicht vollständig lieben kann. Die, die geduldig mit mir waren und sind. Die, deren Worte, Entscheidungen und Taten mich geschmerzt haben, vermutlich ohne davon zu wissen, die mich enttäuscht oder verärgert haben. Die, die mich inspiriert haben durch ihre Taten, Musik, Bilder, Fähigkeiten, Wörter, ihre Stille, ihren Mut, ihre Liebe, ihre Menschlichkeit, ihr Verzeihen, die mir Dinge und Gedanken gezeigt haben, die ich noch nicht kannte oder sehen konnte, die ich nicht für möglich hielt. Die, die ich kenne, und die, die ich vergessen habe. Die, die mir vertraut haben, die, die es nicht getan haben. Die, denen ich früh begegnet bin, und die, die erst in den letzten

Jahren in mein Leben getreten sind. Und die vielen, die schon vor mir hier waren.

Nein, das ist keine rhetorische Übertreibung oder Effekthascherei. Sie alle sind, ihr alle seid, teils ganz bewusst, teils vermutlich unbewusst, in meinem Bewusstsein – und daher in diesem Buch. Ohne euch wäre ich nicht, wer ich heute bin, würde ich nicht fühlen, denken, sehen und daher schreiben, wie ich es heute tue. Meine Aufgabe war, das Buch in die Welt zu bringen: alldem eine mögliche, meine, Form zu geben, damit es verfügbar ist für die, die es suchen. Und das braucht ein weiteres Dorf, denn ein Manuskript ist noch kein Buch, und ein Buch wird es erst, wenn es gelesen – wenn es Teil eines anderen Lebens wird.

Und unter all diesen Menschen gibt es einige, die ganz besonders mit diesem Buch verbunden sind. Vor ihnen möchte ich mich hier verneigen. Achtung: Es wird eine Liebeserklärung. Lasst uns beginnen:

Diese deutsche Erstausgabe würde ganz einfach nicht existieren ohne vier ganz besondere Frauen, angefangen mit Greta Silver.

Wir trafen uns auf einem Kongress in Ingolstadt, wo wir beide (ich mit unserem Team) eingeladen waren, einen Vortrag zu halten. Greta saß in der ersten Reihe und strahlte. Während unseres Beitrags zum Thema »Führung und Unternehmenskultur« fragte ich die Teilnehmer:innen: »Was ist Liebe?« Greta war die Erste, der ich das Mikro reichte ... spätestens in diesem Moment begann unsere Reise ...

Wir sahen uns abends bei einem entspannten Get-together wieder. Es gab Chili con und Chili sin Carne. »Du bist direkt in mein Herz gestolpert«, sagte Greta sehr treffend – für uns beide. Es war ein inniger, beseelter Austausch. Und als der Abend zu Ende ging, gab ich Greta die englische Ausgabe von *Chief Energy Officer*, die ich noch im Gepäck hatte – als eine Art dauerhafte

Umarmung und Dank für diesen Tag. Ich ahnte nicht, dass es ihre Abendlektüre werden würde.

Am nächsten Morgen kam Greta auf mich zu und gleich zum Punkt: »Du musst das Buch auf Deutsch rausbringen. Das ist wichtig.« Dann folgten meine gewohnten Gründe, warum das jetzt ein schlechter Zeitpunkt sei und ich keine Zeit dazu hätte. »Kann alles sein«, sagte sie. »Ich hab schon meiner Verlegerin geschrieben. Ricarda. Sie ist großartig.« *Das* ist Greta.

Greta, ich danke dir für deine Großzügigkeit. Du schenkst Mut, Möglichkeiten, Vertrauen, Verbindung und Lebensfreude.

Ein paar Wochen später, nachdem sie die englische Ausgabe gelesen hatte, sprach ich mit Ricarda Saul, Programmleiterin bei Ullstein, und Hannah Fietz, Programmleiterin des Imprints Allegria: »Dein Buch hat bei uns ein Zuhause.« Das nächste beseelte Gespräch.

Ricarda und Hannah, ich danke euch für eure offenen Arme und Herzen, für euer Vertrauen, eure wohlwollenden Fragen, die mich zum Nachdenken angeregt und uns noch nähergebracht haben, und vor allem: für euren Mut und eure Entschlossenheit, mit Büchern wie diesem und vielen anderen den Menschen und der Gesellschaft zu dienen. Hannah, ich danke insbesondere dir und dem Ullstein-Team fürs »An-die-Hand-Nehmen«, euren kompetenten Rat, eure Ideen: sei es Design, Vertrieb, Lektorat oder Produktion – alles ist mit euch schöner und reifer geworden. Ich kann mir keine besseren Partner vorstellen und freue mich auf alles, was noch kommt.

Tja, und dann war nur noch diese eine klitzekleine Herausforderung. Wir würden nur noch ein paar Monate, bis Ende des Jahres haben, um das Buch herauszubringen. Dafür musste das englische Original übersetzt werden. Und uns war auch klar, dass es sich auf dem Weg dorthin weiterentwickeln, wachsen und reifen würde. Wir konnten und wollten es, zu diesem Zeitpunkt, nicht von jemand Drittem übersetzen lassen. Nur, wo sollte ich neben meiner Fulltime-Rolle als Berater und Coach die Zeit finden, das Buch zu übersetzen?

Ich stand in der Küche und erzählte Francesca, meiner Frau, von meiner Frage. »Manchmal denkst du nicht an das Naheliegendste«, sagte sie, nahm einen Schluck Kaffee und grinste mich an. »Und das wäre ...?« »Na, *ich* mache es«, schlug sie vor und versäumte es nicht, mich daran zu erinnern, dass das mal ihr Beruf war, als wir frisch verliebt waren. Und dann fiel es mir wie Schuppen von den Augen: Niemand kennt sowohl mich als auch die Entstehung und Geschichte des Buchs so gut wie sie. Wir würden uns jederzeit und auch spontan austauschen können: »Sag mal, Schatz ...« Und niemand würde es mit so viel Liebe übersetzen wie Francesca. »Das wird viel Arbeit. Du wirst mit einigen deiner Projekte pausieren müssen«, erwiderte ich noch. Aber das wusste sie natürlich. »Es ist ein Geschenk. Für dich.« Und so ist es.

Mein Engel, ohne dich gäbe es dieses Buch nicht. Ohne dich wäre es nicht so schön geworden. Ich danke dir aus tiefstem Herzen für deine Liebe, die auch in diesem Buch spürbar ist. Ich bin zutiefst dankbar für deine Hingabe, für deine Geduld, auch mit mir, für deinen selbstlosen Einsatz. Ich danke dir für all das, was warten musste, was du zurückgestellt hast. Du hast mir, neben unseren Kindern und unserem Leben, ein Buch geschenkt. Ich verneige mich vor dir. Ich liebe dich.

Und so wurde es eine Art Familienprojekt. Ich bin mir noch nicht sicher, ob ich an dieser Stelle meinen Kindern danken soll für die vielen Tage und Abende, an denen Francesca und ich nicht für sie da waren, weil wir mit Haut und Haaren vorm Bildschirm saßen, oder ob *sie* uns dafür danken. Wir werden sehen.

Es gab und gibt so viele Menschen, die mich auf meinem beruflichen und menschlichen Weg begleitet haben als Weggefährt:innen, Mentor:innen, Lehrer:innen, Meister:innen, Mutmacher:innen, Unterstützer:innen, Partner:innen und vieles mehr. Viele sind Freunde geworden. Viele werdet ihr, die Leser:innen, nicht kennen. Das macht nichts. Einige werden diese deutsche Ausgabe nicht lesen. Das macht nichts. Ein Teil ihrer Weisheit und Energie, unsere gemeinsamen Erlebnisse und Gespräche sind in diesem Buch enthalten, deshalb gehören ihre Namen hierher, und ich möchte mich vor ihnen in Dankbarkeit verneigen: Amy Turner, Sarah van der Burgh, Dustin Seale, Ian Johnston, Jim Hart, Nick Neuhausel, Laura Basha, Larry Senn, Terry Finerty, Brian Lewis, Peter-Roman Mayer, Axel Kersten, Jens Vogt, Kathrin Fox, Ann Clancy, Amy Fox, Erica Fox, Paul Zonnefeld. Ich danke euch.

Und drei fehlen hier noch.

Da ist zunächst Paul Nakai. Paul, du bist ein weiteres unendliches Geschenk in meinem Leben. Es hätte einen anderen Verlauf genommen und dieses Buch wäre nicht geboren, wenn du mich nicht an jenem Tag in San Francisco, während wir »Garlic Fries« aßen und den »Giants« zusahen, gefragt hättest: »Boris, was hältst du davon, wenn wir beide regelmäßig telefonieren?« Das war dein Geschenk. Das war vor fast 15 Jahren, und seither freue ich mich auf jedes Gespräch, das meist mit einem liebevollen »Wie geht es dir, mein lieber Freund?« beginnt. Einstein sagte wohl: »Ein Freund ist ein Mensch, der die Melodie deines Herzens kennt und sie dir vorspielt, wenn du sie vergessen hast.« Du hast mich oft eingeladen, dieser leisen Melodie zu lauschen, und mich daran erinnert, dass wir Freunde das ganze Leben lang kennenlernen können. Dieses Buch ist auch eine Hommage an dich, an die Liebenswürdigkeit, die du mir und vielen anderen entgegenbringst, an den Raum, der du bist. Danke, dass du da bist.

Dieses Buch würde auch nicht existieren ohne die Ermutigung, den Rat und das liebevolle Feedback von Azim Khamisa.

Azim, du bist schon vor Langem ein spiritueller Lehrer und ein Freund geworden. Ich habe von dir über Meditation und übers Schreiben gelernt und erfahren, was Vergebung bedeutet. Und: Du hast die allererste Version des englischen Manuskripts gelesen. Als wir uns seinerzeit in Dubai trafen, holtest du aus deiner Tasche einen Stapel Papier. Das Manuskript. Es war voller Anmerkungen und Anregungen. Ich war sprachlos und zu Tränen gerührt von deiner Großzügigkeit. Und als ich dich um deine Meinung bat, hast du mich nicht nur ermutigt, das Buch fertigzustellen, sondern mir einen einzigen Rat gegeben: »Halt dich nicht zurück!« Ich hoffe, das habe ich nicht. Ich danke dir.

Ungefähr zur gleichen Zeit fragte ich mich: »Hm, wäre es nicht toll, wenn das Buch illustriert wäre?« Ich hatte das Gefühl, dass Bilder eine weitere Dimension eröffnen würden. Ich kannte nur niemanden, der das machen könnte. Dachte ich.

Am nächsten Tag stand ich vor dem Schreibtisch von Anu Chacko. Wir arbeiteten damals im gleichen Unternehmen, aber kannten uns noch kaum. Als ich neben ihr stand, fielen mir die Skizzen und Zeichnungen auf ihrem Schreibtisch auf... das Ergebnis von allem, was folgte, liegt in deinen Händen.

Anu, ich habe so viel mit und von dir gelernt. Danke, dass du deine Seele in dieses Buch eingebracht hast. Du hast weit mehr getan, als das Buch zu »illustrieren«; deine Bilder haben selbst neue Gedanken inspiriert, die ohne dich nicht entstanden wären. Danke für deine Freundschaft, meine liebe Schwester.

Ich danke von Herzen den vielen, die das Buch mit ihrer Begeisterung und ihren persönlichen »Leserstimmen« unterstützen, insbesondere: Oliver Bruns, Hanjo Runde, Steffi Heinecke, Andi Schmidlechner, Tim Hilpert, Yanine Sturhahn-Bautista, Jens Vogt, Brian Murray, Jennifer Crowell, Shireen Al Khatib, Olivier Legrain, Wolfgang Bigott, Pieter van Groos, Mathias Malessa, Hanadi El Sayed, Steven Raab, Richard Batemen, Anne

Clancy, Heli Kulmala, Matt Wexler, Erica Fox, Zafer Achi, Anne Comer und noch viele andere.

Ich danke Sophia und Luis, meinen Kindern. Ich habe keinen Zweifel daran, dass die Welt, die wir uns wünschen, jeden Tag zu Hause beginnt, in unseren Familien, in unseren Beziehungen. Es ist nicht immer einfach, Vater zu sein, und ich werde wohl immer Anfänger bleiben, weil ihr mir immer voraus seid. Durch und mit euch erlebe ich Liebe und Vergebung und was es heißt, zu leben. Ihr seid beide wunderschön. Ich liebe euch so, wie ihr seid.

Ich danke meiner Mutter. Ich habe von dir erfahren, was bedingungslose Liebe heißt, und lerne noch. Ich wünschte, du hättest es noch lesen können. Ich liebe dich.

Ich danke meinem Vater, der dieses Buch nun endlich lesen kann. Ich liebe dich und bin dankbar für jeden Moment, den wir noch zusammen verbringen dürfen.

Und schließlich möchte ich euch, den Leser:innen, danken, dass ihr dieses Buch unter den vielen, die ihr hättet wählen können, ausgewählt habt. Es ist lediglich eine Reflexion von einem Teil dessen, was ich im Moment »sehen« kann. Ich hoffe aufrichtig, dass es euch dabei hilft, das Leben zu leben, das ihr euch wünscht, und die Organisationen, Firmen, Schulen, Gemeinschaften und Nachbarschaften zu entwickeln, die dem Wohl der Menschheit und des Planeten dienen.

Ich sagte ja: Es ist nicht *mein* Buch.

Ein letzter Gedanke ...

Manchmal werde ich gefragt, ob ich mich bewusst für die Namen Marie und Paul entschieden habe. Die Antwort ist: ja. Und während des Schreibens habe ich beide sehr lieb gewonnen.

Beide stehen für Brücken. Marie, eine der vielen Variationen von Maria, ist ein Name, der in den christlichen, jüdischen und muslimischen Schriften vorkommt und sowohl in diesen als auch vielen anderen Kulturen verwendet wird. Ich könnte noch viel mehr über Marie und das, wofür sie steht, sagen, aber in meinen Augen ist sie unter anderem eine Erinnerung an das, was wir alle gemeinsam haben. Und: man könnte sie als eine Verbindung zwischen dem Unfassbaren (Seele) und dem Fassbaren (Körper) sehen.

Der Apostel Paulus ist eines der herausragenden Beispiele für die Verwandlung und das Erwachen eines Menschen. Sein Leben erinnert uns daran, dass Transformation und Frieden immer möglich sind, unabhängig von unserer Vergangenheit, unabhängig von unseren Umständen.

Ich werde auch manchmal gefragt, warum die Rolle von Paul eine männliche und von Marie eine weibliche ist.

Es ist für mich weniger eine Frage des biologischen Geschlechts, sondern eher der Pole, der Weisheit, die beiden – dem maskulinen und dem femininen Pol – innewohnen.

Paul verkörpert eine eher feminine Kraft, Marie, zunächst, vermeintlich, eine eher maskuline. Beide Pole sind erforderlich, um den Raum zu bilden, in dem etwas erwachsen kann. Paul ist bewusst ein Koch, der das Sinnliche, non-lineare anspricht – die Alchemie des Kochens. Marie schaut, zumindest zu Beginn der Reise, durch eine eher lineare Linse.

Marie ist die eigentliche Heldin. Sie ist diejenige, die sich auf den Weg macht, ihren bekannten Ort verlässt, sich »bewusst« wird. Es ist nicht so sehr das, was Paul anbietet, was die Geschichte ermöglicht, sondern was Marie sieht.

Paul und Marie sind auf dieser Heldenreise Partner, die einander auf Augenhöhe begegnen, die Freunde werden, die sich gegenseitig bedingen und brauchen. Der Raum entsteht *zwischen* beiden. Ohne Maries Neugier, Begeisterung, Fragen und Mut zur Selbstreflexion gäbe es keinen Raum. Ohne Pauls Fragen, Einladungen, Erfahrungen etc. auch nicht.

Ich bin Paul und Marie – oder unterwegs dorthin.

Gleichzeitig ist Paul eine Hommage an Paul Sewell, der mich an jenem winterlichen Tag zu meinem Hotel fuhr und mich zum Schreiben ermutigte, und an meinen lieben Freund Paul Nakai.

Ein wenig mehr Informationen zum Autor: www.linkedin.com/in/borisdiekmann

Vorwort zur englischen Erstausgabe

In seinem ersten Buch *Chief Energy Officer* wählt Boris einen einzigartigen Ansatz, um bewährte Prinzipien gesunder Leistung ganz neu zu erkunden. Als lebenslang Lernender, der nicht aufgibt, den Status quo zu hinterfragen, nimmt Boris seine Leser:innen mit auf eine Gesprächsreise zweier einprägsamer Charaktere, Paul und Marie, die diese Prinzipien gemeinsam erforschen und die Leser:innen einladen, sie dabei zu begleiten. *Chief Energy Officer* zeigt uns, dass jede:r die Fähigkeit besitzt und davon profitieren kann, ein tieferes Verständnis dafür zu entwickeln, wie wir in unserem Leben wirksamer sein können.

Jede:r von uns hat vermutlich schon mal die Erfahrung eines Gesprächs mit einem Freund oder einer Freundin, einem Mentor oder einer Mentorin gemacht, das wir zwar als locker, aber zugleich auch als wertvoll empfunden haben. Indem Boris uns zur sprichwörtlichen Fliege an der Wand werden lässt, die die im Laufe des Austauschs der beiden Hauptfiguren entstehende Tiefe und Bedeutung miterlebt, erinnert er uns daran, dass sich tief greifende Erkenntnisse über die Erfahrung und Entwicklung unseres Menschseins im ganz normalen Alltag einstellen können. Paul ist ein einfühlsamer, erfahrener Mentor, der Maries Neugierde und Selbstreflexion darüber entfacht, wie sie mehr Energie und Engagement in ihrem Umfeld erwecken kann. Und während Paul und Marie sich mit Leichtigkeit und Ungezwungenheit begegnen, spüren wir, wie beide auch unsere Freunde werden.

Ich glaube, dass Veränderung und Entwicklung bei uns allen eher von innen nach außen und nicht so sehr von außen nach innen entsteht. Damit Marie zu dem Bewusstsein und den Einsichten gelangen kann, die sie sich für ihr persönliches Wachstum wünscht, muss sie bereit sein, Paul mit aufrichtiger Neugier zuzuhören. Paul wiederum teilt seine Erkenntnisse durch die Perspektive seiner normalen alltäglichen Existenz. Dies gibt allen Leser:innen Zuversicht, dass ihre eigenen Erkenntnisse durch normale Gespräche und Erfahrungen mit anderen entstehen können. Boris' Ansatz vermittelt uns das Gefühl, dass wir uns auf dem gleichen Weg des Entdeckens und Verstehens befinden wie Paul und Marie.

In Anbetracht der Tiefe der Prinzipien, die Boris durch seine beiden Hauptfiguren schildert, kann es hilfreich sein, die Kapitel einzeln zu lesen. So können Sie jede Idee, über die Paul und Marie sprechen, selbstständig weiter vertiefen und andere zu Gesprächen darüber einladen. Lassen Sie sich dabei von Ihrer Neugier leiten. Wenn Sie Paul und Marie lauschen, seien Sie bereit, den Gesprächen Raum zu geben, in dem sie sich entfalten und Sie ihnen nachspüren können.

Die Grundsätze, die Boris in *Chief Energy Officer* aufzeigt, haben auf meinem eigenen Weg als Führungskraft, Ehemann und Vater eine wichtige Rolle gespielt. Mit der Übernahme eines Unternehmens von einer scheiternden Muttergesellschaft stellte mich das Leben vor große Herausforderungen – die damit einhergehenden Sorgen und die Angst vorm Scheitern hätten mich zermürben können, während Hunderte von Menschen auf mich zählten. Ich war in der Lage, die Vergänglichkeit dieser Gedanken zu erkennen, meine eigene Perspektive wiederzufinden und mein Bestes zu geben. Die Energie, die ich damit freisetzte, ermutigte die Menschen um mich herum, meinen Weg zum Erfolg mitzugehen.

Mein stetig wachsendes Bewusstsein, wie das Denken meine eigene Realität erschafft, hat mich dazu ermutigt, alle unsere

Mitarbeiter:innen und Kund:innen auf eine Entwicklungsreise rund um ihren ganz persönlichen Purpose und die Quellen gesunder Leistung mitzunehmen. Dieses Verständnis und Engagement unserer Mitarbeiter:innen führte schließlich dazu, dass wir das weltweit führende Unternehmen für die Gestaltung von Organisationskulturen wurden.

Ich habe über dreiundzwanzig Jahre lang mit Fortune-500-CEOs gearbeitet und glaube, dass Boris eine Reihe von Schlüsselprinzipien erfasst hat, die erfolgreiche Führungskräfte konsequent anwenden. Um Veränderungen und Wachstum bei Menschen und Organisationen zu bewirken, muss man Energie mitbringen. Egal, ob als Führungskraft oder als Teammitglied: Die Entwicklung eines tiefen Verständnisses dieser Prinzipien wird entscheidend für Ihren Erfolg sein. Lassen Sie sich ein auf diese Entdeckungsreise zu den Schlüsseln Ihres eigenen Erfolgs, indem Sie der Menschlichkeit, Bedeutung, Neugier und Resilienz nachspüren, die sich allesamt in den Gesprächen zwischen Paul und Marie entfalten.

JIM HART
Ehemaliger CEO, Senn Delaney
April 2019

Quellenverzeichnis

Einleitung
»Es gibt zwei Möglichkeiten, Licht zu verbreiten: Man kann Kerze sein oder der Spiegel, der es reflektiert.«
Quelle: Edith Wharton
»Alles Gescheite ist schon gedacht worden, man muss nur versuchen, es noch einmal zu denken.«
Quelle: Johann Wolfgang von Goethe, *Wilhelm Meisters Wanderjahre*

Kapitel 1
»Wir reagieren mehr auf die Energie der anderen als auf die genauen Worte oder Handlungen der Menschen. In jeder Situation ist unser Geben und Nehmen von Energie das, was wir eigentlich tun.«
Übersetzt aus dem Englischen: "We actually respond to one another's energy more than to people's exact words or actions. In any situation, your taking or giving of energy is what you are actually doing."
Quelle: Richard Rohr, *Falling Upward: A Spirituality for the Two Halves of Life* (2013, SPCK Publishing)
»Wenn es um das tägliche Handeln geht, spielt unser Verstand eher die Rolle eines Regierungssprechers: Er erhält die Informationen zuletzt und muss dann alle Entscheidungen rechtfertigen.«
Quelle: Doc Childre, Howard Martin, *Die HerzIntelligenz-Methode* (2016, VAK)

Kapitel 2
»Die wichtigste Rolle von Wissen und Bildung besteht darin, zu verstehen, wie wichtig es ist, ein gutes Herz zu entwickeln.«
Übersetzt aus dem Englischen: "The most crucial use of knowledge and education is to understand the importance of developing a good heart."
Quelle: Dalai Lama, X (ehem. Twitter), 3.11.2017 https://twitter.com/DalaiLama/status/926381203690635264 (zuletzt aufgerufen am 20.11.2023)

»*Gott bricht Dein Herz wieder und wieder und wieder, bis es offen bleibt.*«
Übersetzt aus dem Englischen: "God breaks the heart again and again and again until it stays open."
Quelle: Hazrat Inayat Khan

Kapitel 3

»*Es kommt nicht darauf an, was du betrachtest, sondern was du siehst.*«
Henry David Thoreau – keine Quelle
»*Die einzig wahre Handlung findet im Denken statt.*«
Übersetzt aus dem Englischen: "The only true action takes place in thought."
Quelle: Laura Basha, *The Inward Outlook* (2014, XLIBRIS)

Kapitel 4

»*Wir sind, was wir denken. Alles, was wir sind, entsteht aus unseren Gedanken. Mit unseren Gedanken formen wir die Welt.*«
Quelle: Buddha
»*Das Auge ist die Lampe des Körpers. Wenn dein Auge gesund ist, wird dein ganzer Körper Licht sein.*«
Quelle: Lukas 11:34, *Bibel*
»*Die wahre Reise besteht nicht darin, neue Landschaften zu suchen, sondern mit anderen Augen zu sehen.*«
Quelle: Marcel Proust, *La Prisonnière*

Kapitel 5

»*Ja, der Verstand ist gut im Denken. So gut, dass die meisten Menschen, wie Descartes, denken, dass sie ihr Denken sind.*«
Übersetzt aus dem Englischen: "Yes, the mind is good at thinking. But so much so that most humans, like Descartes, think they are their thinking."
Quelle: Richard Rohr, *The Naked Now* (2009, Crossroad Publishing)
»*Das Herz verfügt über eine Vernunft, von der die Vernunft nichts weiß.*«
Quelle: Blaise Pascal, *Gedanken*, https://www.buboquote.com/de/zitat/12-pascal-das-herz-verfugt-uber-eine-vernunft-von-der-der-verstand-nichts-weiss (zuletzt aufgerufen am 20.11.23)

»*Ein bewusster Verstand ist ein mächtiges Werkzeug, aber er ist langsam und kann nur eine kleine Menge an Informationen auf einmal verarbeiten.*«
Übersetzt aus dem Englischen: "The conscious mind is a potent tool, but it's slow, and can manage only a small amount of information at once."
Quelle: Steven Kotler und Jamie Wheal, *Stealing Fire, How Silicon Valley, the Navy SEALs, and Maverick Scientists Are Revolutionizing the Way We Live and Work* (2018, Dey Street Books)

»*Was der Mensch eigentlich braucht, ist nicht ein spannungsfreier Zustand, sondern das Streben nach und Ringen um ein lohnendes Ziel.*«
Übersetzt aus dem Englischen: "What man actually needs is not a tensionless state but rather the striving and struggling for a worthwhile goal."
Quelle: Viktor E. Frankl, *Man in Search of Meaning* (2008, Random House UK)

»*Durchschnittlich sterben jeden Tag etwa 50 bis 70 Milliarden Zellen in deinem Körper*«
Quelle: science.lu & spectrum.de https://science.lu/de/die-zellpopulation/wie-viele-zellen-sterben-jeden-tag-deinem-koerper (zuletzt aufgerufen am 20.11.23)

»*Ich bin der Käpt'n meiner Seel*«
Quelle: William Ernest Henley, *Invictus* (1875)

»*(...), dass die United States Navy SEALs, die zu den bestausgebildeten und daher vermutlich teuersten Soldaten der Welt gehören, während ihrer langjährigen Ausbildung vor allem eins trainieren: wie sie nicht schießen.*«
Quelle: Steven Kotler, Jamie Wheal, *Stealing Fire Spitzenleistungen aus dem Labor: Das Geheimnis von Silicon Valley, Navy Seals und vielen mehr.* (2018, Plassen Verlag).

Kapitel 6

»*Handeln allein ist blind, Reflexion allein machtlos.*«
Übersetzt aus dem Englischen: "Action alone is blind, reflection impotent."
Quelle: Mihaly Csikszentmihalyi, *Flow: The Psychology of Optimal Experience* (2008, Harper Collins)

»*Wir sind keine menschlichen Wesen, die eine spirituelle Erfahrung machen. Wir sind spirituelle Wesen, die eine menschliche Erfahrung machen.*«
Quelle: Pierre Teilhard de Chardin

»*Schweigen ist die Sprache Gottes, alles andere ist eine schlechte Übersetzung.*«
Quelle: Rumi

»*Ein gebrochenes Herz ist ein offenes Herz.*«
Übersetzt aus dem Englischen: "A broken heart is an open heart."
Quelle: Azim Khamisa, *The Bulletproof Spirit* (2018, Waterside)

»*Ich habe kürzlich etwas entdeckt (...)*«
Quelle: Arie de Geus, *The Living Company*. (1997, Mcgraw-Hill)

»*Und es gibt für alles eine Zeit, wie schon viele kluge Menschen erkannt haben.*«
Quelle: Prediger 3: »*Alles hat seine Zeit*«: Lao Tzu: »*Alles hat seine Zeit, und alles zu seiner Zeit.*«

»*Und einige Forscher ...*«
Quelle: Doc Lew Childre und Howard Martin, *The HeartMath Solution*. (1999, HarperCollins)

Epilog

»*Hier mein Geheimnis. Es ist ganz einfach: Man sieht nur mit dem Herzen gut. Das Wesentliche ist für die Augen unsichtbar.*«
Quelle: Antoine de Saint-Exupéry, *Der kleine Prinz*

»*Liebe empfindet das menschliche Herz viel natürlicher als ihr Gegenteil.*«
Quelle: Nelson Mandela, *Long Walk To Freedom* (2011, Little Brown)